OS ALEMÃES

COLEÇÃO POVOS & CIVILIZAÇÕES

Coordenação Jaime Pinsky

OS ALEMÃES *Vinícius Liebel*
OS AMERICANOS *Antonio Pedro Tota*
OS ARGENTINOS *Ariel Palacios*
OS CHINESES *Cláudia Trevisan*
OS COLOMBIANOS *Andrew Traumann*
OS ESCANDINAVOS *Paulo Guimarães*
OS ESPANHÓIS *Josep M. Buades*
OS FRANCESES *Ricardo Corrêa Coelho*
OS INDIANOS *Florência Costa*
OS INGLESES *Peter Burke* e *Maria Lúcia Pallares-Burke*
OS IRANIANOS *Samy Adghirni*
OS ITALIANOS *João Fábio Bertonha*
OS JAPONESES *Célia Sakurai*
OS LIBANESES *Murilo Meihy*
OS MEXICANOS *Sergio Florencio*
O MUNDO MUÇULMANO *Peter Demant*
OS PORTUGUESES *Ana Silvia Scott*
OS RUSSOS *Angelo Segrillo*

Proibida a reprodução total ou parcial em qualquer mídia sem a autorização escrita da editora.
Os infratores estão sujeitos às penas da lei.

A Editora não é responsável pelo conteúdo deste livro.
O Autor conhece os fatos narrados, pelos quais é responsável, assim como se responsabiliza pelos juízos emitidos.

Consulte nosso catálogo completo e últimos lançamentos em www.editoracontexto.com.br.

Vinícius Liebel

OS ALEMÃES

Copyright © 2018 do Autor

Todos os direitos desta edição reservados à
Editora Contexto (Editora Pinsky Ltda.)

Foto de capa
Markburger 83 at English Wikipedia (CC BY-SA 3.0)

Montagem de capa e diagramação
Gustavo S. Vilas Boas

Coordenação de textos
Carla Bassanezi Pinsky

Preparação de textos
Lilian Aquino

Revisão
Bia Mendes

Dados Internacionais de Catalogação na Publicação (CIP)

Liebel, Vinícius
Os alemães / Vinícius Liebel. – São Paulo : Contexto, 2018.
320 p. : il. (Povos & civilizações)

Bibliografia
ISBN 978-85-520-0072-3

1. Alemanha – História 2. Cultura – Alemanha 3. Alemanha –
Usos e costumes 4. Alemães – História I. Título II. Série

18-1345   CDD 943

Andreia de Almeida CRB-8/7889

Índice para catálogo sistemático:
1. Alemanha : História

2018

EDITORA CONTEXTO
Diretor editorial: *Jaime Pinsky*

Rua Dr. José Elias, 520 – Alto da Lapa
05083-030 – São Paulo – SP
PABX: (11) 3832 5838
contexto@editoracontexto.com.br
www.editoracontexto.com.br

SUMÁRIO

INTRODUÇÃO	9
ORIGENS BÁRBARAS	13
Antes de serem bárbaros	13
Mitologia germânica – Thor antes dos Vingadores	17
Civilização *vs.* barbárie – o Império Romano e sua fronteira ao norte	24
Às portas do mundo – de bárbaros a imperadores	28
A TERRA POR ONDE CORRE A CERVEJA	33
No meio do mundo	33
Reno, Danúbio e Elba – três rios para um país	40
Pela Floresta Negra e além	49
CHUCRUTE E SALSICHA? – O QUE COMEM OS ALEMÃES	53
Agricultura e pecuária	54
Salsichas, Eisbein e cia.	57
Cerveja, cerveja, cerveja, cerveja, cerveja...	64
Pães: orgulho nacional	71
CIDADES E IMAGENS	73
Aachen: onde dorme o rei	73
Dresden: beleza e terror	78
Weimar: centro cultural da Alemanha	85
Berlim: eternamente jovem	89

O QUE FAZ A *KULTUR* ALEMÃ?   97
   Língua   99
   Literatura   106
   Filosofia   119
   Música   124
   Arquitetura   129
   Ciências   135
   Religião   137
   Cinema   140
   Pintura   149

RETALHOS: O PROCESSO DE UNIFICAÇÃO   155
   Prússia – o que é isso?   156
   Bismarck e o desafio de ser alemão   161
   Realpolitik, guerras e anexações: dando formas à Alemanha   165

TURBULÊNCIA E EUFORIA: A REPÚBLICA DE WEIMAR   171
   As feridas da guerra   173
   As dívidas de guerra   177
   Os rancores da guerra   181

SOMBRA SOBRE A EUROPA: O TERCEIRO REICH   185
   Hitler   187
   Nazismo: ideologia e violência   191
   A Segunda Guerra Mundial   201

HOLOCAUSTO – NADA SERÁ COMO ANTES   209
   Bases do antissemitismo nazista   210
   A organização   219
   Os campos   221
   Memórias e histórias   226

GUERRA FRIA: UM MUNDO NA ALEMANHA   231
   Dois países e um muro   232
   Ocidente: terra de milagres   236
   Oriente: terra de Stasi   243
   1989: queda do muro   251

DEPOIS DA QUEDA	259
Somos alemães	262
Somos alemãs	272
Somos europeus	282
Somos *Weltmeister*	290
ALEMANHA E BRASIL	297
Imigrantes alemães no Brasil	299
Aproximações e distanciamentos	305
Futebol: circularidade e confrontação	309
CRONOLOGIA	311
BIBLIOGRAFIA	315
O AUTOR	319

# INTRODUÇÃO

Os alemães? Todos sabemos como eles são. Ou achamos que sabemos... Para alguns de nós, eles são sisudos, fechados e até levemente arrogantes. Para outros, são pontuais, preparados e capazes. Os que gostam de comer bem dizem ser difícil apreciar um povo que se satisfaz com uma salsicha e um copo de cerveja. Por outro lado, como não amar um povo que nos deu Bach e Beethoven, Goethe e Einstein (embora este fosse judeu e tenha tido que sair da Alemanha para não ser morto em campos de extermínio)? Há até quem defenda que vale mais a pena ter um alemão como sócio ou colega de trabalho do que como amigo. São confiáveis, mas não divertidos.

Dizem que eles são o oposto do espontâneo. Tudo tem que ser previsto, planejado. E isso se reflete até na forma como enxergam a educação: com apenas 9 anos, a depender do seu desempenho escolar, a criança já será direcionada ao ensino regular, com vistas a um curso superior, ou ao ensino mais técnico.

Planejam. E, o que é melhor, cumprem o plano desenhado (o que pode parecer óbvio, mas nós, brasileiros, nem sempre associamos o planejamento com a consequência imediata que seria seguir o plano). São pontuais, conhecidos como trabalhadores dedicados, costumam ter profundo respeito pela autoridade. Esse respeito beira o anedótico: meio-dia de sábado. Ruas vazias de automóveis. Muitos pedestres se dirigem a uma grande feira que acontece anualmente na cidade de Frankfurt. O semáforo fecha, mas, como não há carros na rua, os pedestres seguem na rua. Mas não todos, só os estrangeiros. Os alemães esperam, pacientemente, o verde. Mas esperam mesmo?

Não é exatamente o que dizem os próprios alemães: 71% deles confessam desrespeitar com frequência o sinal vermelho quando estão a pé e não veem problema algum nisso. Os números diminuem bastante quando eles estão de carro (6%) ou de bicicleta (22%). Sim, alemães são malucos por estatísticas.

Para todos os assuntos que possam ser contabilizados de alguma forma, eles têm uma estatística. Qual a probabilidade de um alemão ter um gato em casa? A resposta é 22%, contra 17% de chances de ter um cão e 4% de ter um aquário. Esses números falam muito mais sobre a necessidade dos alemães de terem informação, de transformarem seus dados – quaisquer dados – em números; e terem, portanto, certo controle sobre o mundo a sua volta.

Quem é esse povo, afinal, que adora números, mas que também abriga alguns dos mais influentes filósofos do mundo, além de compositores e escritores universalmente admirados? Como sua história peculiar de unificação tardia, nova divisão no pós-guerra e reunificação em 1990 ajudou a definir sua identidade como pertencentes a uma nação?

É muito difícil encontrar alguém que não tenha uma ideia sobre os alemães. Para os epicuristas, a Alemanha significa cerveja. Para outros, uma economia forte. Há aqueles que lembram imediatamente os carros, a Volkswagen, BMW, Mercedes-Benz, e outros ainda pensam em esportes, no Bayern, Adidas, Schumacher.

Todas essas Alemanhas estão aqui. Mas conheceremos também um país – e um povo – mais complexo e diverso. Para começar, sua história não encontra paralelos entre seus vizinhos europeus. Fruto da união de vários territórios distintos, a unificação do país veio a ferro e fogo, sob a liderança prussiana, apenas em 1871. O que não quer dizer que os alemães não existissem antes disso. Eles já possuíam uma espécie de identidade cultural, bastante centrada na língua alemã, e a ideia de que faziam parte do mesmo povo. Afinal, eram todos herdeiros dos germânicos, que seguraram o ímpeto conquistador dos romanos fazendo com que fixassem as fronteiras de seu império só até as margens do rio Reno. Eram também herdeiros do Império Carolíngio e do Sacro Império Romano-Germânico, as duas primeiras grandes estruturas que uniram esses territórios em alguma forma de unidade política.

A fragmentação territorial, aliada à base linguística e cultural comum, fez com que a identidade constituída pelo povo alemão fosse das mais complexas. A diversidade do território, antes de levantar muros intransponíveis ou divisões inconciliáveis, produziu orgulhos compartilhados. Goethe, nascido na cidade livre de Frankfurt, viveu alguns de seus melhores anos na cidade de Weimar, então centro de um ducado (Sachsen-Weimar-Eisenach). Seus livros, em particular *Os sofrimentos do jovem Werther* e *Fausto*, são festejados em todo o mundo como algumas das maiores obras em língua alemã. E claro que ele não é uma exceção: Schiller, Heinrich Heine, Herder, Lessing e muitos outros o acompanham nesse panteão dos grandes escritores alemães. No sentido figurado, mas também no literal. Em 1842, 30 anos antes da unificação, portanto, o rei bávaro Ludwig I construiu, na região de Regensburg, um edifício destinado a ser uma homenagem permanente aos grandes nomes da cultura alemã. Esse panteão alemão foi batizado de *Walhalla*, uma apropriação da mitologia germânica, o local onde Wotan, o deus Odin na versão nórdica, recebia os guerreiros de maior destaque para um eterno banquete. Em sua versão contemporânea, a morada dos valorosos abriga bustos de pintores, generais, reis, políticos, compositores, historiadores e filósofos, pessoas que construíram e definiram, com suas ações e obras, o que é "ser alemão". E, como uma prova de que essa é uma definição em constante transformação, o *Walhalla* abriga também bustos de pessoas muito mais próximas de nosso tempo, como Albert Einstein ou Konrad Adenauer.

Se a história alemã apresenta capítulos e personagens fascinantes, também tem passagens sombrias e extremamente violentas. O militarismo, o nacionalismo e o antissemitismo que se desenvolveram no país a partir de sua unificação colocaram o país no caminho de duas guerras mundiais, genocídios e um governo totalitário nazista que cortou fundo na carne de sua própria população. Ao fim da Segunda Guerra Mundial, o país acabou separado entre comunistas e capitalistas, e um muro dividiu o coração do país. Assim, menos de um século depois da unificação, a Alemanha já estava novamente dividida.

Quem visita hoje a Alemanha vê um país que é a síntese de tudo isso, e que se esmera em sê-lo. Mesmo suas maiores manchas históricas são parte constante de seu ser. Quando se procura pelo "típico alemão", o senso comum lança ideias gerais ("pontuais", "frios", "distantes" etc.). Aqueles que têm contato com a ciência ou a Academia alemã tendem a vê-los como demasiado teóricos, abstratos. O próprio Goethe chegou a afirmar que os alemães têm o dom de tornar as ciências inacessíveis. Mas, em verdade, todas essas características estão ligadas a uma introspecção, a uma reflexão constante sobre o mundo à sua volta – e sobre sua própria história. Como o leitor poderá acompanhar nas páginas seguintes, isso leva ao desenvolvimento de uma consciência muito particular, a uma defesa da democracia e dos direitos humanos, a um senso de responsabilidade – histórica e para com o mundo de hoje – que diferencia o povo alemão frente a seus vizinhos.

Donos de uma história única, marcada por luzes e trevas, os alemães seguem deixando sua marca no mundo; na economia, nas artes e na ciência. Uma ação cada vez mais refletida e responsável em vários aspectos pode ser também apontada como uma característica desse povo, especialmente após a reunificação de 1990 e o surgimento de uma nova Alemanha. Isso não os exime de culpas ou de responsabilidades por suas ações – atuais ou históricas –, mas denota a tendência a uma consciência de seu lugar no mundo. Entender como e por qual razão isso aconteceu é o principal foco deste livro.

# ORIGENS BÁRBARAS

Por toda a história, durante guerras e conflitos, nos trajetos de artistas e comerciantes, nas peregrinações de religiosos ou na busca de salvação para refugiados, o território do que hoje é a Alemanha serviu e ainda serve de corredor para grandes e pequenos movimentos populacionais. Sua posição geográfica, portanto, foi determinante para a constituição do país atual e seu papel estratégico nas dinâmicas europeia e mundial.

Mas toda história tem um começo, e a dos alemães não é diferente. Como foi que os primeiros grupos humanos decidiram se fixar na faixa entre o Reno, o Elba e o Danúbio? De onde vieram e do que se alimentavam esses "primeiros alemães"? No que acreditavam? Como viviam? A história da civilização alemã começa com um assentamento, uma decisão de se fixar, uma variação linguística.

ANTES DE SEREM BÁRBAROS

Sua origem remonta a uma grande migração que povoou toda a Europa, inclusive o território onde é hoje a Alemanha. Os atores dessa imensa jornada iniciada na Ásia Central são quase completamente desconhecidos de nós. Pouco se sabe sobre suas formas de vida, suas culturas e suas línguas antes do seu assentamento no território europeu. Sabe-se que eram povos de natureza nômade que atingiram as planícies europeias no final do período Neolítico, quando então começaram a se fixar em terras e formar comunidades ligadas ao cultivo de alimentos e ao pastoreio. Esses povos constituíam um grupo multiforme comumente denominado pela historiografia como "indo-europeu", e entre eles estão aqueles que se fixaram na região da Europa central, onde fica a atual Alemanha. A partir das trocas culturais ocorridas entre esses *Urvölker* ("povos primordiais") assentados na Europa, se desenvolveram as principais línguas europeias, gerando falas tidas como basilares em ramos linguísticos que mais tarde se desenvolveriam regionalmente, como o eslávico, o grego, o latim e o germânico. Ou seja, os "germânicos", os povos que estão na origem do que hoje se conhece como "alemães", não formavam um agrupamento étnico propriamente dito, mas faziam parte de um grupo de indo-europeus que se fixou na região da Europa central e, detendo uma base linguística comum, desenvolveu um idioma, o germânico. Foi nesse assentamento, nessa região específica, e na formação de uma comunicação própria diferenciada das outras regiões da Europa que alguns dos indo-europeus se tornaram "germânicos".

De onde os homens que se instalaram finalmente na Europa central, região onde fica a atual Alemanha, vieram mais exatamente? – essa é uma questão ainda bastante aberta. Uma das teorias diz que teriam vindo das estepes russas. Outra, de cunho mítico-racista (e que teve alguma aceitação durante o período nazista), diz que os "arianos" – como foi chamada uma ramificação dos povos indo-europeus que estariam no centro da cultura asiática antiga – teriam saído da região do Nepal e desenvolvido, nos locais onde se instalaram, uma superioridade característica. A mais provável, entretanto, é a hipótese de que os assentamentos germânicos seriam derivados da região nórdica, ou seja, de indo-europeus originários das estepes russas que, por volta de 4.000 a.e.c., teriam migrado para as terras das atuais Finlândia e Suécia e, depois, gradativamente, adentrado as florestas ao sul e se estabelecido onde é hoje o território alemão. Isso explicaria não só uma proximidade grande entre as constituições físicas desses grupos (o que pode ser caracterizado como fenótipo "nórdico", ou seja, cabelos loiros e pele branca/rosada; estudos recentes vêm demonstrando que, ao contrário de uma característica "superior", como chegou a ser a crença dos teóricos racistas entre o século XIX e XX, essa conformação se refere a uma mutação sofrida por esse grupo "indo-europeu" para melhorar a sua absorção de vitamina D), mas também alguns traços culturais que compartilhavam, como, por exemplo, mitologias religiosas semelhantes.

Já os motivos para o assentamento na região da Europa central, que podem ser datados de aproximadamente 2.000 a.e.c., ainda são bastante debatidos pelos estudiosos. É claro que a percepção de uma facilidade na obtenção de alimentos a partir de sua cultura, no plantio e no pastoreio, foi determinante para os homens desse período. Os invernos rigorosos, os períodos sem encontrar comida em quantidade suficiente, a necessidade de contar com a sorte nas andanças em busca de alimentos; tudo isso deve ter contribuído na busca por uma solução. Parece lógico que se fixar em um lugar para produzir sua própria alimentação é uma garantia de sobrevivência, e, portanto, o passo racional a ser tomado. Mas o que fez as pessoas olharem para aquele território específico e decidirem ficar por lá e cuidar para ter sempre alimento por perto?

Nos últimos anos algumas teorias têm apresentado explicações que desafiam a ideia da pura necessidade de sobrevivência como geradora da fixação humana na Europa Central. É particularmente tentador imaginar, como alguns desses estudiosos, que a razão estaria na cerveja – ou em uma forma primitiva desse fabuloso líquido dourado. Sabemos que o álcool não é apenas produzido pelos homens, mas que também aparece na natureza, tanto em frutas (a fruta da marula contém cerca de 3% de álcool) como também na fermentação natural de cereais – entre eles, a cevada e o trigo. Para o futuro ébrio obter acesso constante ao líquido que conhecera de forma natural, o plantio e o cultivo dos cereais se fizeram necessários. Apesar dessa imagem sedutora dos germânicos se fixando na Europa Central para produzir cerveja, essa não é a mais provável das razões. As florestas da área ofereciam uma ótima oportunidade de defesa contra inimigos além de serem propícias à coleta e à caça, mas a agricultura – que demanda mais trabalho – pode ter sido uma consequência do assentamento, não sua razão principal, como é mais provável em outras regiões do mundo.

Ao se estabelecerem na região da Europa Central, entretanto, esses indivíduos formaram agrupamentos distintos, com culturas e mesmo variações linguísticas próprias. Assim, os "germânicos" acabaram dando origem a vários subgrupos. Destes, os mais importantes eram: os *godos* (por sua vez divididos entre *visigodos* e *ostrogodos*), que teriam chegado à região via Báltico e Ucrânia; os *anglos*, que viviam próximos aos povos escandinavos, nos arredores da atual cidade de Kiel até a Dinamarca; os *burgúndios*, que fizeram um périplo pela Europa Central, passando pelos atuais territórios da Polônia, da Alemanha e da França, sempre entrando em atrito com povos locais; e os *alamanos*, uma designação genérica que designa uma quantidade de povos diversos e que significa "todos os homens". Foi destes que acabou derivando o nome latino do que é hoje a Alemanha (a palavra alemã deriva da ideia de povos teutônicos, ou teutos, que dariam origem à "*Teutschland*", a atual *Deutschland*).

Essa configuração multiforme impede que vejamos uma unidade na região da Europa Central no período pré-Clássico, mas também impediu a coesão entre os próprios povos que lá habitavam. De todo modo, havia algumas coisas em comum: a organização dos germânicos era bastante centrada no núcleo familiar, e os grupos configuravam-se como clás essencialmente patriarcais, nos quais as decisões mais importantes eram tomadas pelos chefes de cada família. Havia, contudo, momentos de maior liberdade com possibilidade de discussões nas quais todos os homens livres podiam argumentar até que se chegasse a uma decisão coletiva, como nos casos de guerra ou de incursões em territórios em busca de pilhagem. Os homens livres eram aqueles que tinham idade e *status* para portar uma arma, tornando-se "um guerreiro do clã" e se vinculando, por direito ou por hereditariedade, a um pedaço de terra. É à família que estão todos ligados, tanto em termos econômicos e militares quanto em termos de honra, o que significa que um ato de um membro da família poderia melhorar ou prejudicar a posição ou a imagem da família na comunidade. A família era o berço do indivíduo e, como tal, responsável por seus erros e acertos. Ela era louvada quando um filho era autor de algum feito valoroso, e buscava vingança em caso de algum dano sofrido por um de seus membros. Era também a família que pagava por algum malfeito cometido, mesmo que esse pagamento fosse com sangue.

Suas habitações eram normalmente casas de madeira de um andar, de um ou dois cômodos, com um espaço para o fogo. Internamente, eram "decoradas" com peles de animais, utilizadas para aquecer no inverno.

A agricultura praticada pelos povos germânicos produzia trigo e aveia, além do linho, que, junto da lã e da pele de animais de criação (carneiros, ovelhas e bois), era essencial para a manufatura de roupas. A produção agrícola e a pecuária permitiam aos povos germânicos uma alimentação variada e abundante. Os povos germânicos comercializavam alguns de seus produtos com os outros habitantes de sua região, com os povos do norte e mesmo com alguns que habitavam as margens do Mediterrâneo.

O historiador romano Tácito, autor do maior relato disponível sobre a vida dos povos germânicos, no livro *Germania*, fala de seu cotidiano e de sua cultura, destacando o que considerava seus valores e vícios. Possivelmente, foi nas páginas escritas por Tácito que surgiram algumas das imagens mais disseminadas – e talvez algumas das mais preconceituosas – a respeito dos germânicos. Em *Germania*, a coragem desses povos é exaltada, assim como seu "amor pela liberdade" (algo que os próprios romanos comprovariam). Mas eles são também descritos como extremamente supersticiosos, mais preocupados com profecias e visões do que com a realidade e o conhecimento, apreciadores do fantástico e do cerimonial. Tácito também os retratou como amantes dos jogos e das festas, estando em permanente estado de embriaguez. De acordo com o historiador romano, os povos germânicos desenvolveram uma cultura de rituais que garantia o respeito pelas tradições e pelas instituições que haviam criado. Seus casamentos eram eventos públicos em que dotes eram trocados pelas famílias dos noivos. A maioridade dos homens era celebrada com o simbolismo da aquisição da primeira arma. Os julgamentos também seguiam certos ritos, e as vinganças não podiam partir unicamente das famílias – elas precisavam ser chanceladas pela comunidade. A morte era honrada com rituais fúnebres. Com o desenvolvimento da agricultura, os solstícios passaram a ser celebrados como novas eras. Tudo em seu cotidiano era envolvido pela narrativa encantada da mitologia, que, de múltiplas formas, estruturava suas concepções de mundo. Uma multidão de deuses, com suas histórias fantásticas e interferência direta na vida dos germânicos, estava sempre de olho: não havia como fugir, e honrá-los era a norma.

MITOLOGIA GERMÂNICA – THOR ANTES DOS VINGADORES

Antes da sua atual popularidade no cinema e nas revistas em quadrinhos publicadas desde a década de 1960 pela Marvel, Thor era um dos vários deuses que davam sentido ao ambiente, ao tempo e ao mundo dos germânicos. Muito mais do que histórias fabulosas para entreter, a mitologia ordenava os pensamentos, fornecia explicações para as diversas situações cotidianas que os germânicos vivenciavam, para as mudanças climáticas, para as variações sazonais, enfim, para a vida natural.

As origens da mitologia germânica se confundem com as origens históricas dos próprios povos germânicos: ela provavelmente nasceu nas regiões nórdicas e se desenvolveu nas migrações em direção ao sul, nas trocas comerciais e culturais e na formação linguística. Uma circularidade cultural marcava o desenvolvimento dessas narrativas nas regiões da Europa Central e Europa do Norte, o que explica o compartilhamento dessas histórias com poucas variações.

A nossa principal fonte de acesso a essa mitologia são as *Eddas*, compilações em prosa e em verso originárias da Islândia que abarcam desde o relato da criação do universo até a grande maioria dos pequenos contos que a compõem. Algumas diferenças e variações são percebidas entre as narrativas mitológicas nórdicas e as germânicas, como o nome de Wotan, mas essencialmente se trata da mesma construção lendária.

Tanto nas narrativas nórdicas quanto nas germânicas, a origem do mundo se dá com o encontro no espaço vazio das forças do gelo e do fogo. A Terra do Fogo (Muspelheim) ficava acima da Terra da Neblina (Niflheim), onde o gelo e a neve imperavam, e, entre elas, um grande nada. O frio do sul teria avançado em direção a esse espaço vazio, e lá criado um grande bloco de gelo que esperou por eras o en-

18 | Os alemães

contro com o calor vindo do norte. Quando o vento quente derreteu o gelo, surgiu um gigante hermafrodita de nome Ymir, a primeira das criaturas primordiais, e uma vaca de nome Audhumla, que alimentaria o gigante com os rios de leite que vertia.

O calor vindo do norte fez Ymir suar, e de seu suor nasceriam três outros seres, que dariam origem a todos os gigantes que povoariam o mundo de Jötunheim, literalmente Terra dos Gigantes (Jötunn). A vaca Audhumla lambeu o gelo que ainda restava e libertou Buri, uma criatura primordial de traços humanos que daria origem aos deuses. Buri gerou Burr e junto com seu filho declarou guerra aos gigantes, dando início a um conflito eterno entre deuses e gigantes. Burr, por sua vez, casou-se com Bestla, uma giganta (se pensarmos bem, parece que havia poucas opções para ele). Bestla geraria três filhos, Wotan (ou Odin), Willi e We (ou Vé), e com eles chegamos à Era dos Deuses.

Os três irmãos se juntaram na luta contra Ymir e os demais gigantes e conseguiram matá-lo; o sangue jorrado de Ymir afogou grande parte de seus descendentes. A partir de então, os gigantes restantes se fixaram em Jötunheim para juntar forças para um futuro contra-ataque. Assim, os três irmãos deuses tiveram tempo para criar suas obras. Do cadáver de Ymir, como troféu de seu triunfo, criaram Midgard (literalmente Terra Média), que é o que os homens chamam de Terra. Isso faz com que todos nós mortais sejamos, nessa narrativa, não só devedores da vitória dos deuses sobre os gigantes (ao que deveríamos ser gratos), mas também símbolos desse sucesso (pelo que deveríamos ser orgulhosos). Vivemos, então, no corpo de Ymir, em meio a seus dentes, que deram origem às montanhas, e seu sangue, que gerou os rios. Somos parte da grande árvore do universo, chamada de Yggdrasil, a qual une todos os mundos em seu espaço e tempo. Isso significa que os destinos dos mundos estão entrelaçados e dependem da saúde e do tempo de Yggdrasil: é ela, ou melhor, sua decadência que anunciará a queda do mundo e o início do Ragnarök, a grande batalha que marcará o fim da Era dos Deuses. A árvore é o eixo que dá ordem ao universo. Em sua copa se situam os mundos superiores, dentre os quais Asgard, a morada definitiva dos deuses, onde se encontra o Walhala, salão do palácio Gladsheim onde Wotan recebe os guerreiros mais bravos caídos em batalha. No tronco de Yggdrasil se encontram os mundos médios, entre os quais a nossa Midgard e a Jötunheim, a Terra dos Gigantes. Em suas raízes, a árvore do universo abriga Schwarzalbenheim, a Terra dos Anões, e o Helheim, a Terra dos Mortos.

Asgard e Midgard são duas das principais criações dos deuses liderados por Wotan, que separou seu mundo do mundo atribuído aos mortais. Mas essa separação física ou dimensional não poderia ser permanente, pois os homens precisam saborear o encantamento do contato com os deuses para não se esquecerem de suas origens. Assim, para que a Terra pudesse ainda ser visitada pelos deuses, foi criada Bifrost, uma ponte de arco-íris guardada pelo deus Heimdall.

Wotan pode observar todos os nove mundos de seu trono em Asgard e, para saber sempre de tudo que acontece, conta ainda com dois corvos que lhe trazem notícias de todos os cantos do universo.

O panteão dos deuses germânicos, assim como o dos gregos e dos romanos, abriga dezenas de nomes que representam aspectos da vida natural, social ou virtudes a serem cultivadas – ou evitadas – pelos mortais. Lendas e contos são apresentados para ilustrar esses aspectos, que deixam evidente seu caráter representativo e educacional. Por exemplo, o próprio Wotan, para além da liderança e da coragem, encarna a curiosidade e a sabedoria, pois, como contam algumas dessas histórias, ele não hesita em sacrificar um olho para conseguir poderes premonitórios ou em se martirizar no tronco de Yggdrasil para aprender a arte das runas. Wotan é também um "conquistador" e perde constantemente a cabeça diante do sexo oposto. Além de Frigg, a deusa rainha de Asgard e mãe de seu filho preferido, Balder, o número de amantes e filhos de Wotan parece não ter fim. Entre suas amantes destacam-se a deusa Rind, mãe de Wali, e a deusa Jörd, mãe de Thor.

Wotan também é pai de Heimdall, o guarda da ponte arco-íris, mas a história de seu nascimento é um pouco mais complicada. Ele não tem uma mãe, mas nove, nove gigantas virgens que Wotan seduziu na praia (elas eram filhas de um gigante do mar) e que geraram juntas o deus guardião.

Thor também representa a valentia, mas raramente demonstra ser sábio ou mesmo muito esperto. Suas ações costumam ser intempestivas, e por isso mesmo podem colocá-lo em apuros.

Loki, o filho de gigantes que frequenta a corte dos deuses, é muito mais complexo. Ele ostenta uma personalidade difícil de ser apreendida, agindo ora como um grande aliado dos deuses, ora como seu maior inimigo. É considerado o deus das trapaças, dos disfarces e das ilusões, e entre seus descendentes contam Jörmungandr (a Serpente do Mundo), uma cobra gigante que vive no oceano de Midgard, Fenrir, um lobo gigante que, segundo a lenda, algum dia matará Wotan no Ragnarök, e Hel, que se tornou governante do reino inferior dos mortos.

Alguns outros personagens dessa mitologia ganham importância na composição da narrativa completa, cada qual carregando consigo o seu valor simbólico e sua mensagem para os germânicos. As Valquírias, por exemplo (que seriam homenageadas pelo

Mitologia germânica ontem: à esquerda, frontispício de um manuscrito de uma *Edda*, proveniente do século XVIII. À direita, ilustração de Siegfried sendo morto em um manuscrito do século XV d'*A saga dos Nibelungos*, conhecido como *Hundeshagenscher Kodex*.

compositor Richard Wagner em uma das quatro partes de sua tetralogia *O anel dos Nibelungos* e que tem em *A cavalgada das Valquírias* alguns dos arranjos mais conhecidos da história das óperas), são figuras que povoavam o imaginário dos germânicos em um dos seus momentos mais festejados: as batalhas. Isso porque, segundo as lendas, as Valquírias observam todos os combates para escolter até a presença de Wotan aqueles que morrem após lutar com extrema bravura. Ao chegarem em Asgard, no salão de Walhalla, os guerreiros são devidamente recompensados com um banquete com o rei dos deuses. As Valquírias, assim, servem de combustível moral e fonte de coragem: para se exibir a elas é que os guerreiros se lançam ao campo de batalha – e morrem felizes.

Os Anões são também seres da mitologia germânica, e são criaturas de um mundo inferior que vivem e trabalham em cavernas, minas e túneis. São personagens

Origens bárbaras | 21

A mitologia hoje: à esquerda, capa de uma edição em quadrinhos d'*A saga dos Nibelungos*. À direita, jornal *Nibelungen Kurier* da cidade de Worms, capital do Reino dos Burgúndios no século V e cenário da primeira parte da saga. A atualização da história para novos meios prova o interesse ainda vivo da mitologia germânica.

complexos, de gênio muitas vezes difícil, mas grandes ourives e artesãos. O trabalho de alguns deles pode até se tornar uma obra de arte, como o caso do Brisingamen, o colar mais belo do universo, produzido por três dos anões. A joia resplandecia tanto que chamou a atenção de Freya, a deusa do amor, a mais linda de Asgard – e, claro, também amante de Wotan. Diz a lenda que, como pagamento por Brisingamen, Freya se deitou com os três anões que o haviam forjado, deixando Wotan louco de ciúmes.

Além dos mitos de origem e também de algumas lendas de fundo moral que se encontram nas *Eddas*, a mitologia germânica produziu também uma lenda que se tornaria sinônimo de antiguidade germânica, viraria tema de ópera e de filmes e ganharia destaque na História alemã: *A saga dos Nibelungos*. Trata-se de uma narrativa elaborada no decorrer dos séculos, com elementos próprios da mitologia germânica. Assim como as *Eddas*, *A saga dos Nibelungos* chegou até nossos dias através da compilação das tradições orais feita na Idade Média, em especial na região da Baviera. Essa saga envolve personagens complexos e multifacetados e trata de ganância, soberba e amor.

Segundo ela, tudo começou no Reno, onde as ninfas Flossilde, Woglinde e Wellgunde protegiam o rio e seu famoso ouro. Um anão, que vivia a perseguir com luxúria as ninfas, descobriu o ouro e a lenda que o envolvia: "aquele que dele forjar um anel, será o rei do universo" (parecido com *O senhor dos anéis*, não? Sim, Tolkien se inspirou bastante n'*A saga dos Nibelungos* para construir seu universo fantástico). Mas, para que isso acontecesse, o ourives precisaria renunciar ao amor. Alberich, o anão, ao ouvir as promessas que o ouro encerrava em si, prontamente renunciou ao amor, tomou o ouro e forjou o anel, com o qual foi capaz de dominar o Reino e escravizar seus habitantes. Ao longo do tempo, o anel acabaria mudando de mãos, primeiro, por ações de Loki, para as de Wotan e, em seguida, como pagamento pela construção do Walhalla, para as mãos de Fafner, um gigante que, encantado pelo anel, se transformou em um dragão para protegê-lo e passou a viver isolado em uma montanha.

Com esse pano de fundo se desenrola a aventura de Siegfried, filho de Sigmund (e, segundo algumas versões, da linhagem de Wotan), herói mitológico que se envolve em várias aventuras. Entre elas, confundem-se as estruturas narrativas do Rei Artur, das aventuras de Aquiles na Guerra de Troia e a de Tristão e Isolda. Siegfried – ou Sigmund, em algumas versões – consegue arrancar do freixo uma espada poderosa com a qual se torna um dos homens mais poderosos do mundo; ele usará essa espada para matar Fafnir e assim não apenas conseguir o anel encantado, mas também se banhar em seu sangue e obter uma pele impenetrável (com a exceção de um lugar, onde uma folha pousou e impediu que o sangue do dragão endurecesse a pele; esse se tornará seu ponto fraco). Siegfried viverá ainda uma relação complicada com a valquíria Brunhilde, responsável por sua futura decadência. São várias as versões das aventuras de Siegfried e muitos detalhes são diferentes em cada uma delas, mas em todas as versões Siegfried é o arquétipo do herói germânico: guerreiro, corajoso e honrado (e um bocado turrão também).

Essas histórias marcaram a vida dos povos germânicos. Elas acompanhavam os indivíduos em seus anos de formação e transformavam a realidade das comunidades germânicas, explicavam os eventos naturais e cotidianos e davam sentido aos acontecimentos vivenciados por todos. A mitologia era, portanto, um substrato imaginário que ajudava a constituir aquilo que hoje chamaríamos de "identidade" desses povos. Mas, com uma estrutura tão complexa, com elementos de difícil compreensão para nós, com seres tão fantásticos e fantasiosos, será que os germânicos acreditavam realmente nelas? O historiador Paul Veyne (autor de *Acreditavam os gregos em seus mitos?*, de 1983) lançou essa questão ao analisar a mitologia grega, e os resultados de suas reflexões apontaram para uma mescla de posicionamentos frente às histórias mitológicas. Para ele, muitos gregos viam em seus mitos metáforas para questões importantes da vida, alguns as enxergavam como um passado imemorial, algo que realmente aconteceu, mas que estava perdido nas brumas da história, e outros ainda acreditavam que os mitos se desenrolavam permanentemente, que os deuses andavam entre os homens e que influenciavam diretamente os acontecimentos. É claro que os germânicos não eram os gregos, mas não é difícil imaginarmos essas três atitudes convivendo também no mundo da Europa Central. Podemos pensar em um velho sentado junto ao fogo narrando as aventuras de Siegfried ou as brigas de Loki e Heimdall para uma plateia de jovens curiosos. Ou ainda podemos imaginar uma mãe consolando um filho pequeno assustado com o barulho do trovão, dizendo que "é apenas Thor batendo seu martelo". Temos então, a um só tempo, um respeito distante pelas histórias e um encantamento completo com suas narrativas.

A influência da mitologia germânica, entretanto, não ficou apenas na Antiguidade. É conhecido o seu ressurgimento entre alguns círculos místicos na Áustria e na Alemanha do início do século XX, círculos que tiveram alguma influência na ascensão dos nazistas nas décadas de 1920 e 1930. Em particular as *Eddas* e as runas (letras do antigo alfabeto germânico que, segundo a lenda, teriam sido reveladas a Wotan e carregavam em si poderes divinatórios) se tornaram objeto de estudo e de devoção. O caso mais famoso da apropriação desses elementos com forte caráter místico foi o do círculo em torno do líder da SS, Heinrich Himmler, que investiu em expedições arqueológicas para tentar revelar as origens mitológicas dos modernos alemães, além de promover rituais e cerimônias baseados nessas crenças. Mesmo na simbologia mais elementar da SS, o duplo S carregava forte relação com as runas.

Além disso, das mais diferentes formas, fazemos com que os deuses ainda caminhem entre nós nos dias de hoje. Produtos das mídias costumam fazer referência a essas histórias, que entram em nossas casas e nos mantêm familiarizados com os deuses germânicos. Por meio de videogames, seriados, filmes, gravuras, estátuas e pinturas, as aventuras de Wotan e sua família divina continuam a ser passadas para nós, muitas vezes sem sequer percebermos. Os nomes dos dias da semana continuam homenageando muitos deles: *Dienstag*, terça-feira em alemão, faz referência a Tyr, deus da vitória; em inglês e holandês, quarta-feira ainda é "dia de Wotan" (ou Wodan); *Donnerstag,* quinta-feira, é "dia do trovão" (*Donner*) em alemão, "dia de Thor"; sexta-feira, *Freitag* em alemão, é "dia de Freya", a deusa do amor e amante de Wotan.

Em meados do século XIX, tentando mostrar que os deuses dos germânicos ainda andavam entre nós e abençoavam os povos alemães com genialidade, coragem e dignidade, o rei Ludwig I da Baviera ordenou a construção de um panteão dos heróis alemães, que seria visto como uma prova da identidade coletiva comum aos reinos alemães do período. No local onde foi construído, se encontram ainda hoje bustos de mais de 150 novos heróis alemães, que vão desde Otto I até Sophie Scholl, passando por Einstein, Dürer, Mozart e Bismarck. Os "novos Siegfrieds" foram eternizados em um edifício em estilo clássico na cidade de Regensburg, que foi batizado com um nome apropriado: Walhalla.

CIVILIZAÇÃO *VS.* BARBÁRIE – O IMPÉRIO ROMANO E SUA FRONTEIRA AO NORTE

Antes de serem alemães, os povos que viviam na região que é hoje a Alemanha eram medidos pela régua de seus vizinhos ao sul: os antigos romanos. Se hoje vemos ali habitantes de um país rico e avançado, a impressão sobre eles já foi bem diferente. Ainda que a noção de progresso seja uma construção de poder e de dominação na qual aqueles que estariam à frente nessa corrida são percebidos como naturalmente superiores, ela já determinou muitas leituras da história, e mesmo a autoimagem de diversos povos.

Um povo de conquistadores, que acreditava estar no ápice da civilização, os romanos se empenharam em expandir seu império, chegando a controlar um espaço que ia da Bretanha à Mesopotâmia, contornando a Ibéria e o norte da África. Além das terras, escravos e riquezas que esses lugares poderiam trazer ao Império Romano, um "impulso civilizador" (quer dizer, levar a civilização e a glória de Roma a outros territórios) motivava seus avanços. Mas seus vizinhos do norte (gauleses, germânicos) se provaram uma exceção à regra da conquista e impuseram resistências ferozes aos exércitos invasores.

As primeiras experiências militares que os romanos tiveram com os povos do norte foram ainda durante a República, com as guerras conduzidas por Júlio César entre 58 e 50 a.e.c. contra os gauleses, um grupo descendente dos celtas. Um dos fatores que motivou a campanha de César contra os povos que habitavam ao norte do território romano foi a ameaça que esses povos exerciam sobre as lucrativas redes de comércio que passavam pela Gália Narbonense, uma região entre os atuais territórios da França e Itália que, à época, era rota para os mercados da Ibéria. Portanto, o objetivo dos romanos era ampliar seu domínio, civilizar os locais e garantir a segurança desse trajeto mercante frente àqueles que ameaçavam intervir nos seus negócios. O líder romano descreveu em seu livro *De Bello Gallico* a evolução dessa campanha, na qual sua superioridade tática e bélica foi colocada à prova contra um inimigo muito superior em números, com uma força de resistência crescente, mas com sérios problemas causados pela falta de unidade entre os grupos que o compunham. Ao fim, os gauleses não conseguiram deter os romanos, e o general conseguiu sua maior vitória militar sobre o líder dos gauleses, Vercingetorix, no ano de 52 a.e.c.

A vitória sobre os gauleses permitiu aos romanos um vislumbre de outros de seus vizinhos do norte, os povos germânicos. Depois dessa experiência, os romanos resolveram postergar uma possível incursão além do rio Reno, entrando no território germânico. A imagem que os romanos tinham desses povos que viviam depois do Reno – os germânicos – era de que eram atrasados, bárbaros, mas muito aguerridos no campo de batalha. Atravessar o rio para combatê-los deveria ser um ato cuidadosamente planejado, e a preservação das vidas romanas era a prioridade. Passaram-se décadas até que confrontos de relevo entre as duas forças ocorressem, já durante o Império, no período de Augusto. E os resultados desses encontros ficaram marcados de forma dolorosa, tanto no imaginário romano, quanto na memória do imperador.

Suetônio, Tito Lívio e Tácito descrevem as Guerras Germânicas do primeiro século antes da era comum, e seus escritos são algumas das principais fontes que temos sobre esse tempo. Eles relatam que, em 16 a.e.c., alguns grupos germânicos que haviam invadido a Gália para pilhar entraram em confronto com as forças romanas e conseguiram tomar o estandarte de águia da 5ª Legião, envergonhando as tropas e o Império. O evento ficou conhecido como *Clades Lolliana*, ou Derrota de Lollius, em memória do representante oficial do império na região, Marcus Lollius.

Poucos anos depois, novo revés aguardava os romanos em novos confrontos com os vizinhos do norte, conhecidos como as Guerras Germânicas de Augusto. Entre 12 a.e.c. e 16 e.c., Roma investiu pesadamente no controle da região ao norte, chegando pela primeira vez ao rio Elba em 9 a.e.c. Ao atingirem o Elba, os romanos tentaram promover pequenos avanços sobre a região mais ao norte, o que acabou provocando um confronto constante com as comunidades germânicas. O objetivo romano era, mais uma vez, pacificar a região, garantir o controle das fronteiras, a anexação de terras e

26 | Os alemães

levar a "civilização" para aqueles denominados "bárbaros", ou seja, que não comungavam dos valores romanos e não vivenciavam a cultura e as instituições imperiais.

As primeiras vitórias romanas deram a impressão de que os germânicos seriam mais uma presa fácil dos exércitos imperiais. Mesmo com algumas tentativas felizes de emboscada por parte dos bárbaros, a disciplina e a superioridade técnica se impuseram no campo de batalha, fazendo com que o território da atual Alemanha fosse finalmente anexado ao Império Romano. Entretanto, conforme as vitórias romanas iam se acumulando, também a resistência ganhava força e impulsionava uma unidade inédita entre os germânicos, que acabaram se reunindo em torno da figura de Arminius (que, mais tarde, seria considerado "o primeiro herói alemão").

A vida de Arminius não é muito conhecida dos historiadores de hoje, pois são poucos os vestígios que um líder germânico daquele tempo seria capaz de deixar para a posteridade. Sabemos que, como um atestado das relações constantes e simbióticas que eram possíveis nas fronteiras do norte do Império, Arminius chegou a servir nas linhas romanas, onde aprendeu as técnicas e estratégias das legiões. Esses conhecimentos se mostrariam vitais na condução da batalha que garantiria a derrota mais marcante dos exércitos romanos: a Batalha de Teutoburgo, no ano 9 e.c. Nela, o comandante Publius Varus foi levado a uma emboscada em meio à floresta, sendo obrigado a passar suas três legiões (a sétima, a oitava e a nona) por um caminho estreito e enlameado, dispersando os soldados e abrindo a guarda de seu exército. Com uma quantidade superior de homens e armas mais leves (lanças e espadas) contra o gládio e toda a pesada indumentária romana, Arminius atacou as linhas romanas, que não puderam compor a formação de defesa e tiveram de partir para o corpo a corpo. As tentativas de fuga foram frustradas por novas emboscadas, e a derrota completa dos romanos foi inevitável. Varus então cometeu suicídio e a resistência germânica convenceu Roma de que os custos de uma nova investida contra os germânicos não valeriam a pena. De fato, a derrota traumatizou o Império, coletivamente, e o imperador, individualmente. É dito que o imperador Augusto, no fim de sua vida, quando a realidade por vezes lhe escapava, era pego olhando para o vazio e repetindo a frase: "Ah, Varo, devolva minhas legiões". Seu sucessor, Tibério, enviou algumas missões de apaziguamento da fronteira, mas em 16 e.c. abandonou definitivamente qualquer pretensão de conquista. Os germânicos foram, então, os primeiros povos que os romanos abriram mão de "civilizar", contentando-se em vigiar as fronteiras estabelecidas que os separavam.

Gerações se passaram sem que houvesse qualquer avanço por parte dos germânicos direcionado contra a hegemonia do Império. Mas, apesar da relativa calma nas fron-

Origens bárbaras | 27

O *Hermannsdenkmal* se encontra no topo de uma colina na floresta de Teutoburgo. É um memorial à batalha de mesmo nome e ao líder dos germânicos, Arminius, que os levou à vitória. Acima, uma reencenação da batalha, na cidade de Kalkriese, local que abriga um sítio arqueológico e onde deve ter ocorrido o embate.

teiras, o trauma da derrota gerou uma cultura do medo que se tornou parte integrante do cotidiano romano. O imaginário imperial difundiu a ideia de que os germânicos eram assassinos implacáveis, guerreiros vestindo peles e segurando lanças e machados que viviam em um território gelado e inóspito. (O medo dos bárbaros se tornaria uma das múltiplas heranças culturais que os ocidentais receberiam dos romanos. O medo da violência daqueles julgados inferiores ainda é capaz de assombrar o dia a dia de indivíduos na Itália, nos Estados Unidos, na Alemanha e em todo o Ocidente. Isso pode ser verificado no decorrer dos séculos, desde os tempos da derrota de Teutoburgo, ainda que a figura do "bárbaro" tenha mudado tantas vezes.)

A vitória de Arminius, para os alemães modernos, tem um lugar especial na memória de sua civilização. A partir do século XVI, com a redescoberta dos escritos de Tácito nos conventos de Corvey e de Hersfeld, ela foi tomada como "o início da História alemã", e Arminius, considerado "o primeiro herói alemão". O fato de, poucos meses depois da vitória sobre os romanos, ele ter sido assassinado por líderes germânicos não entra na conta: Arminius seria um símbolo da coragem e da resistência frente aos imperialismos que ameaçam a Alemanha ao longo do tempo. Mais ainda, quando colocada como ponto inicial da longa História alemã, a Batalha de Teutoburgo surge em uma linha que passa por eventos como a Reforma Protestante e a resistência a Napoleão, uma linha que denuncia um confronto constante entre os alemães e seus vizinhos, contra a influência de Roma, da Igreja e dos impérios estrangeiros. É uma narrativa que coloca Arminius como "o primeiro grande resistente", um vulto histórico que dita a posição da Alemanha em relação ao sul. Na construção dessa memória guerreira, e para festejar o primeiro herói alemão, em 1875 foi erguido um monumento – o maior monumento da Alemanha – na mesma floresta, nos arredores da cidade de Detmold. É chamado de *Hermannsdenkmal*, com mais de 50 metros, e representa um guerreiro levantando uma espada voltado ao sul, em atitude de constante desafio, como se dissesse: "essa terra é dos alemães, e de ninguém mais".

ÀS PORTAS DO MUNDO – DE BÁRBAROS A IMPERADORES

Por cerca de 150 anos, o olhar atento dos romanos sobre as bordas de seu mundo manteve as hostilidades abafadas, com poucos e esporádicos atritos. Mas nos séculos III e IV as estruturas do Império começavam a ceder, e os germânicos se voltaram contra as cidades romanas. Por volta do ano de 270, suas incursões chegaram ao norte da Itália, os saxões atingiram a ilha da Bretanha, enquanto os godos levaram o desespero ao lado oriental. Era como se as diversas comunidades germânicas tivessem percebido as fraquezas do Império e aproveitado a oportunidade. Nessa época, crises fermentadas pela disseminação de uma peste e por agitações internas civis e militares deixaram o Império Romano muito próximo de sucumbir. Ainda existia, entretanto, uma concepção de unidade entre os romanos, e algumas reformas, como as empreendidas pelos imperadores Constantino e Diocleciano, deram uma sobrevida àquele leviatã. A partir de então, aumentou o número de germânicos contratados pelo Exército romano

Origens bárbaras | 29

Distribuição dos povos germânicos após a queda de Roma, em 476.

como mercenários, abrindo ainda mais o Império para colaborações com "bárbaros", e consequentemente para o aumento dos contatos culturais.

Essa abertura, entretanto, longe de ser um dos motivos determinantes da futura derrocada do Império, foi um movimento para conservá-lo que funcionou por quase três séculos. Sem ela, com intransigência e mantendo toda a estrutura necessária para salvaguardar a distância entre os dois mundos, a queda seria mais rápida, com invasões incisivas e crises econômicas mais acentuadas. O que ocorreu então foi uma liberdade maior de trânsito para aqueles que tivessem interesses em Roma, ou seja, uma permeabilidade dos limites anteriormente rígidos do império. A maior facilidade de trânsito na fronteira fez com que aumentassem os intercâmbios entre germânicos e romanos: produtos de todas as partes do império afluíam para a Germânia, principalmente joias, metais e vinho; os romanos, por sua vez, recebiam peles, gemas e escravos.

Os contatos mais constantes também levaram o cristianismo aos germânicos, que se difundiu lentamente entre as diferentes comunidades no decorrer dos anos.

30 | Os alemães

As incursões de comerciantes e guerreiros germânicos ao interior do Império certamente contribuíram para essa difusão ao colocá-los em contato direto com a religião que tomava a população romana. Mas o passo fundamental para a cristianização dos germânicos foi mesmo o movimento missionário lançado a partir de Roma para as regiões fronteiriças do império a partir do século IV, principalmente nas fronteiras com os godos. Quando os hunos, provindos da Ásia central, avançaram em direção à Europa, foi essa população goda, já não tão "bárbara", que eles encontraram, vindo a empurrá-la, com certa facilidade, para o interior do império.

O resto da história é bem conhecido. Uma agitação frenética tomou conta da Europa Central. Deslocamentos dos mais diversos geram um êxodo para praticamente todas as áreas do Império Romano do Ocidente. Pilhagens, cidades sitiadas e destruição se tornam a regra, colocando em confronto não apenas os mundos germânico e romano, mas, em um clima de todos contra todos, os embates entre "bárbaros" também se tornam comuns. No decorrer de pouco mais de um século, um dos impérios mais estruturados da história cairia aos pés daqueles que consideravam "bárbaros". Parece que o jogo virou, não é mesmo?

No momento em que o Império Romano do Ocidente cai, uma miríade de povos germânicos se torna senhores do mundo. Novos reinos se formam. Na região da atual Alemanha, as terras são divididas entre quatro deles: lombardos, saxões, frísios, francos e alamanos. Mas não só; todo o antigo império é redesenhado. Visigodos na península ibérica, francos na antiga Gália, saxões na Bretanha e vândalos e ostrogodos na península itálica. Aos poucos, a assimilação de costumes e cultura (que havia sido intensificada com a abertura do império) permitiria uma reorganização nesses espaços, uma nova estrutura social que mesclaria elementos romanos e germânicos em toda Europa Central e Ocidental.

Incapazes de conseguir impor uma unidade em seus territórios, ao menos nas primeiras décadas após o fim do Império Romano, os novos reinos permitiram que cada indivíduo carregasse consigo as leis de suas origens. Assim, um romano, mesmo que acusado no reino visigodo, poderia responder segundo as leis romanas, assim como um burgúndio responderia segundo as regras dos burgúndios, e assim por diante. As línguas germânicas e o latim continuaram a se mesclar, e o resultado seria uma forte influência do latim ainda hoje sobre as línguas alemã, inglesa e holandesa, por exemplo. Da mesma forma, a antiga língua dos romanos recebeu das línguas "bárbaras" complementos vocabulares, continuou a ser a língua da elite política e da burocracia, além, claro, da Igreja (que sobreviveria para se tornar a instituição mais poderosa da Idade Média).

Grande parte dos pagãos que ainda não haviam adotado o cristianismo acabaria se convertendo ao longo do tempo. Entre os convertidos estava Clóvis I (482-511), rei dos francos, o primeiro rei de destaque dessa nova realidade e um dos primeiros da linhagem dos Merovíngios. Para se reformular, os novos reinos germânicos começaram a se apegar a elementos imperiais e, ao mesmo tempo, sedimentar as diferenças com relação a outros reinos, além de demarcar mais claramente as fronteiras entre eles.

Em 800, com a ascensão de Carlos Magno, rei dos francos, ocorrerá a formação de um novo império graças à expansão territorial franca que abrangerá praticamente toda a Europa Central. Esse é um ponto decisivo, pois é a partir dele que as heranças tribais "bárbaras" ficarão definitivamente para trás. A fundação do Império Carolíngio deu maior unidade ao espaço europeu: ele chegou a abranger um território que ia do nordeste da atual Espanha até a Dinamarca, pelos territórios contemporâneos da França, da Itália, da Croácia, Romênia e Alemanha. Seu rápido declínio e divisão após a morte de Carlos Magno geraram reinos e principados, e antes mesmo do ano 900, o Império Carolíngio, na forma como havia sido concebido, havia deixado de existir.

O fim desse império deu origem a dois espaços distintos, que dariam origem a duas das culturas mais ricas do Ocidente: a francesa e a alemã. (Por essa razão, seu fundador, Carlos Magno, é apontado como iniciador tanto do que hoje é a França quanto da atual Alemanha, assim como é considerado o primeiro unificador europeu.)

A parte oriental do que havia sido o Império Carolíngio (a antiga Germânia) não seguiria um processo de gradual unificação territorial e identitária, como aconteceria na Francia. Ao contrário, na região da antiga Germânia vigoraria a fragmentação política e econômica, baseada em um sistema fundado nos princípios feudais. Estados (que hoje formam a Alemanha) como a Bavária, a Saxônia e Brandenburgo constituíram-se no decorrer dos séculos.

No século X ocorreu uma certa união entre os múltiplos reinos e principados por ocasião da coroação de Oto I, rei da Saxônia, como Sacro Imperador Romano-Germânico. Isso conferiu uma representação unitária ao mosaico de Estados germânicos da época sem significar, contudo, que haviam se tornado uma unidade política efetiva. Na prática, o Sacro Império funcionava como uma federação de Estados e de cidades livres com acordos e ligações políticas e comerciais. Estar sob a autoridade de um imperador era muito mais uma questão legitimadora, algo que ligava a existência desses novos condados, ducados, principados etc. a uma tradição que os apontava como "herdeiros do Império Romano" e "defensores de seu principal legado: a Igreja e o cristianismo".

O Sacro Império resistiu por séculos. Estados surgiram e sucumbiram em seu interior, lutas intestinas e variações econômicas mudaram a balança de poder entre eles. Saxônia, Prússia e Áustria foram alguns dos Estados que reivindicaram a hegemonia representativa desse conglomerado. Líderes icônicos surgiram nesse período, como Frederico Barbarossa, que comandou uma cruzada junto de Ricardo Coração de Leão e morreu afogado no caminho para Jerusalém, ou ainda Frederico II Hohenstaufen, que liberou Jerusalém para os cristãos, mas concordou com a liberdade de culto de outras religiões na cidade, pelo que seria excomungado pelo papa.

O fim do Sacro Império ocorreria com as invasões napoleônicas e a abdicação de Francisco II, colocando um ponto final nessa história ainda ligada ao Império Romano. Quando Napoleão marchou sobre os territórios alemães, muito já havia se passado. A Germânia, antigo território bárbaro, havia sido dividida entre diferentes reinos depois da queda de Roma, deu origem ao Império Carolíngio, foi dividida novamente em pequenos reinos e principados que viriam a ser unificados apenas no século XIX, em 1871, pelas mãos de Bismarck. Só então pode-se falar formalmente de Alemanha. Mas, quando isso ocorre, a população da antiga Germânia já se encontrava no centro do "mundo civilizado", tinha gerado um sem-número de imperadores e havia sido capaz de produzir algumas das peças culturais mais elaboradas do mundo. Um sentido efêmero de identidade coletiva já estava presente entre eles, os alemães, mas não havia se convertido em unidade política. Em outras palavras, os alemães já eram alemães, mas a Alemanha ainda precisava ser inventada.

A TERRA POR ONDE CORRE A CERVEJA

Na construção de uma identidade de grupo, a terra e o espaço por onde se desenvolve o povo acabam ganhando uma importância definidora. Ainda que hoje o turista que visita a Alemanha veja um país completamente transformado pelas mãos de seus homens e suas mulheres, contemple arranha-céus espelhados em meio a monumentos históricos, fábricas e estabelecimentos comerciais, observe luzes emanando de casas de teatro, óperas e cinemas, tudo isso se ergue em meio a um espaço físico próprio, que moldou e condicionou todas essas criações.

O relevo e a geografia de um país podem ser a sua salvação ou a sua desgraça, uma vantagem ou um obstáculo. Os alemães souberam usar como poucos os recursos que o espaço em que habitavam lhes oferecia. Cada canto desse espaço conta um pouco sobre essa civilização, como se os acidentes geográficos moldassem a estrada para sua história.

NO MEIO DO MUNDO

No caso da Alemanha, o relevo se mostrou muito amigável para com a população local. Grandes planícies são a característica mais marcante da geografia local, com rios e lagos em toda sua extensão.

Ao sul do país, especialmente nas regiões da Suábia e da Baviária, surgem montanhas mais elevadas e a cordilheira dos Alpes, na divisa com a Suíça e a Áustria.

Façamos uma viagem de trem, partindo de um lugar próximo ao mar Báltico, ao norte do país: Lübeck, no estado de Schleswig-Holstein, a cidade-livre que foi um dos principais pontos comerciais da Europa na Idade Média. Vamos até a Hauptbahnhof ("estação central"), que fica fora da cidade antiga, na ilha fluvial única que faz parte da cidade. Entramos no prédio com uma fachada de tijolos vermelhos, que remete ao passado, mas logo essa aparência externa da estação centenária se contrapõe à modernidade

34 | Os alemães

de seu interior. O ambiente futurista e a automatização são frutos de um investimento de mais de 50 milhões da Deutsche Bahn, a empresa ferroviária alemã, no ano de 2008. Um "presente" da DB pelo centenário da estação. Lá compramos uma passagem para Munique – mas pedimos por *München* no caixa –, a capital bávara, onde poderemos beber uma cerveja de trigo Paulaner tirada do barril, passear pela Marienplatz ("praça Marien") ou assistir a um jogo do Bayern na Allianz Arena. Com nossos *tickets* em mãos, vamos para a *Gleis* ("plataforma") indicada, onde um trem branco com detalhes vermelhos já está nos esperando. Procuramos pelo número de nosso vagão, e depois por nossa poltrona. Pronto. Colocamos nossa mala no bagageiro localizado acima dos assentos e nos instalamos instantes antes de o trem partir. Seguimos para o sul, e pouco tempo após nossa viagem começar, podemos observar as imensas planícies cobertas por plantações, pastagens ou alguns dos muitos parques eólicos alemães, compostos de dezenas de aerogeradores, estruturas brancas que nos lembram moinhos de vento e que fornecem energia limpa. Os ventos coletados nas vastas planícies são responsáveis por pouco mais de 10% da energia consumida na Alemanha anualmente. Carvão, gás e energia nuclear ainda formam a maior parte das fontes de energia que abastecem os alemães, mas as fontes limpas já rondam os 25%.

Continuando nosso passeio, cruzamos o rio Elba e, depois de algumas horas e várias passagens do fiscal do trem pedindo para mostrarmos o *ticket*, paramos na estação central de Braunschweig, na Baixa Saxônia. Braunschweig conserva ainda grande parte da herança medieval, período no qual se tornou um importante centro comercial e cultural. A partir da "Cidade dos leões" em direção ao sul o cenário da viagem começa a mudar um pouco. Planaltos e colinas se tornam a regra e, ao entrarmos no estado da Turíngia, a partir de sua capital, Erfurt, a vegetação se torna mais densa, florestas podem ser avistadas. Logo depois de deixarmos Erfurt, podemos ver uma delas, a grande floresta Turíngia. Nessa altura, nos encontramos no cinturão de colinas e montanhas que se estende do vale do Ruhr, na região de Dortmund e Bochum, até a Saxônia, entre Leipzig e Dresden. Nesse espaço encontram-se algumas das grandes minas e jazidas de ferro e carvão que sustentaram a industrialização da Alemanha no século XIX e que seriam cruciais para o país em toda sua história contemporânea. No leste, na fronteira com a República Tcheca, uma pequena cordilheira chamada Erzgebirge se ergue, uma tradicional região mineira. Alguns historiadores consideram que as primeiras comunidades dedicadas exclusivamente a essa atividade na Europa podem ter surgido nessa área, por volta de 2500 a.e.c. Estanho e prata teriam sido os primeiros minérios extraídos

Lina Gusmão

Os Alpes bávaros são uma cadeia de montanhas que se estende por cerca de 110 km. Seu ponto mais alto chega a quase 3 km acima do nível do mar. Um parque nacional protege a fauna e a flora locais.

Fernanda Buarque de Gusmão

dessas montanhas, mas em toda sua história a região viu alguns ciclos econômicos que renovaram o comércio e atraíram novos moradores, como a extração do cobalto e do urânio. A cidade mais famosa da região é Glashütte, que produz relógios cobiçados das marcas A. Lange & Söhne, Glashütte e Nomos, além de delicados brinquedos de madeira.

Seguindo nossa viagem em direção ao sul, o relevo continua predominantemente constituído de planaltos, as florestas surgem de tempos em tempos e algumas montanhas podem ser avistadas. Dependendo da época do ano, podemos nos deslumbrar com os cumes gelados cobertos de neve. Eles serão mais frequentes conforme nos aproximamos da divisa com a Áustria, quando nos deparamos com os Alpes. Se fizermos um pequeno desvio antes de nossa parada final, poderemos esquiar em algumas das estações bávaras – ou austríacas, do outro lado da fronteira. Podemos também visitar o Zugspitze, o ponto mais alto da Alemanha e um dos destinos mais procurados da região. Lá de cima, do alto de seus 2.962 metros, é possível olhar para a Suíça, para a Áustria e para a Itália enquanto tomamos um café e degustamos uma Bratwurst (um tipo de salsicha).

Fred Romero (CC BY 2.0)

Ou podemos escolher parar em Füssen, que fica um pouco antes, nas proximidades de Munique, e visitar, por entre as montanhas, o castelo de Neuschwanstein, construído pelo rei Ludwig II, da Bavária, na segunda metade do século XIX. Concebido e decorado como homenagem a algumas óperas, em especial *Lohengrin* e *Parzifal*, o castelo conta em suas tapeçarias e pinturas as histórias dessas peças. Sua arquitetura romântica pode parecer familiar até mesmo às crianças, e talvez seja mesmo: dizem que o Neuschwanstein foi a inspiração para Walt Disney conceber o Castelo da Cinderela, que não só pode ser visto no filme animado de 1950, mas também se tornou o símbolo do parque temático Disneylândia e o logotipo da Walt Disney Pictures, divisão cinematográfica do "império do Mickey".

Chegando a Munique, de muitos pontos da cidade, é possível avistar algumas montanhas e ser pego de surpresa pela variação de temperatura. A cidade é conhecida pela incidência do *Föhn*, um fenômeno que ocorre quando o vento de um lado dos Alpes ganha muita velocidade e é forçado até o seu cume, "pulando" a montanha. Ao chegar do outro lado, o ar se expande e sua temperatura sobe rapidamente. Não

À esquerda, vemos a estação central de Lübeck, construída em 1908, responsável pelo transporte diário de cerca de 31 mil pessoas. Abaixo, a Marienplatz, que existe desde 1158, no centro de Munique.

Imagem panorâmica do castelo de Neuschwanstein e detalhe da entrada. Uma grande atração turística, recebe até 6 mil visitantes por dia durante o verão. Sua fama foi difundida pelo mundo por ter sido a provável inspiração de Walt Disney para o castelo da Cinderela.

é raro que a medição térmica nas ruas da cidade aumente 5 ou 10 graus em poucas horas devido ao *Föhn*, e as pessoas percebam essa variação no corpo, com a sensação, por exemplo, de que o sangue subiu à cabeça (ou o álcool daquele caneco de cerveja bebido na Hofbräuhaus, a cervejaria mais tradicional da cidade). Vários mitos se formaram com base nisso, como, por exemplo, a ideia de que se o *Föhn* te pegar na rua certamente você terá dor de cabeça e queda de pressão. Os médicos, entretanto, não confirmam nada disso, e nenhuma relação direta entre esse vento e problemas de saúde foi descoberta.

A terra por onde corre a cerveja | 39

Mapa da atual divisão geopolítica da Alemanha,
com seus estados e respectivas capitais.

40 | Os alemães

Nenhum outro país da Europa tem contato com tantos vizinhos como a Alemanha. Vejamos: ao norte, a Alemanha tem fronteira terrestre com a Dinamarca e, com o acesso ao mar Báltico, mantém fácil e constante contato com a Suécia, a Finlândia, a Estônia, a Letônia, a Lituânia e a Rússia. Suas fronteiras ao leste são com a Polônia e com a República Tcheca. Ao sul, o país está ligado à Suíça e à Áustria. A oeste, seus vizinhos são França, Luxemburgo, Holanda e Bélgica, isso sem contar o mar do Norte, que lhe dá acesso à Inglaterra e à Noruega. A Alemanha se encontra no centro do corredor europeu, e não é à toa que em seu território já pisaram os exércitos de quase todos os países europeus. Não é à toa também que os exércitos alemães já pisaram em quase todos os países europeus.

Por séculos a Europa foi, essencialmente, um barril de pólvora, onde cada um dos países buscava se sobressair em relação ao vizinho, cobiçando o "gramado mais verde" do outro. E a Alemanha sempre teve muitos vizinhos, muitos gramados verdes a atrair sua cobiça. Foi preciso que o militarismo, o belicismo e a xenofobia chegassem a níveis absurdos e que duas guerras mundiais fossem travadas, provocando genocídios e causando traumas profundos em todo o continente, para que as hostilidades internacionais diminuíssem em favor da diplomacia e do entendimento. Isso não quer dizer, claro, que tudo é um mar de rosas, mas ao menos laços de cooperação e de amizade puderam ser fortalecidos nas décadas que se seguiram ao segundo conflito, marcando uma mudança de paradigmas na situação europeia que tem a Alemanha, geográfica e ideologicamente, em seu centro.

RENO, DANÚBIO E ELBA – TRÊS RIOS PARA UM PAÍS

Muitos de nós, brasileiros, temos uma relação de reverência com o mar. É comum a idealização de uma vida próxima a ele, ou de férias na praia, para recarregar as energias. O imaginário praieiro nacional que está presente na música, nas novelas, na cultura brasileira, enfim, alcança todos os cantos do país, mexendo com a vida e com os sonhos de muitos. Há quem diga que essa talvez seja uma das maiores heranças legadas pelos portugueses, outro povo que se lança à contemplação da imensidão azul, sempre cheia de mistérios.

É motivo de debate se a relação com o mar é, de alguma forma, determinante para a constituição de uma identidade ou de um caráter nacional específico. Primeiro porque ela camufla a existência de outras marcas regionais e locais. Segundo porque ela é, por natureza, polissêmica. A relação afetiva com o mar pode expressar uma disposição aventureira, desbravadora, como também pode denotar uma inclinação dispersiva e voltada ao exterior.

As imagens do mar não comovem os alemães, o oceano não mora em seus sonhos. É nas águas dos rios que os alemães se refletem. É difícil encontrar uma cidade alemã que não tenha no mínimo um rio em sua área. Os rios estão na base da civilização alemã, de sua economia e de sua história. Assim, existe uma certa devoção dos alemães com relação aos rios que lhes propiciam comida, transporte, diversão, vida e, por vezes, morte. Algumas das maiores tragédias naturais sofridas pelos alemães foram enchentes que custaram a vida de milhares de pessoas, levando cidades inteiras – como Hamburgo, em 1962, ou Weesenstein, em 2002 – a ficar embaixo d'água. Isso não impediu que, durante séculos, sonhos de conquista fossem embalados por suas águas, uma vez que os rios que atravessam a Alemanha proporcionam não só um acesso eficaz para seus produtos comerciais em direção a praticamente toda a Europa, mas também, por muito tempo, caminhos naturais para suas tropas.

A industrialização e a modernização do país trouxeram, por sua vez, a morte para muitos rios. Hoje, ambientalistas batalham pela sobrevivência (ou ressurreição) dos principais rios da Alemanha. Trata-se de uma luta difícil – e cara – que visa à manutenção da saúde fluvial de maneira equilibrada com a exploração de seus leitos como fonte de riquezas e vias de transporte. É cara, mas compensa pela maior qualidade de vida que passa a haver em torno dos rios revitalizados e pela diminuição nos custos do transporte de mercadorias. Estima-se que, para longas distâncias, os custos de transporte por barcos sejam de aproximadamente um terço dos custos por caminhão. Assim, a navegação fluvial é uma solução inteligente em um país com mais de 800 rios.

Alguns se destacam no território seja por sua extensão, seja por seu volume, seja pela conexão que estabelecem com outros países. O Weser, com seus 750 quilômetros, é um rio totalmente alemão, nasce na floresta da Turíngia (onde se chama Werra) e deságua no mar do Norte. Ele passa por Bremen, cidade histórica e portuária, lar dos quatro músicos de Bremen na fábula dos irmãos Grimm. Trata-se da história de um burro, um cachorro, um gato e um galo que, maltratados pelos seus respectivos donos, decidem fugir para tentar melhor sorte na cidade livre de Bremen. Eles se juntam e formam uma banda, crentes de que farão sucesso com suas canções. Mas no caminho encontram uma casa onde ladrões dormem ao lado de uma mesa posta com um banquete. Faminto, decidem cantar para aqueles homens; quem sabe ganhariam um pouco daquela comida como agradecimento pela cantoria. Eles começam a cantar, mas o barulho é tão grotesco que os ladrões fogem da casa aos berros, julgando ser uma assombração. A população local, que procurava pelos ladrões, escuta a gritaria e os prende, tratando os animais como heróis. Os quatro membros da "banda" decidem se aposentar, instalam-se definitivamente na casa antes ocupada pelos ladrões e contam com a ajuda da cidade para viverem felizes pelo resto de seus dias (a história ganhou inúmeras versões em todo o mundo, e no Brasil há uma clássica no musical *Saltimbancos* com adaptações de Chico Buarque).

Outros rios são conhecidos também por seus acidentes geográficos, como o Mosel, que nasce na França e deságua no Reno, não sem antes deixar para trás o "laço do Mosel", uma volta que faz em torno da minúscula cidade de Bremm, formando uma das paisagens mais interessantes e bucólicas da Alemanha.

Três rios ganham atenção especial, pois cortam boa parte das cidades alemãs, ligam umas às outras e tiveram importância histórica como os primeiros meios de comunicação entre elas, patrocinando ao longo do tempo a união de interesses que propiciaria no século XIX a unificação no território alemão. São eles: Reno, Danúbio e Elba. Em suas águas transcorre boa parte da história do país.

O rochedo de Loreley, no rio Reno, em vista panorâmica. Nesse ponto, muitos naufrágios ceifaram vidas, servindo de inspiração para lendas e poemas.

Desses três, possivelmente o mais importante seja o Reno. Como vimos, nele se encontrava a fronteira entre o Império Romano e a Germânia, entre o que os romanos definiam como "a civilização" e "a barbárie". Foi em meio às florestas irrigadas pelo Reno que Arminius venceu as legiões romanas, e foi em sua margem esquerda que os romanos estabeleceram postos de vigilância para conter por um bom tempo possíveis avanços dos germânicos. Durante todo o Império, e também depois dele, o Reno transportava produtos do norte para serem comercializados no sul, e vice-versa; entre outras coisas, levava vinhos, tecidos e divulgadores da fé cristã.

Correndo por mais de 850 quilômetros no interior da Alemanha, o Reno inspirou, com suas belezas e seus perigos, mitos, fantasias e obras musicais, artísticas e literárias. Nas lendas germânicas, as "filhas do Reno" – Flossilde, Woglinde e Wellgunde – são lindas ninfas que protegem o rio e passam os dias a se banhar e a cantar. Foram incumbidas de proteger também o ouro do fundo do Reno que seria usado para fabricar o poderoso "anel da dominação". Além das narrativas populares, textos escritos, telas e filmes, essas personagens aparecem também na ópera *O anel dos Nibelungos*, de Wagner. Outro personagem lendário ligado às águas do Reno é Loreley, uma feiticeira com poderes de encantamento que habita o imaginário alemão como uma espécie de

sereia ou de Iara. Ela costuma ficar sentada em um rochedo situado em uma parte do rio particularmente perigosa para os navios. No local onde esse rochedo se encontra, ocorreram vários naufrágios, ceifando a vida de marinheiros e pescadores. Atualmente, esse rochedo sustenta uma estátua de bronze que representa a feiticeira; o local foi declarado Patrimônio Mundial pela Unesco. Poetas e escritores usaram muita tinta para descrever personagens e mundos ligados ao rio. O poeta Heinrich Heine, por exemplo, compôs um poema para Loreley, que termina com os seguintes versos:

> Os barqueiros, em pequenos botes,
> Ouvem-na com dor selvagem;
> Ele não percebe de pedra os recifes,
> Seu olhar muito acima da margem
>
> Eu acredito que as ondas engolem
> Ao final barqueiro e barco;
> E isso com o cântico
> De Loreley foi feito.

O local onde fica o "rochedo de Loreley" é ainda hoje bastante arriscado. Trata-se de um espaço diminuto que exige toda perícia do capitão da embarcação para passar incólume com seu barco. Mas muitos ainda dizem que "nem toda perícia do mundo é capaz de superar o hipnotismo da voz de Loreley".

A estátua de Loreley está localizada em um trecho do Reno conhecido como Mittel-reihn, entre as cidades de Bingen e a antiga capital da República Federal da Alemanha, Bonn. Nesses pouco mais de 100 quilômetros às margens do rio encontra-se uma grande concentração de castelos e pequenos burgos da Alemanha. O passeio nessa pequena região é considerado um dos mais românticos que o país tem a oferecer aos turistas. Além disso, a região também possui vinhedos que produzem parte dos famosos vinhos Riesling, brancos. A cidade de Koblenz, edificada em torno do ponto de encontro entre os rios Reno e Mosel (que também corta grandes áreas produtoras de vinho), é privilegiada no sentido de oferecer aos apreciadores da bebida os mais variados e os melhores rótulos da região.

Não só de lendas, vinhos e castelos é feita a fama do Reno. No pós-Segunda Guerra, o rio teve um papel diplomático importante na aproximação entre dois vizinhos que, por séculos, haviam sido inimigos: Alemanha e França. A nova capital federal, Bonn, ligada ao Reno, era a sede do governo e do gabinete do chanceler, mas não era a cidade onde morava o novo chefe de governo. Konrad Adenauer, o primeiro chanceler alemão da Alemanha Ocidental, morava em uma cidade próxima chamada Rhöndorf, e atravessava o rio diariamente de barco para chegar ao trabalho. Nessas viagens, planejou a reaproximação da Alemanha com a França, transformando o Reno em símbolo desse movimento, já que o rio nasce em território suíço, passa pela França e corre em terras alemãs, sendo assim um fator de união entre os dois povos, algo com que o presidente francês Charles de Gaulle podia concordar. O Reno, podemos dizer, tornou-se o emblema dessa nova etapa das relações franco-alemãs, o que, em larga medida, abriu as portas para o que viria a ser a União Europeia.

Já o Danúbio é um rio que nasce alemão, em meio à Floresta Negra, segue para o leste e faz um verdadeiro périplo europeu, passando por Áustria, Eslováquia, Hungria, Romênia, Sérvia, Croácia, Bulgária, Moldávia e Ucrânia. Várias são as cidades historicamente ligadas ao Danúbio, como Budapeste, Viena e Belgrado. Na Alemanha,

No Eisbach, um braço do rio Isar, dentro do parque Englischer Garten, em Munique, surfistas aproveitam as ondas formadas nas águas fluviais. A atividade foi legalizada somente em 2010, apesar de haver praticantes no local desde meados dos anos 1970.

Fernanda Buarque de Gusmão

46 | Os alemães

As praias do rio Elba, ou Elbstrand, são motivo de
orgulho para os hamburgueses e servem como ponto
de encontro e lazer mesmo durante o inverno.

além de cortar os estados de Baden-Württemberg e da Bavária, ele recebe as águas de
outro importante rio do território bávaro, o Isar, que passa pela cidade de Munique.
 Imortalizado na famosa valsa de Johann Strauss (*An der schönen blauen Donau*,
ou *Danúbio azul*, em português), o rio tem sua importância histórica calcada na relação que proporcionou entre os alemães e os povos dos Bálcãs e da Europa Oriental,
tendo sido, por longo tempo, a principal via de transporte e de comunicação entre
eles. Sua exploração turística nesse sentido é hoje tão importante quanto o comércio

A terra por onde corre a cerveja | 47

Os canais de Hamburgo, cruzados por 2500 pontes (maior número do mundo em perímetro urbano), deram à cidade portuária a alcunha de a "Veneza alemã".

que se estabelece em suas águas: entre Regensburg, na Alemanha, e Viena, na Áustria, estima-se que, graças ao comércio e ao turismo, mais de 100 milhões de euros sejam movimentados por ano em relação direta com o Danúbio.

Completa a trinca o Elba, rio que nasce na República Tcheca e corta toda a região norte da Alemanha, desaguando no mar do Norte. Duas cidades do país são particularmente ligadas ao Elba: Dresden (ver capítulo "Cidades e imagens") e Hamburgo, a "Veneza alemã". Os intrincados canais que se formam no centro de Hamburgo, antiga cidade hanseática, compõem um cenário único, formado de pontes e uma arquitetura audaciosa que ora se mescla com os contornos das águas, ora parece desafiá-los. Bons exemplos de construções hamburguesas marcantes são a Chilehaus e a Elbphilarmonie ou Elphie, como os locais costumam chamar o complexo voltado ao estudo e ao exercício da música na cidade.

O Elba também é fonte de matéria-prima para muitos monumentos e construções alemães. O arenito retirado das regiões próximas às suas margens, no estado da Saxônia, compõe a base de boa parte da cidade de Dresden, mas também do Portal de Brandemburgo, em Berlim, e de outras centenas de edificações alemãs. A importância do Elba para o país vai além da oferta de arenito e de seu transporte em território alemão. Esse rio corria pelos dois lados da Alemanha dividida no pós-Segunda Guerra. Iniciando

Na fonte de Reinhold Begas, em Berlim, uma ode aos rios prussianos. Netuno reina sobre as águas, e sentadas ao redor da fonte estão as quatro ninfas representando os rios.

sua jornada no leste, as águas do Elba não respeitavam fronteiras, ofertando sua beleza e suas dádivas igualmente a orientais e ocidentais. Mas isso não significava que o rio fosse liberado da guerra ideológica. O espaço de alguns quilômetros entre o território de ocupação soviética (RDA) e o de ocupação britânica (RFA) foi um dos pontos de maior vigilância por soldados de ambos os lados. Como no muro de Berlim, dezenas de pessoas perderam a vida ao tentar atravessar pelo Elba a fronteira em direção ao Oeste.

* * *

No centro de sua capital, na região da Alexanderplatz (a praça mais famosa de Berlim), os alemães conservam uma estátua de Netuno, o deus dos mares e das águas. Em torno do deus exuberante e altivo, quatro ninfas repousam sentadas ao redor da fonte, na altura dos passantes. Cada uma delas representa um dos principais rios da antiga Prússia: o Reno, o Elba, o Vístula e o Oder. A fonte, feita pelo artista Reinhold Begas, mostra as ninfas carregando exemplos das dádivas dos rios; a ninfa do Reno exibe peixe e uvas, a do Elba tem trigo e frutas, a do Vístula, madeira das florestas que irriga, a do Oder, peles e está rodeada de cabritos. Mais que uma homenagem, a obra de Reinhold transforma os rios em entidades físicas e os coloca no centro de Berlim, aproximando-os do dia a dia dos berlinenses.

PELA FLORESTA NEGRA E ALÉM

Quem visita apenas as grandes cidades da Alemanha dificilmente imagina a variedade de plantas e animais que existe no país. O espaço urbano realmente nos revela pouco a esse respeito. Pombos parecem ser os únicos seres que habitam as cidades além das pessoas, embora com alguma sorte possamos ver canários, pintassilgos e outros pássaros. Em algumas regiões mais calmas e arborizadas é possível até mesmo ver esquilos subindo em árvores, voando de um galho para o outro ou correndo pelo gramado.

Nas cidades mais turísticas é bastante difícil de ver muito mais do que isso, ao menos fora dos zoológicos (que, por sinal, são uma paixão dos alemães). Mas, para os que saem das rotas mais comuns, uma outra Alemanha se revela. Existem no país mais de cem parques protegidos, locais onde a natureza é conservada. Cobrindo pouco mais de um quarto do território alemão, nesses espaços, a vegetação e os animais silvestres estão protegidos da ação do homem e podem ser visitados e observados. Dentre as principais regiões com reservas, talvez a mais conhecida seja a da Floresta Negra, no estado de Baden-Württemberg. Com uma vegetação fechada alternada por grandes clareiras, forte presença de pinheiros e montanhas em quase toda sua área, a Floresta Negra é um dos lugares mais emblemáticos da Alemanha. Passear por suas trilhas é um dos programas mais "tipicamente alemães" que um turista pode fazer.

Em meio à floresta, como em boa parte dos espaços preservados do país, podemos encontrar uma população crescente de javalis, boa parte deles radioativos. A razão para a contaminação está na Ucrânia do século passado. O acidente na usina de Chernobyl, em 1986, fez com que uma grande quantidade de partículas radioativas fosse lançada no ar. Com a ajuda do vento, esse material chegou até a Europa Central, atingindo em cheio o sul da Alemanha. Apesar de não ser letal e não ter afetado de forma direta a vida dos alemães, a radiação foi depositada no solo e exerce impacto ainda hoje. As trufas que crescem nas florestas alemãs acabam sendo particularmente atingidas por ela, sendo grandes absorventes para o Césio 137, o principal elemento de contaminação trazido por essa radiação. E as trufas estão entre os alimentos preferidos dos javalis, levando-os a ingerir o Césio de forma muito mais efetiva que outros animais. Estima-se que pelo menos 20% desses animais estejam envenenados graças a essa dieta. Por conta disso, a carne de javali tem um controle constante – e bastante custoso – na Alemanha. Em algumas regiões, todos os animais são examinados, em outras, pelo menos um em cada cinco animais abatidos são testados para os níveis de Césio e, sempre que é constatado o envenenamento de um deles, a carne é jogada fora e os testes daquela região passam a ser redobrados. Especialistas dizem que o consumo é bastante seguro, mas mesmo assim não deixa de parecer uma loteria.

Quando são avistados, alguns animais como a raposa (aquela eternizada pela Disney, de pelagem alaranjada) e os cervos costumam fazer a festa de turistas. Alces já foram declarados extintos na região, mas reapareceram nas últimas décadas, especialmente em Brandemburgo e na Bavária. Da mesma forma, os castores tiveram um acompanhamento intensivo dos ecologistas e estão hoje em vários locais do país, construindo suas tocas e suas represas nos rios.

Cegonhas, cisnes e pica-paus estão entre as aves mais festejadas na Alemanha, além dos falcões, que têm uma longa relação com os alemães. A antiga arte da falcoaria, ou seja, a criação e o treinamento de falcões para a caça, era extremamente popular entre os aristocratas na Europa durante a Idade Média. No Sacro Império, Frederico II Hohenstaufen escreveu um dos principais tratados sobre o tema, *De Arte Venandi cum Avibus* [Sobre a arte de caçar com aves], entre 1270 e 1274.

A terra por onde corre a cerveja | 51

Cenários da Floresta Negra. Ela ocupa uma área de cerca de 6 mil km² no sudoeste alemão e, além de sua paisagem natural própria, sua cultura, com dialetos e tradições específicas, é reconhecida pela sua importância.

52 | Os alemães

Mas falamos aqui de um país que vem buscando por séculos explorar ao máximo seus recursos e que passou por uma das revoluções tecnológicas e industriais mais contundentes do mundo. A conservação da fauna e da flora não foi sempre uma preocupação dos alemães, e isso teve efeitos evidentes no meio ambiente. Segundo dados levantados pelo Serviço Nacional de Proteção à Natureza (BfN), existem hoje na Alemanha cerca de 72.000 espécies de animais, das quais cerca de um terço está ameaçado de extinção. Essa situação alarmante tem vilões bem conhecidos: a indústria, a agricultura intensiva e a monocultura. Sem a variedade nos campos, muitas espécies perdem seu alimento, além disso, os pesticidas e a extrema eficácia no cultivo e na colheita restringem muito o que os animais podem aproveitar.

Na tentativa de reverter essa situação, planos para o aumento das áreas de preservação são continuamente formulados, e para algumas espécies são traçadas estratégias específicas de conservação. É o caso, por exemplo, da *Seeadler* ("águia-rabalva"), que quase desapareceu há algumas décadas. Foi verificado que as principais causas para seu progressivo desaparecimento eram a caça e o uso de alguns inseticidas nas plantações próximas aos seus habitats. Regulamentações promovidas pelo governo diminuíram drasticamente os perigos à ave e, junto da ação de voluntários, restabeleceram a população de águias, especialmente no norte da Alemanha.

O resgate das águias é um dos casos mais comemorados da ecologia alemã. A ave não é "só" um animal em perigo, mas também um símbolo nacional. Sua imagem está nas moedas, já esteve em cédulas, selos e em variada iconografia oficial do país. Sua forma mudou com os anos, mas estava sempre lá, observando os alemães. Ela já esteve até mesmo atrás da mesa do chanceler. Gerhard Schröder, o Bundeskanzler entre 1998 e 2005, pendurou um famoso quadro assinado pelo artista Georg Baselitz (*Fingermalerei III – Adler*, um exemplar de uma série de quadros e gravuras feitas pelo artista tematizando as águias) na parede atrás de sua mesa de trabalho. Na pintura está retratada uma águia de ponta-cabeça. A simbologia aponta para várias direções. Pode ser interpretada como um gesto provocativo ou de rebeldia, indicando que a "geração de 68" liderava o país, ou como um aviso constante, lembrando o mito de Ícaro e advertindo o chanceler para não tentar alcançar o sol, pois a queda será fatal. Seja como for, graças aos esforços conservacionistas, as águias-rabalvas continuam voando pelos céus alemães e não precisam ser lembradas apenas por meio de quadros ou fotografias. Contudo, para muitas outras espécies, a ânsia desmedida pelo progresso material não deixou alternativa.

CHUCRUTE E SALSICHA? – O QUE COMEM OS ALEMÃES

Se você é daqueles que acham que os alemães adoram comer salsichas e beber cerveja... Bem, você está certo. Mas não é só nisso que a gastronomia alemã se baseia. Os pratos cotidianos dos alemães costumam ter uma qualidade razoável, e a variedade e forma de sua alimentação são observadas de perto pelo governo, que faz estudos e pesquisas constantes, além de um relatório anual sobre o tema. Entre os projetos para o futuro está inclusive a inserção de uma matéria escolar chamada Educação Alimentar, que ensinaria as crianças dos primeiros anos sobre a necessidade da boa alimentação e como prepará-la. A proposta tem grande apoio da população: no ano de 2017, quase 90% dos alemães pesquisados se declararam favoráveis à inserção da matéria no currículo escolar. A sugestão pode se tornar necessidade se a tendência de crescimento da população obesa continuar: mais da metade dos adultos alemães têm sobrepeso e cerca de 17% são considerados obesos.

O relatório anual traz algumas informações curiosas, como a frequência com que os alemães bebem chá ou café (quanto mais velhos, mais frequente o consumo, até que, na faixa acima de 60 anos, 97% dos alemães consomem diariamente ao menos uma das bebidas). Mas também traz informações relevantes para a observação da economia e da variação geracional. Por exemplo, o relatório de 2017 mostrou que a faixa etária entre 18 e 30 anos tem uma grande preocupação com o tempo gasto no preparo da comida e acaba consumindo muitos alimentos congelados e pré-prontos, como pizza e lasanha. Conforme a faixa etária avança, a paciência na cozinha aumenta.

Algumas preocupações dos alemães quanto à alimentação ultrapassam o gosto e chegam a ser ideológicas. Para alguns, a preferência por embalagens de vidro ou retornáveis – consideradas mais ecológicas – é mais determinante do que o sabor do alimento. Para outros (mais de 70%), a proveniência do alimento deve ser, prioritariamente, regional, pois além de ajudar o comércio e os produtores locais, ajuda também a diminuir a emissão de gás carbônico com a queima de combustível do frete. Ou seja, soluções e opções consideradas "ecologicamente corretas" são bastante valorizadas.

Já no campo das preferências culinárias, carne (incluindo aqui as salsichas) e macarrão são imbatíveis na mesa dos alemães. Mas, mesmo que os vegetarianos sejam uma minoria (cerca de 3%), as opções para eles, especialmente nas grandes cidades, têm aumentado bastante. Restaurantes vegetarianos são cada vez mais presentes, e porções prontas de saladas estão disponíveis com frequência nos mercados.

Cerca de 20% dos alemães consomem doces diariamente – apesar de, para os padrões brasileiros, esses doces não serem muito adocicados. Para aqueles que estiverem na Alemanha e sentirem uma saudade incontrolável de brigadeiro, por exemplo, a saída é procurar um mercado de produtos latino-americanos.

Essas curiosidades, entretanto, não resumem o que entra no prato dos alemães e nem o que a comida representa para eles. Alguns pratos podem ser verdadeiros símbolos nacionais para a Alemanha, embaixadores do país no mundo. Podem ser também um mito, uma imagem que pouco se verifica na realidade. Mas nesse campo, ao menos, muitas das ideias preconcebidas que temos a respeito dos alemães ou tendem a ser verdade ou já foram verdade algum dia.

AGRICULTURA E PECUÁRIA

A produção de alimentos na Alemanha é voltada a uma otimização do espaço baseada, em larga medida, no desenvolvimento tecnológico. Para termos uma ideia do tamanho da empreitada, basta pensarmos que cerca de metade do espaço alemão é utilizado para a agricultura (isso resulta em cerca de 16 milhões de hectares). Para comparação, o Brasil utiliza cerca de 61 milhões de hectares em sua produção agrícola (cerca de 8%) e outros 170 milhões para as pastagens (cerca de 20%). Para garantir que essa intensa exploração do território não prejudique os habitantes, os governos procuram regulamentar os produtos químicos utilizados e também as áreas de preservação de florestas e criação de parques nacionais.

Não só no crescimento tecnológico e no incentivo à produção estão concentrados os investimentos do Estado alemão no que se refere ao campo, mas também no desenvolvimento de um turismo cultural e gastronômico das regiões rurais, pensado da forma mais sustentável possível. Exposições e investimentos em negócios locais e estrutura turística contam entre as iniciativas nesse aspecto, enquanto feiras de tecnologia voltadas para as novidades nos campos agrário e pecuário são realizadas regularmente. A Agritechnika, que ocorre a cada dois anos em Hanover, é a maior feira do mundo do setor tecnológico agrário – o que não espanta por ocorrer justamente na "terra dos engenheiros e da indústria".

No cômputo geral, a Alemanha se orgulha de ter uma capacidade de autoabastecimento de mais de 90%, ou seja, produz o suficiente para suprir mais de 90% de suas necessidades, um feito considerável. Claro que alguns dos produtos se destacam, sendo as joias da coroa agropecuária alemã. Esses produtos geram excedentes e são exportados. E, para garantir a qualidade e a diversidade nas mesas dos alemães, alimentos do mundo inteiro também são importados. Nessa relação, a balança alemã pende para dentro, sendo um país que mais importa do que exporta alimentos. Entre os principais produtos de exportação da Alemanha estão a batata, o queijo e a carne, especialmente a suína, mas também de aves e bovina.

A exploração sistemática dos recursos e os avanços tecnológicos se fazem notar claramente na evolução dos números quando tomamos a produção agropecuária alemã. Em uma análise das últimas décadas, alguns produtos demonstram isso de forma veemente, como apresentado no quadro abaixo:

Produto	Ano	Produção anual por hectare
Batata	1950	24.490 kg
	1980	25.940 kg
	2015	43.810 kg
Trigo	1950	2.580 kg
	1980	4.890 kg
	2015	8.090 kg

Fonte: Bundesministerium für Ernährung und Landwirtschaft (2015)

Uma preocupação cada vez mais crescente na Alemanha é a produção de alimentos orgânicos e de forma ecologicamente correta, os chamados "Bio". A crescente conscientização da população em relação à qualidade dos alimentos e a preocupação com uma ética da exploração animal têm feito crescer a busca por esse tipo de mantimento, e o governo, por sua vez, vem incentivando o desenvolvimento desse mercado. Pesquisas mostram que, para os alemães, o bem-estar dos animais que serão futuramente abatidos

Feira livre e fachada de um supermercado da rede Bio Company em Berlim. Os alemães estão cada vez mais preocupados em relação à qualidade dos alimentos e à ética da exploração animal, fazendo crescer a busca por alimentos orgânicos, os chamados "Bio".

é um fator justo para o aumento de preços, e 89% deles se dizem dispostos a pagar mais por isso. As fazendas que se ocupam da produção desse tipo são regularmente fiscalizadas para que seus produtos possam levar um selo que os reconhece como "Bio" para os consumidores finais. Essas fazendas já somam mais de 8% dos produtores alemães (ano de 2015) e ocupam pouco mais de 1 milhão de hectares.

    A indústria da agropecuária na Alemanha é relativamente regionalizada, com alguns estados se especializando mais na produção de determinados gêneros alimentícios. A grande produção de suínos, por exemplo, se concentra quase que totalmente no noroeste do país, na região entre Schleswig-Holstein, Baixa Saxônia e Renânia do Norte-Vestfália. Sendo a principal carne produzida no país, a criação de porcos movimenta cerca de 6 bilhões de euros, o que faz com que a Alemanha se situe atrás de apenas dois gigantes da suinocultura mundial: China e Estados Unidos. A importância dessa variedade de carne na alimentação dos alemães também se faz notar nos números: em média os alemães consomem cerca de 700 gramas de carne de porco por semana, de um total de 1.100 gramas de carne, incluindo aqui aves, peixe e gado. Já os grãos, trigo e cereais, importantes na produção dos pães (e da cerveja de trigo, claro), são produzidos em praticamente toda a Alemanha. São 6,5 milhões de hectares que produzem quase 50 milhões de toneladas por ano, dentre os quais se destacam o trigo (26,6 milhões de toneladas) e a cevada (11,6 milhões de toneladas).

Nessa visão geral da produção de alimentos na Alemanha, podemos perceber uma tendência que será refletida em sua (não muito leve) alimentação: carne, massa e cerveja formam um tripé básico na mesa dos alemães. As páginas a seguir vão mostrar um pouco dessa cultura gastronômica, com alguns dos exemplos mais típicos, com muita salsicha, carne de porco e álcool. A culinária alemã, definitivamente, não é para principiantes.

SALSICHAS, EISBEIN E CIA.

Weisswurst, Bratwurst, Nürnberger Würstchen, Beutelwurst, Ahle Wurst... "*Wurst*" é salsicha, em alemão. Na Alemanha existe uma enorme variedade de salsichas, para todos os gostos. Existe até uma Zeppelinwurst, batizada em homenagem ao conde Zeppelin e seu invento, o dirigível que também leva seu nome. É uma salsicha feita de fígado defumado, inventada por um açougueiro que serviu o Exército sob as ordens desse conde. Consta que em 1909 ocorreu uma Exposição Aérea em Frankfurt, cidade do açougueiro. Na ocasião, já famoso por suas salsichas de fígado, ele pediu permissão ao conde Zeppelin para batizar a iguaria. O conde, depois de prová-la, concordou. A Zeppelinwurst pode ser encontrada ainda hoje em Frankfurt, apesar de sua fabricação já ter mudado de mãos algumas vezes. Ela é uma das atrações culinárias da cidade.

Essa é apenas uma das inúmeras histórias que as salsichas alemãs são capazes de proporcionar aos curiosos. São mais de 1.500 tipos de salsicha catalogados no país, com características particulares marcantes. Três delas são mais conhecidas e populares mundo

58 | Os alemães

afora. A primeira é a Bratwurst, que pode ser considerada a salsicha "genérica" da Alemanha. Feita tanto de carne de porco quanto de gado, a Bratwurst é a base para várias modalidades regionais. Quando os turistas veem um vendedor de salsichas nas ruas das cidades, algo muito frequente nos pontos turísticos, normalmente é Bratwurst que ele vende – no pão e acompanhada com ketchup ou *Senf* ("mostarda"). É também o que se assa nos parques em tardes de sol, quando famílias e amigos se reúnem ao ar livre. A segunda é a Weisswurst, a salsicha branca, típica da Bavária e símbolo culinário de sua capital, Munique. Diferente da Bratwurst, a Weisswurt é cozida em água fervente e servida, normalmente, com mostarda doce. A típica salsicha branca é envolta em intestino, e essa capa protetora, em geral, não costuma ser ingerida – apesar de existirem os defensores do contrário. Tradicionalmente, segurava-se a salsicha com uma das mãos para que seu conteúdo fosse sugado, enquanto a outra mão carregava uma caneca de cerveja. Mas, se isso não for um imperativo, a capa de intestino pode ser retirada com garfo e faca sem problemas, ninguém ficará ofendido. A terceira salsicha mais conhecida é a Currywurst, uma invenção berlinense que pode ser encontrada em boa parte do país. Na verdade, seu sucesso é tão grande que se estima que só em Berlim sejam servidas cerca de 70 milhões de Currywürste por ano. O nome vem do *curry*, o tempero indiano. A origem do prato, que pode ser conhecida pelo relato do museu dedicado à Currywurst em Berlim, remete à Berlim ocupada no pós-Segunda Guerra. Consta que os soldados britânicos levaram o tempero *curry* para a capital alemã; uma comerciante do bairro de Charlottenburg, chamada Herta Heuwer, adicionou o pó ao molho de tomate que servia com suas Bratwürste e Bockwürste e o sucesso da iguaria foi imediato. Hoje, ela costuma ser vendida em vários pontos da capital, normalmente acompanhada de batata frita sobre um prato de papel.

Apesar da tradição e da variedade de salsichas na culinária alemã, o principal *fast-food* vendido aos alemães e aos turistas hoje é o Döner Kebap (kebab), um prato típico turco. A grande imigração proveniente da Turquia que a Alemanha recebe desde a década de 1970 popularizou o Döner entre os alemães. As variantes são prova da adaptação ao gosto local, e a carne utilizada, que tradicionalmente é de carneiro, na Alemanha vai do gado até o pato. Os acompanhamentos também são múltiplos, indo do molho de maionese ao de iogurte, aceitando o pepino, o tomate, a cebola e até mesmo o... chucrute.

Chucrute, ou *Sauerkraut* ("repolho azedo"), não é um prato originariamente alemão; suas origens não podem ser traçadas com certeza, mas é disseminado há séculos em toda a Europa. Os alemães, entretanto, o elevaram a acompanhamento do *Eisbein* ("joelho de porco") e de suas salsichas e, assim, a sua quase obrigatoriedade em

Chucrute e salsicha? – o que comem os alemães | 59

tsteenbergen (CC BY 2.0)

O *Currywurst* e o *Bratwurst* são comidas facilmente encontradas nas ruas e nos bares da Alemanha.

Marco Verch (CC BY 2.0)

60 | Os alemães

Sauerkraut

Bratwurst

Eisbein

Zeppelinwurst

As receitas tradicionais alemãs geralmente envolvem salsichas, repolho e carne suína.

muitos lares e restaurantes. Nos Estados Unidos é ainda comum ouvirmos a palavra *Kraut* ("repolho") para denominar, de forma pejorativa, os alemães. Conta-se que esse "apelido" foi dado durante a Segunda Guerra Mundial, quando o grande consumo de repolho azedo pelos alemães chamou a atenção dos soldados norte-americanos. Hoje já não se consome tanto chucrute quanto naquele tempo, mas o repolho azedo continua sendo companheiro fiel das salsichas e dos *Eisbeins*, em especial na Bavária.

O *Eisbein* (ou *Haxe*, em algumas regiões) ocupa um lugar importante na culinária alemã. Feito com o joelho do porco, sua preparação varia de acordo com a região, mas envolve o cozimento por um longo tempo (de duas a seis horas) em água. Com isso, a carne da articulação fica bastante macia e é facilmente retirada. Após ser cozido, o joelho de porco é normalmente gratinado ou frito, o que o deixa com uma capa crocante, e servido acompanhado de purê de batatas ou de chucrute.

De fato, o porco é base para uma série de pratos típicos alemães, como o *Kassler* (feito do pescoço do animal), o *Kotelett* ("costeleta") e, claro, diferentes tipos de salsicha. A grande pedida dos alemães quando pensam em carnes é o *Schnitzel*, tido como uma especialidade de origem vienense. O *Schnitzel* é um bife de carne bovina empanado, servido tradicionalmente com salada e batatas. A forma empanada (ou seja, à milanesa) leva alguns pesquisadores a acreditar que a receita foi levada da Itália para a Áustria por um general austríaco, Josef von Radetz, mas não existem quaisquer registros oficiais sobre isso. O fato é que o *Schnitzel* se tornou um sucesso entre os alemães no final do século XIX.

As sobremesas alemãs costumam ser menos doces que as brasileiras, com menos açúcar e mais cremes. É o caso, por exemplo, do bolo *Schwarzwäldertorte* ("Floresta Negra"), feito de massa de bolo de chocolate e recheado com muito creme e pedacinhos de cereja. A *Schwarzwäldertorte* se tornou o prato mais conhecido da região da floresta, apesar de sua origem ser bastante disputada. Os principais candidatos a inventores da sobremesa eram confeiteiros de Tübingen e de Bonn, mas isso se refere apenas à forma acabada do bolo: a mistura de creme com cereja já era corrente nas sobremesas da região da Floresta Negra muito antes de surgir a querela entre os confeiteiros dessas duas cidades.

Outra sobremesa famosa e popular é o *Berliner*, que, em Berlim, é chamado apenas de *Pfannkuchen*. No Brasil é mais conhecido como "sonho". Por aqui, os recheios mais requisitados são os de doce de leite, creme e goiabada. Por lá, a geleia, principalmente de morango, está entre os recheios preferidos, junto da marmelada.

O *Lebkuchen*, biscoito de mel e gengibre, muito comum nas festas de fim de ano, é também uma tradição de várias cidades, mas principalmente de Aachen e de Nuremberg. Cada uma das cidades tem suas receitas típicas do biscoito e as leva muito a sério, a ponto de controlar a fabricação do biscoito que leva o nome da cidade para outras vizinhanças. Poucos se lembram que a casa da bruxa da história de João e Maria – uma das fábulas compiladas pelos irmãos Grimm – era comestível e doce, feita com massa que levava mel e gengibre. Bem, a receita específica poderia determinar se a bruxa vinha de Nuremberg, Aachen ou Ulm, mas claro que não se quer ser lembrado como a cidade natal de uma bruxa canibal.

Provavelmente os doces que mais remetem os brasileiros à cultura alemã são a cuca, o *Strudel* e o *Stollen*. O *Stollen* é uma receita típica da época do Natal, uma espécie de panetone alemão inventado na Saxônia. Sua massa, entretanto, é mais densa que a variante italiana, e sua cobertura é feita de açúcar refinado. Além de frutas, o

Tortas e outros tipos de doces, como o *Schneeballen* (à esquerda), típico de Rothemburg, são populares entre os alemães.

A *Schwarzwäldertorte*, à esquerda, e o *Streuselkuchen*, trazidos ao Brasil pelos imigrantes, foram absorvidos e adaptados pela nossa culinária e são popularmente conhecidos aqui como bolo floresta negra e cuca.

Stollen leva em seu recheio algumas especiarias, como canela e cardamomo, e rum, que deixam seu sabor muito mais marcante. O *Strudel* é uma receita originária da Áustria, composta de massa folhada, recheios diversos e cobertura de açúcar. O mais conhecido e apreciado entre os alemães é o de maçã (*Apfelstrudel*), também consumido em várias partes do mundo. Na Alemanha e na Áustria podem ser encontradas variações não apenas doces do *Strudel*, mas também salgadas, com recheios de ricota, espinafre e repolho, por exemplo. Já a cuca (ou cuque, em algumas partes do Brasil) feita no Brasil é uma derivação do *Streuselkuchen*, um bolo típico alemão com cobertura de farofa doce. O bolo teria sido inventado, acredita-se, na região da Silésia, mas é hoje encontrado em toda a Alemanha, com variações e adaptações aos gostos locais. Trazida ao Brasil pelos imigrantes alemães, a receita ganhou por aqui ares tropicais, com recheios de banana, uva e doce de leite. O nome "cuca" ou "cuque" é corruptela do termo alemão *Kuchen*, que é simplesmente "bolo".

Também fazem parte do dia a dia dos alemães doces industrializados tradicionais, de marcas famosas. Um deles é o ursinho de gelatina da marca Haribo, que pode ser

64 | Os alemães

encontrado em vários restaurantes, por vezes dado como cortesia após a refeição (e, claro, em todos os supermercados do país). Outro destaque são os chocolates com marzipá que levam o nome do compositor Mozart, as *Mozartkugeln*, fabricados originalmente na cidade de Salzburg, na Áustria. Em matéria de chocolates, entretanto, nem mesmo os alemães ousam discordar: seus vizinhos suíços são imbatíveis, e é neles que os alemães confiam mais.

CERVEJA, CERVEJA, CERVEJA, CERVEJA, CERVEJA...

Cerveja.

A bebida preferida dos alemães não é apenas uma bebida; é uma cultura voltada à degustação, à harmonia entre a tradição e o aprimoramento das técnicas para sua produção e, principalmente, ao encontro com os amigos e familiares, à alegria e ao orgulho nacional e local. Qualquer pessoa que já tenha passado uma noite em uma cervejaria alemã observou que, assim como a bebida rola solta, a música (tradicional) é constante, sendo frequentemente puxada pelos próprios frequentadores, que se contagiam e transformam o lugar em uma algazarra. Talvez o maior símbolo nacional da Alemanha, a cerveja está em todos os lugares, em todas as cidades, e as produções locais dão a cada uma das cervejas regionais um sabor característico.

É muito difícil fazer uma estimativa precisa de quantas variedades de cerveja são produzidas no país, uma vez que todos os dias em pequenas produtoras surgem novos sabores, misturas e rótulos. Um cálculo informal chega a mais de 7.500, espalhadas em todos os cantos da Alemanha. Variações regionais são nítidas, o que faz com que cada cidade proporcione uma experiência única aos amantes da cerveja. Apesar disso, não estão todos livres para inventar o que quiserem: o país tem o mais antigo tratado de pureza da cerveja (*Reinheitsgebot*), um conjunto de regras datadas de 1516 que determina as variações possíveis de lúpulo, levedura, malte e água, além de poucos outros elementos que podem ser utilizados para que o resultado ainda seja considerado cerveja. Essa lei, assinada em sua forma original pelos duques Wilhelm IV e Ludwig X da Baviera, permanece válida, ainda que tenha se adaptado aos tempos modernos. O compromisso da população com a pureza da cerveja chega a ser fervoroso, o que gerou um entrevero durante a Copa do Mundo de Futebol de 2006, disputada na Alemanha. Um dos patrocinadores principais do evento foi a cerveja estadunidense

Budweiser, bebida que não passaria no teste de pureza das cervejas alemãs. Quando ficou estabelecido que os estádios alemães durante o evento poderiam vender apenas a Budweiser, uma onda de críticas e reclamações tomou o país. Como poderiam os alemães, durante um dos maiores eventos esportivos do mundo, sediado no país da cerveja, serem obrigados a aceitar essa imposição? Para seus padrões, a cerveja norte-americana seria, no máximo, um refresco de arroz e cevada. Depois de muitos protestos dos alemães, a situação foi resolvida com um acordo comercial: as cervejas locais poderiam ser vendidas nos estádios (cerca de 40% do volume total disponibilizado por partida) desde que não houvesse propaganda visível para as câmeras de TV nem nos copos onde elas fossem servidas. Isso era direito adquirido e exclusivo da Budweiser. A oferta foi aceita pelos alemães; naquela altura, qualquer possibilidade de fugir do monopólio da cerveja americana era um alento.

O tratado de pureza não impediu o surgimento da enorme variedade de cervejas no país. A Bavária é, certamente, a região com as cervejas de maior fama internacional, em grande parte devido à sua maior festa cervejeira, a Oktoberfest de Munique. As festividades ocorrem no campo de Theresien (Theresienwiese), local onde a tradição anual teve início com a celebração do casamento do príncipe Ludwig I, da Bavária, e da princesa Therese, de Sachsen-Hildburghausen, em 12 de outubro de 1810. Desde então, a festa tem início em setembro e termina no primeiro domingo de outubro (daí o nome, "Oktober-fest"). A festa não é só música típica, mulheres vestidas em *Dirndl* (trajes tradicionais femininos), homens em calças de couro e um estoque quase

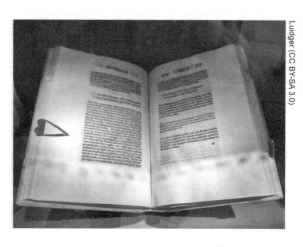

Texto da *Reinheitsgebot* de 1516 exposto em um museu na Baviera. A "lei da pureza da cerveja" virou uma regulamentação nacional em 1906 e permanece válida, ainda que tenha se adaptado aos tempos modernos.

66 | Os alemães

infinito de cerveja. Brinquedos, como roda-gigante e montanha-russa, estão também presentes e fazem a alegria dos quase 6 milhões de visitantes anuais. Algumas das principais marcas da região, como a Paulaner, a Hofbräuhaus e Löwenbräu, dividem espaço com dezenas de outras. Nessa festa são consumidos cerca de 7 milhões de litros de cerveja, colocando à prova a estrutura do festival, com cerca de 2.000 banheiros espalhados por Theresienwiese.

Além da Oktoberfest, três cervejarias se tornaram símbolos históricos da Bavária e da Alemanha. A Paulaner, famosa por sua cerveja de trigo, é uma das mais conhecidas e difundidas no país; hoje sua cerveja pode ser encontrada com certa facilidade até mesmo em mercados brasileiros. Seus restaurantes-cervejarias em Munique estão entre os mais requisitados, em particular o Nockherberg, com um cardápio variado e de grande qualidade. Outro fator determinante para sua popularidade é a longa relação que a cervejaria tem com o clube de futebol local, o Bayern de Munique, sendo a bebida oficial dos eventos e das festividades do clube. A Löwenbräu, por outro lado, foi durante muito tempo a cerveja mais conhecida da Alemanha no exterior, especialmente após a Segunda Guerra, quando a cervejaria lançou um audacioso plano de expansão dos negócios.

Mas a cervejaria mais cultuada de Munique – e da Alemanha – é a Hofbräuhaus. A HB é uma cervejaria estatal (sim, o governo da Bavária é seu proprietário e, portanto, produz cerveja) que foi fundada pelo duque Wilhelm V em 1589. Sua fama correu toda a Europa, atravessando fronteiras desde sua fundação. Entre os vários casos que cobrem sua história, um dos mais conhecidos ocorreu durante a Guerra dos Trinta Anos, quando em 1632 os exércitos suecos chegaram às portas de Munique. Para não entrarem na cidade, os soldados fizeram algumas exigências. Uma delas envolvia a cerveja da HB: eles queriam mil baldes dessa já famosa cerveja. Foram atendidos. Beberam durante a noite, festejaram e, no dia seguinte, partiram. A cerveja da Hofbräuhaus havia salvado a cidade. Outros momentos históricos também tiveram o salão da cervejaria como palco, como, por exemplo, as reuniões de comunistas e social-democratas ao final da Primeira Guerra Mundial, ou ainda as reuniões do NSDAP, o Partido Nazista, em sua caminhada para o poder. A cervejaria era o ponto de encontro dos moradores de Munique, e se converteu, dessa forma, em centro informal da política bávara. A fama da HB ganhou o mundo, e hoje algumas filiais da cervejaria podem ser encontradas na própria Alemanha, na Austrália, nos Estados Unidos e na China. Também no Brasil podemos visitar a Hofbräuhaus e sentir um pouco da mística (e do gosto) de Munique. Na cidade de Belo Horizonte,

O *Biergarten* ("jardim da cerveja", em tradução literal) é um ambiente ao ar livre, comum pelas cidades alemãs, onde encontros entre amigos e familiares são regados a comida e, claro, cerveja. Acima, *Biergarten* da torre chinesa em Munique e, ao lado, um em Schlossberg.

À esquerda, vista panorâmica da Oktoberfest em Munique. A festa possui uma série de tradições estabelecidas ao longo de seus mais de dois séculos de existência. A grande atração, entretanto, continua a ser a cerveja. À direita, vemos a *Maß*, caneca que serve um litro da bebida.

encontra-se a única filial da América Latina, cujo ambiente transporta o visitante para o coração da Bavária e onde a cerveja é preparada de acordo com as diretrizes da matriz alemã, sob o *Reinheitsgebot* de 1516.

Muitas outras cervejas alemãs são conhecidas pelos amantes da bebida do mundo inteiro, algumas com fama internacional. É o caso, por exemplo, da Berliner Kindl, uma cerveja de Berlim, mais leve (com 3% de graduação alcóolica), que é servida normalmente com xarope de framboesa. Dizem que os soldados de Napoleão se encantaram com a bebida, chamando-a de "champanhe do norte". Outras cervejas também ganham *status* de símbolos regionais, como a Radeberger, da região de Dresden, a Schöfferhofer, de Mainz, ou a Dinkelacker, de Stuttgart. Outras ainda são famosas por sua história, como a Weihenstephaner, fabricada na cervejaria mais antiga do mundo, fundada em 1040, na cidade de Freising. A Augustiner, por sua vez, da cidade de Munique, é conhecida como uma das mais tradicionais e bem-sucedidas cervejas do país, alcançando fama nacional e internacional sem fazer propaganda – e permanecendo alemã em todos os sentidos, resistindo aos ventos da globalização.

A grande diversidade de cervejas vai muito além das variações regionais. A modalidade mais consumida no país é a Pilsner. As três marcas mais vendidas são a Krombacher, de Kreutztal, a Oettinger, que se orgulha de vender uma cerveja feita de produtos sem manipulação genética, e a Bitburger. Contudo, a Alemanha tem fama mundial por outros tipos de cerveja, como a Weizenbier, a cerveja de trigo, produzida em todo o país, a Kölsch, produzida na região da cidade de Colônia e que, diferente das outras cervejas alemãs, é servida em copos cilíndricos, e a Zwickelbier, uma cerveja que não é filtrada e que é muito popular na região da Francônia, nas proximidades de Nuremberg. Mas, apesar da fama dos alemães por conta da cerveja, eles não são os principais consumidores do líquido dourado. Esse posto é de seus vizinhos, os tchecos, que bebem, em média, 131 litros de cerveja por ano/per capita (os alemães estão em segundo lugar, com 106 litros por ano).

Além da cerveja, outros tipos de bebida são produzidos e bastante consumidos no país. Os vinhos alemães, em especial os Riesling brancos, não são apenas apreciados, mas reconhecidos mundialmente por sua qualidade. São uma marca da região do vale do rio Reno, que se tornou um produtor de alta qualidade e variedade e um ímã de turistas. No Brasil, os vinhos alemães sofrem o preconceito de muitos apreciadores e enólogos, algo que remonta as décadas de 1980 e 1990, quando os supermercados do país foram

Fachada e salão interior da Hofbräuhaus, cervejaria mais cultuada da Alemanha. Fundada em 1598, aberta ao público em 1828 e remodelada em 1897, ela foi quase totalmente destruída na Segunda Guerra. Reconstruída, possui hoje filiais pelo mundo, incluindo uma no Brasil, em Belo Horizonte (MG).

A Berliner Pilsner é uma marca de cerveja criada em 1902. Em 1969, ela foi incorporada a uma empresa estatal da Alemanha Oriental, e acabou se tornando a cerveja mais consumida do lado comunista do muro.

inundados com o Liebfrauenmilch, um vinho de qualidade inferior e que se tornou um verdadeiro estigma para a vinicultura alemã. Os Riesling, entretanto, são muito bons.

No inverno, as feiras natalinas são regadas a Glühwein (ou Punsch), vinho aquecido com as mais diferentes especiarias – como o nosso tradicional quentão. Algumas das cidades têm um grande mercado central de Natal, onde duas ou três barracas se ocupam de abastecer os visitantes com a bebida. Nas cidades maiores, as ruas e praças são tomadas por várias feiras menores, e os visitantes costumam pegar um Glühwein para se aquecer no caminho entre uma e outra. Já no norte, na região de Schleswig-Holstein, fronteira com a Dinamarca, a bebida preferida nos dias frios é o Pharisäer, uma caneca de café com açúcar, rum e creme. A origem mitológica do nome da bebida remete a uma comunidade da ilha de Nordstrand que seria conhecida por se embebedar em todas as ocasiões sociais. Certa vez, o pastor local fez uma reunião e pediu para que não bebessem nada alcoólico, para que pudessem desfrutar da companhia uns dos outros sem nenhum estimulante. Em vez do álcool, foi servido então café. Durante a reunião, o pastor começou a contar piadas e anedotas para mostrar aos fiéis que eles podiam se divertir sem beber, e realmente, pouco a pouco, a reunião ficou animada e todos riam muito. Só que o pastor não sabia que o café dos paroquianos estava "batizado" com rum. Em determinado momento, o pastor pegou a caneca de outra pessoa por engano e sentiu o gosto do álcool, o que o deixou extremamente nervoso. Vermelho de raiva, ele deixou a reunião esbravejando: "Fariseus!!", ou, em alemão, "*Pharisäer*!!" Estava batizada a bebida.

PÃES: ORGULHO NACIONAL

Uma faceta pouco conhecida dos alemães e de sua culinária é o verdadeiro orgulho que eles sentem de sua panificação. Isso é um tema potencialmente perigoso em conversas com um nativo, especialmente se comparamos os pães alemães com os franceses – e demonstramos alguma preferência em relação a seus vizinhos. Na verdade, o pouco conhecimento que nós em geral temos dos pães alemães está ligado,

Fachada da Bäckerei Zimmermann, em Colônia. Uma das padarias mais tradicionais da cidade, foi inaugurada em 1875 e pertence à mesma família há cinco gerações.

72 | Os alemães

em grande parte, ao fato de a panificação francesa ser a mais influente por aqui. Até mesmo o pão mais popular do Brasil costuma ser chamado de "francês" – com exceção de alguns regionalismos, como no Rio Grande do Sul e na Bahia, onde é chamado de "cassetinho".

A Alemanha tem uma variedade incomparável de pães; sua catalogação pelo Deutsches Brotinstitut (Instituto Alemão do Pão) já ultrapassa o número de 3.100 tipos específicos, o que coloca o país em um patamar único. A panificação alemã foi elevada à categoria de cultura e, após apreciação, considerada, em 2014, patrimônio imaterial da humanidade pela Unesco. Esse reconhecimento foi dado pela entidade porque a produção de pães no país ultrapassa a técnica, convertendo-se em uma herança cultural, social e emocional. A história do desenvolvimento da cultura diversificada da panificação alemã remonta à Idade Média, quando nos Estados alemães começam a surgir organizações de profissionais de diferentes áreas, entre elas, a dos padeiros. A produção de grãos e cereais e o relativo baixo custo desses alimentos faziam com que o pão fosse o principal alimento da população, e a cultura regional – por vezes local – levou ao desenvolvimento dessa enorme variedade. Aqui cada elemento contribui para compor um pão diferente das cidades vizinhas: os gostos locais, o solo local, o clima característico etc. Com isso, diferentes técnicas de produção, formas e sabores foram desenvolvidos, e os saberes ligados a tudo isso passados de geração para geração. A busca pela excelência e por diversidade conduziu à criatividade, e as receitas se multiplicaram exponencialmente. Se hoje a Alemanha pode contar mais de três milhares de tipos de pães, é porque a cultura panificadora encontrou nesse povo o melhor fermento. Os curiosos por essa história de amor aos pães podem encontrar na cidade de Ulm o Museum der Brotkultur (Museu do Pão, ou da Cultura do Pão), que além de uma exposição histórica permanente, organiza discussões e oferece cursos acerca dos saberes da panificação (www.museum-brotkultur.de).

Aqueles que visitam uma padaria ou um mercado alemão e se deparam com a imensa variedade de pães podem observar uma diferença crucial em relação às padarias brasileiras: uma grande quantidade de pães pretos e de grãos. Muitos deles são densos – não duros, mas extremamente concentrados – e têm um gosto marcante de centeio. O centeio, aliás, é um grão bastante difícil de fermentar, mas os padeiros alemães desenvolveram por séculos a técnica e hoje são vistos como modelo por produtores do mundo inteiro.

Pães, salsicha e cerveja: o combustível que alimentou, e continua a alimentar, os alemães por séculos.

CIDADES E IMAGENS

Em um país de história tão fragmentada como a Alemanha, com a força que a regionalidade ainda hoje demonstra, o sentido identitário – a identificação de seus habitantes uns com os outros como alemães – acaba se construindo sobre mitologias locais e espaços que são agrupados ao longo do tempo, e se conforma em uma narrativa construída *a posteriori*. Entretanto, apesar da historicidade dessa narrativa, ela propicia as colunas sobre as quais a identidade nacional se sustenta.

Uma identidade nacional está também sempre vinculada a identidades regionais, ainda que as grandes narrativas nacionais tendam a deixar de lado esses elementos para sublinhar a força – e a preponderância – do nacional sobre o regional. Mas em casos de países "jovens", como a Alemanha (que, nunca é demais lembrar, ganhou os moldes contemporâneos apenas em 1871), essa relação fica mais evidente. Tornar-se nacional não significa deixar de ser local – e essa lógica vale também para qualquer globalismo ou cosmopolitismo: um cosmopolita não deixa, necessariamente, de ter raízes em seu país ou em sua cidade natal, e um soldado se dispõe a morrer por seu país, mas pode partir para o campo de batalha pensando em sua comunidade, em sua cidade. Regionalismos, identidades regionais, eventos e narrativas locais podem ser integrados a uma construção identitária nacional maior, e acabar fazendo parte do sentimento nacional.

Isso acontece também com determinadas cidades alemãs que acabam sendo pontos cruciais da espinha dorsal da memória e da História nacionais. Trata-se de cidades que – apesar de sua própria história individual e regional – ganharam importância na longa narrativa coletiva alemã, pois apresentaram algo com que todos pudessem se identificar ou se orgulhar. Elas são faróis para onde se voltam os olhos que procuram a história da construção da Alemanha tal como é hoje.

AACHEN: ONDE DORME O REI

A primeira das cidades apresentadas neste breve inventário é Aachen, uma cidade relativamente pequena no extremo oeste do país. Talvez passe despercebido

Praça e estação central em Aachen. Apesar de ser uma cidade pequena, tem uma localização privilegiada, na tríplice fronteira entre Alemanha, Holanda e Bélgica.

dos turistas e visitantes de hoje a importância histórica e simbólica que a cidade já teve e, em certa medida, ainda tem. Com cerca de 250 mil habitantes, Aachen se situa na tríplice fronteira entre Alemanha, Holanda e Bélgica. Ela está ainda integrada em um sistema de trens que a ligam rapidamente a Colônia e Bonn, o que a torna única.

Aos visitantes, a cidade tem muito a oferecer. A arquitetura, os museus, o teatro, além de uma atmosfera de uma pequena cidade medieval incrustada em meio a uma cidade moderna. Além de toda a estrutura urbanística, Aachen abriga ainda algumas das mais procuradas clínicas de águas termais da Europa, um recurso natural que é conhecido e utilizado há séculos desde o período do Império Romano, sendo um dos fatores primeiros para o crescimento da cidade já na Antiguidade. A cultura dos banhos acompanhou os romanos que fundaram na região um entreposto militar e comercial, e durante o primeiro século da era comum, as termas foram organizadas e exploradas para fins medicinais – criando a fama que a cidade carrega até hoje.

Em meio a esse ambiente histórico, destaca-se a Universidade Técnica de Aachen, um campo de excelência para o estudo das Engenharias, da Economia e das Ciências Naturais. Algumas pesquisas de ponta são realizadas em seus laboratórios, que atraem os alunos de toda a Alemanha e da Europa (dos quase 50 mil alunos que a instituição comporta, cerca de metade é da área tecnológica, com destaque especial para as Engenharias). Ela se destaca como centro formador de pesquisadores-líderes em suas áreas, recebendo estudantes e pós-graduandos do mundo inteiro – inclusive do Brasil – que vão a Aachen promover sua qualificação.

Mas toda essa estrutura não é o que coloca a cidade no mapa da construção da identidade alemã. Também não são suas águas termais ou seu passado romano que levam Aachen a ocupar um lugar no imaginário alemão – ainda que esses elementos estejam, de alguma forma, ligados a isso. As origens da posição de relevo de Aachen na cultura alemã são imperiais: a cidade está envolvida de forma muito próxima com a fundação do Império Carolíngio e sua continuidade como Sacro Império Romano-Germânico.

Essa ligação começa com Carlos Magno. É sabido que seu pai, Pepino, o Jovem, frequentou as termas de Aachen por anos. Não se sabe exatamente quando ele começou a visitá-las, mas existem documentos que acusam sua presença nos banhos no ano de 765, quando seu filho Carlos já contava 17 anos. Essa referência, ainda que tardia, faz com que alguns historiadores apontem Aachen como a cidade natal de Carlos Magno (na verdade, isso nunca foi provado). O certo é, entretanto, que aquela estadia registrada não foi a única, e Pepino retornou várias outras vezes à cidade, inclusive levando seu filho consigo. Floresceu, então, uma relação afetiva entre o futuro soberano do Império Carolíngio (o primeiro grande império após a Queda de Roma) e a cidade. Após ascender ao trono, Carlos Magno fez viagens e liderou campanhas por toda a Europa, construindo seu império, unindo territorialmente a cristandade e se tornando o *Pater Europae* ("pai da Europa"). Em seus últimos vinte anos, já com seu poder assegurado e com as fronteiras do Império bastante consolidadas, o imperador deu início a uma reforma de sua cidade preferida, com vistas a transformá-la na sua residência. As críticas de seus conselheiros foram várias: Aachen não teria a estrutura nem a importância para receber o imperador, seu acesso era complicado, sem rios que conduzissem diretamente a ela, além de ficar muito a oeste do Império, sendo preferível um lugar mais centralizado. Nada disso fez Carlos Magno mudar de ideia. Com o afeto que tinha pela cidade, o imperador investiu em sua reforma, iniciando a construção de benfeitorias e de espaços simbólicos de poder. Foi o caso, por exemplo, da catedral de Aachen, uma das construções mais belas do período carolíngio e que abriga preservado ainda hoje o trono de Carlos Magno.

Aachen se tornou então a capital de fato do Império, casa do imperador e sede (ou ao menos o mais próximo que se poderia chamar de sede naquele momento da história) do aparato administrativo. Na Aachen renovada a seu gosto, Carlos Magno pôde desfrutar de sua velhice, usufruir das termas locais e criar uma imagem de unidade daquele espaço que ele havia conquistado – diante da diversidade do império, ter uma cidade que simbolizava a união imperial se tornou um trunfo nada desprezível. Foi nessa cidade que o imperador veio a morrer, em 814. Seu corpo deveria ter sido levado até a catedral de Saint Denis, na França, para ser sepultado ao lado do pai, mas aqueles que conviveram com ele decidiram por fazer de sua cidade preferida a sua morada eterna.

Hoje, contudo, não há qualquer indicação de onde esteja o túmulo de Carlos Magno. Essa informação se perdeu no tempo. Mas a mística da cidade imperial permaneceria por séculos no imaginário europeu, mesmo que ela tenha deixado de ser a residência permanente para os futuros imperadores. Ainda que o grande Império Carolíngio tenha se fragmentado nos anos seguintes à morte do imperador, dezenas de pequenos Estados tenham surgido de seu desmembramento e "cidades livres" tenham florescido, a cidade de Aachen permaneceu sendo a capital simbólica que dava certa segurança ilusória para uma estrutura delicada de poder que se configurou no Sacro Império Romano-Germânico.

Como herdeiro direto do Império Carolíngio, o Sacro Império Romano-Germânico se configurou em uma experiência federalista rústica, na qual o imperador, eleito entre os grão-príncipes de uma região fragmentada, possuía uma função simbólica importante, mas com pouco poder de fato sobre os assuntos locais. Na construção simbólica que acabou sendo o Sacro Império, Aachen desempenhou um papel alegórico: foi o palco até o século XVI das cerimônias de coroação, em uma representação da herança direta de Carlos Magno. Aachen se tornou, assim, a um só tempo, uma

A catedral de Aachen abriga os principais vestígios da época de Carlos Magno. Inaugurada em 803, tornou-se o centro de um culto à memória do imperador e, com isso, o local de coroação de boa parte dos sacro-imperadores romano-germânicos.

À esquerda, o monograma de Carlos Magno que cobre a cidade antiga de Aachen e liga os pontos históricos do período carolíngio. As letras indicam a forma latinizada do nome do imperador, Karolus. À direita, o trono que pertenceu a ele.

terra consagrada pelo passado e uma garantia legitimadora da autoridade simbólica do imperador. Graças a essa aura em torno de Aachen é que as primeiras imagens de unificação podem ser buscadas, uma imagem que serve tanto à ideia de unidade alemã quanto à de unidade europeia (basta lembrar que, desde 1950, a cidade é palco do Karlpreis – prêmio Karl –, entregue todos os anos a personalidades que se destaquem no espaço europeu, celebrando a união continental).

DRESDEN: BELEZA E TERROR

Entre os vários pequenos reinos, ducados, condados e principados do espaço geográfico do Sacro Império, a Saxônia seria um dos Estados de mais destaque. Fundado como ducado da Saxônia-Wittenberg em 1423, o território sofreu uma divisão entre dois herdeiros 60 anos depois, tornando-se, por um lado, o que é hoje a Turíngia e, por outro, a Saxônia. Nesse território, duas cidades se destacam: Leipzig, importante centro comercial e cultural da Idade Moderna e a sede administrativa do estado da Saxônia, Dresden, a pérola do Elba.

Prédio da Academia de Belas Artes de Dresden. Por suas salas passaram diversos artistas renomados, como o alemão Otto Dix e até Lasar Segall.

Dresden se divide hoje em duas partes, a "cidade antiga" e a "cidade nova", praticamente dois mundos que se unem pelas pontes sobre o rio Elba. A cidade antiga demonstra todo o brilho e glória que Dresden já viveu como residência dos monarcas saxônicos, com prédios históricos de rara beleza, ruas largas e muito bem conservadas, museus e centros culturais. A cidade nova, por sua vez, viveu sempre às sombras da irmã. Um incêndio em 1685 obrigou a reconstrução desse espaço, que acabou ganhando uma feição barroca e se ligando, definitivamente, à cidade antiga. Alguns dos espaços mais característicos da cidade nova são o Antigo Cemitério Judaico (um novo foi erguido do outro lado do rio), o Bairro Barroco – fruto da reforma – e o Kunsthof, um grupo de prédios e galerias com intervenções artísticas, cafés, bares e um ambiente voltado à diversidade e à arte.

Isso tudo faz a cidade nova ser muito atraente, mas não tira nem um pouco do protagonismo da cidade antiga. O *Altmarkt* ("Mercado central") é apenas a mais antiga entre as várias construções que ornamentam a "velha Dresden". A Semperoper, uma das casas de ópera mais bonitas do mundo, foi construída no século XIX e é conhecida por ter sido palco de estreia de algumas óperas de Richard Wagner. O Terraço de Dresden é parte da antiga fortificação da cidade e oferece uma das melhores vistas sobre o Elba, sendo considerado um dos passeios noturnos mais românticos da Europa. Junto da Ponte de Augustus, o terraço e todo o horizonte que se projeta a

A ponte de Augustus foi construída entre 1907 e 1910. Ela liga a parte norte da cidade de Dresden a seu centro histórico. À direita, uma pequena amostra da cidade velha: os arredores do antigo Palácio Real, hoje um complexo de museus.

partir do rio levaram viajantes a cunharem um dos nomes pelo qual a cidade é mais conhecida: "Florença do Elba".

A cidade ainda é famosa por duas das construções mais icônicas da Alemanha: o Zwinger e a Frauenkirche. O primeiro é um complexo com galerias e salões que serviu como jardins e *orangerie* para a residência real. Ele ficava colado ao muro de Dresden, e seus portões faziam parte da fortificação da cidade. Hoje, muito mais do que um lugar agradável para passear, o Zwinger serve de museu e tem, entre seus artefatos, uma das pinturas renascentistas mais conhecidas: a *Madonna*, de Rafael, obra célebre pelo pequeno detalhe dos dois anjos que, no pé da tela, observam pensativos a cena religiosa. O Zwinger é uma das várias heranças do reinado de Friedrich August I, conhecido como Augustus, o Forte, rei da Saxônia e da Polônia. Trata-se do período de glória da Saxônia, entre os séculos XVII e XVIII, e consequentemente também de Dresden. Ela se torna uma das maiores representantes do barroco europeu, vê as construções tomarem conta de seus espaços e transformá-la em uma das cidades mais belas da Europa. O regente estimula a cultura, adquire obras de arte, porcelanas, estátuas e antiguidades para sua coleção, além de manter em sua corte uma grande quantidade de artistas e

O palácio Zwinger foi construído na primeira metade do século XVIII, seguindo o estilo barroco. Originalmente parte da residência real de Friedrich August I, atualmente abriga um museu.

Bernd Thaller (CC BY 2.0)

©Roger Steadman

A Frauenkirche passou por várias reformas desde a sua construção, no século XVIII. Na Segunda Guerra, ela veio abaixo, como grande parte de Dresden, só tendo sido reconstruída a partir dos anos 1990, com algumas pedras reaproveitadas dos escombros dos bombardeios. Em frente, com destaque, a estátua de Lutero.

MARTIN LUTHER

82 | Os alemães

cientistas. O Zwinger representa, de certa forma, o período de ouro da cidade, época que colocou Dresden definitivamente no mapa europeu.

A Frauenkirche, igreja localizada no centro da cidade, próxima ao Neumarkt, foi construída em meados do século XVIII, tornando-se também um marco do barroco na Alemanha. Ela foi erguida sobre uma outra igreja, que teria sido uma das primeiras congregações luteranas do país, em resposta à conversão de Friedrich August I, o Forte, ao catolicismo. O rei se convertera para estar apto a assumir o trono polonês, visto que a Polônia era – e é ainda hoje – um país católico. A população de Dresden teria ficado injuriada com a traição à história protestante da cidade; Lutero em pessoa havia visitado Dresden várias vezes e rezado na capela do palácio real e na Kreuzkirche, outra igreja da cidade. A Kreuzkirche, aliás, é um capítulo à parte da história da cidade. Reconstruída em seu exterior após a Segunda Guerra, em 1955, seu interior permanece sóbrio, com muitas paredes lisas e sem decoração. Na década de 1980, ela se tornou centro de um movimento pacifista que combatia as políticas militaristas da RDA, sob o lema "Espadas em Arados", e referência à citação bíblica (Isaías 2: 2-4): "Eles transformarão as espadas em arados e as lanças em foices. Nunca mais as nações farão guerra", demonstrando a presença da comunidade luterana de Dresden mesmo em tempos de ditadura comunista.

De fato, a Saxônia foi o primeiro dos estados alemães a abraçar o protestantismo e a proteger o reformador contra a perseguição da Igreja, no século XVI. No final do século XIX, uma estátua de Lutero foi postada em frente à Frauenkirche, em uma lembrança do tempo da Reforma, permanecendo ainda hoje lá, como um lembrete constante dessa história de lealdades e devoções.

A "traição do monarca" levou à construção de uma das igrejas mais belas e marcantes do mundo, um ícone da cidade de Dresden. Mas a história ainda reservaria um novo capítulo para essa igreja, um capítulo que a tornaria um símbolo dúbio e de memória disputada. Em 1945, já nos últimos meses da Segunda Guerra Mundial, os bombardeios aliados na Alemanha atingiram Dresden. Estrategicamente importante por sua indústria e por sua posição na malha de transporte ferroviário alemã, a cidade era também uma base militar de razoável importância para o alto-comando alemão. Essas características levaram os aviões ingleses e norte-americanos até a Saxônia, onde fizeram os primeiros ataques às indústrias da região em agosto de 1944. Mas foram os múltiplos ataques que ocorreram entre 13 e 15 de fevereiro de 1945, quando a guerra já se encaminhava para seu fim, que entraram para a História. Durante três dias foram jogadas cerca de 7 mil toneladas de explosivos sobre a cidade, resultando na morte de aproximadamente 25 mil pessoas. Poucos edifícios ficaram intactos, e a cidade foi praticamente destruída. A Frauenkirche foi, é claro, colocada abaixo.

Uma força-tarefa de cidadãos recuperou algumas das pedras e materiais importantes da igreja para preservação e possível reconstrução futura. Entretanto, após o conflito, com a ocupação soviética e a fundação da República Democrática Alemã, os esforços para reerguer o templo foram esfriando. A reconstrução de outras partes da cidade tinha mais urgência; algumas das pedras salvas pelos moradores foram requisitadas para reformar, por exemplo, o terraço da cidade e a Kreuzkirche, e a verba para levantar novamente a Frauenkirche era insuficiente. Por fim, o governo da RDA optou por manter as ruínas intactas e transformá-las em um memorial da guerra. A leste da Cortina de Ferro, essa decisão tinha duas grandes vantagens, para além da economia na reconstrução: lembrava à população da violência empreendida por ingleses e norte-americanos contra a popu-

A Kreuzkirche é uma igreja luterana e a maior da Saxônia.

84 | Os alemães

lação alemã e mostrava os efeitos de um governo de cunho fascista, tido por parte da literatura marxista de então como o estágio final do capitalismo, uma ditadura moldada pela burguesia para tentar adiar a queda do sistema. Essa retórica da memória era aliada à propaganda do regime socialista, que se tornava particularmente opressivo na cidade. Em Dresden, a população, diferente de praticamente todo o restante do território da RDA, não conseguia receber as transmissões das emissoras de rádio e de TV do Ocidente. Essa característica legou aos moradores da capital saxã uma atitude não conformista, que era gerada, segundo algumas teorias, pela falta de contrapartida (e da catarse) que as TV ocidentais davam às outras regiões. Por conta dessa situação, a região de Dresden ficou conhecida como o "Vale dos Desinformados".

A queda do muro de Berlim e da RDA trouxe um novo capítulo para a Frauenkirche. Em 1990, alguns moradores de Dresden fizeram um apelo ao mundo por sua reconstrução, originando uma campanha mundial para levantar fundos. A contribuição mais decisiva veio da Inglaterra, onde não só foram levantados os valores necessários para a reforma, como também foi fabricada uma cruz dourada de mais de 10 metros enviada como presente à população da cidade e que hoje adorna a cúpula da igreja. A fachada se mostra aos visitantes como um jogo de pedras de variadas tonalidades: do branco ao negro. Isso se deve à utilização de alguns blocos originais, que apesar de restaurados e limpos, permanecem chamuscados por conta do bombardeio. Sua reinauguração ocorreu em 2005 e atraiu os olhares de todo o mundo.

As ruínas da Frauenkirche davam lugar a um novo templo, mas com marcas aparentes da violência em suas paredes, como cicatrizes de um trauma passado. Seu simbolismo vem sendo motivo de disputa política desde sua reinauguração. Anualmente, nos aniversários dos bombardeios, centenas de militantes e de simpatizantes da extrema-direita marcham até a igreja para relembrar o que chamam de "crimes cometidos pelos Aliados", como os ataques aéreos do último ano de guerra. Ocorre, nessas manifestações, uma tentativa de desculpabilização dos crimes cometidos pelos nazistas, em uma retórica vazia que defende o vale-tudo em tempos de guerra – independentemente de serem as vítimas militares ou civis. Essas marchas, entretanto, encontram sempre uma oposição em grande número, movimento que acredita no malefício da guerra em qualquer situação e que não admite o uso da cidade como símbolo para uma relativização dos crimes nazistas. Não são raros os confrontos físicos entre os dois grupos.

Dresden se encontra, como nenhuma outra cidade alemã, em uma gangorra da memória que oscila entre o orgulho e o trauma, a cultura e a barbárie, a beleza e o terror.

WEIMAR: CENTRO CULTURAL DA ALEMANHA

E continua sempre assim
Esse círculo de alegrias
Pelas cinquenta e duas semanas
Se você souber levar

Jogo e dança, teatro e conversas,
Refrescam nosso sangue
Que Viena fique com seus parques
Weimar e Jena é que são boas!

(Goethe, "Die Lustigen von Weimar", 1827)

Nesse poema de Goethe, fica evidente a atmosfera positiva que se estabeleceu em Weimar – e em sua vizinha, Jena – durante seu período de ouro, na virada do século XVIII para o século XIX. As razões para essa homenagem feita pelo maior escritor alemão estão na alegria de viver em um ambiente único, voltado à cultura e às artes. A cidade, entretanto, nem sempre é relacionada diretamente com esse momento de sua história. Fora da Alemanha, Weimar é mais conhecida hoje como a cidade que dá nome ao período republicano que se estendeu do final da Primeira Guerra Mundial até a ascensão nazista, em 1933 (ver capítulo "Turbulência e euforia"). Para os alemães, entretanto, a cidade ultrapassa o simbolismo desse período, ganhando ares míticos em sua história cultural. Isso é fruto de um período relativamente curto, entre 1795 e 1815, quando a florescente cultura alemã se concentrou em Weimar.

Isso pode ser considerado o início de uma relação dúbia e, por vezes, perigosa entre política e *Kultur* ("cultura"), que envolveria posteriormente uma pequena burguesia em ideais românticos, apolíticos e nacionalistas.

Essa história começou em 1756, quando a princesa Anna Amalia, de Braunschweig-Wolfenbüttel, se casou com o duque de Sachsen-Weimar, um pequeno território encravado no centro do espaço alemão. Anna Amalia era uma mulher de imensa cultura, ligada aos valores do iluminismo e amante das artes e da literatura. (Como um testemunho e um tributo dessa educação, sua cidade natal, Wolfenbüttel, abriga no castelo do duque uma das bibliotecas mais importantes do mundo para os historiadores da primeira modernidade, a Herzog August Bibliothek.) A educação da princesa incluía também o domínio de alguns instrumentos musicais, o que possibilitou que ela se desenvolvesse como compositora na sua própria corte. Assim como seu tio, Frederico II da Prússia, Anna Amalia investiu bastante no desenvolvimento cultural e científico e atraiu para a cidade alguns dos principais nomes do período, como Wieland, Herder, Schiller e Goethe. Seus esforços criaram uma cultura voltada às ciências, à filosofia e às artes que teve continuidade na política da cidade mesmo depois de sua morte, em 1807.

Posteriormente, entre os nomes que passaram por Weimar estão os compositores Franz Liszt e Richard Wagner, o escultor Reinhold Begas e o pintor simbolista Arnold Böcklin. Além disso, a cidade seria o berço da Bauhaus, a escola arquitetônica alemã mais importante do século XX.

A fama que envolve Weimar, entretanto, está fortemente ligada à dupla Goethe-Schiller, considerados "os pais e maiores expoentes da literatura alemã". Goethe, que já era o autor conhecido de *Werther*, foi convidado em 1775 pelo filho de Anna Amalia a se juntar aos esforços pela promoção cultural na cidade, um convite que chegou em um momento oportuno, quando o poeta passava por uma de suas várias crises amorosas. A agitada vida noturna de Goethe, dizem, acabou levando o herdeiro de Anna Amalia

Retrato de Anna Amalia de Braunschweig-Wolfenbüttel, uma das principais responsáveis pelo desenvolvimento cultural germânico no século XVIII. Com ela, Weimar floresceu, atraindo artistas e pensadores de diversas áreas. Acima, parte interna da biblioteca Herzog August na sua cidade natal.

para um caminho distante das obrigações do ducado, o que fez com que o poeta fosse convidado a assumir algumas funções administrativas para mostrar ao jovem duque o caminho das responsabilidades de sua posição. Goethe aceitou, e durante toda sua vida em Weimar atuou em vários postos: foi conselheiro, ministro, diretor do teatro e diplomata. Em 1786, essas atividades tiveram uma breve pausa, quando o poeta entrou em crise e partiu para a Itália em uma viagem em busca de inspiração. Sua volta, em 1788, abriu caminho para o período do classicismo de Weimar, o momento de maior opulência nas artes da região, o qual marcará o espírito alemão e abrirá as portas para o romantismo (ver capítulo "O que faz a *Kultur* alemã?").

Der Weimarer Musenhof, óleo sobre tela, Theobald von Oer, 1860

Goethe e Schiller fizeram parte do período de ouro de Weimar. No quadro, uma espécie de retrato dos pais fundadores da cultura alemã, em pé, ao centro, vemos Schiller. Seu olhar volta-se diretamente para Goethe, à direita. Os escritores Herder e Wieland também aparecem na imagem, ambientada nos jardins do castelo de Tiefurt.

88 | Os alemães

A amizade de Goethe com Schiller floresceu em Weimar, e eles se tornaram uma dupla referência para os alemães, uma espécie de "Caetano e Gil" da Alemanha do século XIX. Apesar de não terem se tornado amigos logo de início, entraram para a História com projetos conjuntos, como as revistas *Die Horen* e *Propyläen*, e pela cumplicidade com que um comentava o trabalho do outro, em um processo que beneficiou e elevou a obra de ambos. A parceria se desenvolveu no momento em que Schiller foi para a cidade de Jena lecionar História, com influências e afetos mútuos. Jena é a cidade universitária que colherá os frutos desse período que ficou conhecido, entre os alemães, como "Renascença de Weimar", atraindo nomes que ainda hoje influenciam as ciências e as artes alemãs. Fichte, os irmãos Humboldt (Wilhelm e Alexander), Hegel, Schelling, Schlegel, entre outros, passaram temporadas na universidade, onde desenvolveram pesquisas, lecionaram e aproveitaram o clima cultural e de franca solidariedade intelectual que se observava no local. Goethe costumava visitar Schiller e os outros com regularidade, tornando os poucos quilômetros que separam Weimar de Jena um verdadeiro eixo intelectual.

Schiller foi convidado a integrar o conselho da cidade de Weimar em 1785 e acabou se fixando definitivamente na região, fazendo com que a parceria entre ele e Goethe se estendesse até sua morte, em 1805, aos 45 anos. Antes disso, entretanto, Schiller desenvolveu um trabalho que legaria à Alemanha a ideia de "uma luta cultural pela formação do espírito nacional", em contraposição à política e violência da Revolução Francesa. Segundo essa visão, a verdadeira liberdade viria da educação, da cultura e da estética. Esse princípio ganhará adeptos e guiará boa parte da produção nas artes e na literatura na Alemanha. Por um lado, esse preceito fomentará em muitos artistas um desejo de autoformação, uma tendência à introspecção e à reflexão, a vontade de forjar uma nação de poetas e filósofos. Por outro lado, favorecerá uma busca pela estetização do campo político, o que acabará sendo crucial para a deturpação das ideias de Schiller e para o desenvolvimento da estética nazista nos anos 1930, ou seja, de uma estética "nacional alemã" que excluía o diferente, que se pautava exatamente pelo contrário do ideal de Schiller, que era a liberdade do indivíduo.

A decida ao inferno nazista quebraria o espírito nacional alemão; sua cultura, tão festejada e reconhecida, sairia desse período aquebrantada. Um dos maiores lembretes do terror nazista se encontra nos arredores de Weimar: o campo de concentração de Buchenwald está a poucos quilômetros da cidade. Mas será também no período clássico de Weimar que intelectuais irão buscar, no pós-Segunda Guerra, a inspiração para reerguê-la, em um esforço autorreflexivo. Em seu discurso de agradecimento pelo Prêmio Goethe de Frankfurt, em 1947, o filósofo Karl Jaspers indicava uma fórmula possível: "viver com Goethe, talvez isso nos faça alemães e, de alemães, pessoas". O caminho para a recuperação alemã no pós-guerra era, novamente, o caminho de Weimar.

BERLIM: ETERNAMENTE JOVEM

A capital de um país tem sempre um peso enorme na construção imaginária da nação. Berlim não foge a essa regra, e seu papel vai muito além de servir como centro burocrático da Alemanha. Antiga capital da Prússia, Estado em torno do qual se deu a Unificação Alemã, a história de Berlim se conflui com a história alemã mais do que qualquer outra cidade do país. Além disso, mais do que símbolo da unidade alemã, a cidade detém uma imagem, construída por séculos, de justiça, de abertura e de tolerância.

O portão de Brandemburgo, completado em 1791, é um dos principais marcos arquitetônicos de Berlim. Seus arcos foram cenário de momentos históricos de relevância mundial.

Fernanda Buarque de Gusmão

Alemães e turistas aproveitam o sol em frente à catedral de Berlim. O terreno onde foi construída serve como local religioso desde o século XV. A construção atual foi reinaugurada em 1993, com base em um projeto de 1905.

Isso pode soar estranho, tendo sido Berlim a capital do Terceiro Reich. Se a *Shoah* (Holocausto) foi planejada em uma casa à beira do lago de Wannsee, na periferia de Berlim, se os desfiles das tochas nazistas tomaram a rua Unter den Linden e se na praça em frente à Universidade Humboldt foram queimados livros de judeus e de autores considerados "nocivos", como pode ser essa mesma cidade símbolo de tolerância e de liberdade? É claro que isso decorre do fato de a história da cidade não se resumir aos 12 anos de domínio nazista, e nem ter acabado junto com eles.

Em muitos sentidos, Berlim é hoje um monumento permanente ao reconhecimento dos horrores desse tempo terrível e à memória de suas vítimas. O memorial aos judeus assassinados da Europa, no centro da cidade, talvez seja o maior exemplo

Para nunca esquecer: Memorial aos Judeus Mortos da Europa. Trata-se de um monumento composto por 2.711 blocos de concreto, que ocupam 19 mil m², no centro de Berlim. Tendo sido um dos palcos das maiores atrocidades que a humanidade já testemunhou, a cidade relembra de diversas formas em museus, eventos e memoriais os horrores da guerra.

dessa política de reconhecimento e de (auto)responsabilização, visível principalmente após a reunificação, em 1989. Mas está longe de ser a única. Monumentos, museus, placas e eventos constantes relembram sempre, para que nada seja esquecido.

A Berlim atual tem também uma abertura que orgulha seus habitantes. Hoje a cidade abriga, por exemplo, um dos maiores eventos dedicados ao Orgulho Gay do mundo. A Pride Week ocorre todos os anos em julho e reúne milhares de gays, lésbicas, bissexuais, transexuais e simpatizantes em uma das maiores manifestações de rua do mundo, além de festas e eventos que transcorrem por dias. O primeiro casamento homoafetivo do país ocorreu em outubro de 2017 em Berlim, mesmo mês em que o primeiro pedido de adoção por um casal gay foi aceito, também na *Hauptstadt* ("ca-

A Berlin Pride, parada LGBT+, ocorre desde 1979 e é uma das facetas da Berlim tolerante. Na imagem, um dos carros de som do desfile com uma faixa em que se lê "Direito à liberdade!".

pital"). Além do respeito aos LGBTS, a cidade celebra a diversidade dos povos que a compõem com o mesmo zelo e entusiasmo. Duas festas ganham destaque nesse campo: a primeira é o Karneval der Kulturen, um evento que ocorre no período de Pentecostes e reúne grupos étnicos originários do mundo inteiro em um desfile de tradições e culturas, atraindo cerca de um milhão de visitantes. A tradução do nome do evento diz tudo: "carnaval das culturas", uma festa de conhecimento, de reconhecimento e de convivência entre as diferentes culturas. A segunda é a Fest der Nationen, na região dos bairros de Charlottenburg-Wilmersdorf. Com moradores originários de cerca de 100 países, esses bairros celebram a sua diversidade e a convivência pacífica com uma festa regada a comida típica de vários países, música e cerveja – alemã, claro.

Essa receptividade aos estrangeiros faz da cidade um porto seguro à gente de todo o mundo, trazendo sempre novos rostos, novas ideias e novos olhares. Uma renovação constante que mantém Berlim eternamente jovem. Turcos, poloneses, italianos e sírios compõem a maioria dos estrangeiros que vivem na cidade, formando cerca de um

O Karneval der Kulturen é uma festa popular berlinense em que se celebra a diversidade dos povos. Grupos de diversas partes do mundo desfilam pelas ruas suas tradições, incluindo brasileiros.

Aula de salsa no Monbijoupark, durante verão berlinense. A cidade é hoje vista como receptiva e cosmopolita, acolhendo imigrantes de diversos países e absorvendo traços de sua cultura.

quinto de sua população. A origem recente dessa tolerância e desse cosmopolitismo pode ser localizada no final da Guerra Fria, quando a reunificação alemã transformou uma cidade dividida – e com duas culturas distintas – na capital do país. Nas décadas que se seguiram à reunificação, a cidade se tornou também a principal receptora de migrantes do lado oriental da nova Alemanha. Isso fez crescer ainda mais a variedade multicultural da cidade em que pessoas de todas as origens, do Leste e do Oeste, passaram a interagir e conviver. Berlim, como capital da Alemanha, centro político e administrativo do país, também passou a atrair pessoas de todo o mundo por ser o foco de uma política explícita de responsabilidade histórica, tolerância e abertura (ver capítulo "Depois da queda"). Mas se engana quem pensa que isso é um fenômeno apenas da globalização ou da crise dos refugiados. A fama berlinense de cidade aberta aos estrangeiros é antiga e remete ao século XVII, quando da assinatura do Edito de 1671 e o Edito de Potsdam, de 1685. Neles, a região de Brandenburgo se declarava, respectivamente, porto seguro para os judeus, expulsos de Viena, e para os calvinistas huguenotes, que sofriam perseguição na França católica. Essas ações, guiadas por uma razão de Estado pautada na recuperação demográfica e econômica da cidade após a Guerra dos Trinta Anos, acabaram gerando um imaginário e uma disposição para a receptividade e para a tolerância. O maior monumento a essa característica que se fixou nos berlinenses é provavelmente o Gendarmenmarkt, a praça erguida na região onde os huguenotes se estabeleceram quando de sua chegada. Com um teatro em seu centro, onde hoje opera uma casa de concertos, a praça é ladeada por duas catedrais idênticas, uma dedicada aos alemães protestantes e a outra aos franceses calvinistas. Além de um chamado constante pela tolerância, os dois edifícios irmãos representam uma ideia de justiça e igualdade, dando a ambos os grupos o mesmo espaço.

A justiça e a igualdade têm também um lugar particular nas mentes dos berlinenses. A ideia de que todos devem ser vistos de forma equânime perante a lei, que todos devem ser tratados de forma justa, se relaciona com Berlim de várias formas, em várias histórias, mas nenhuma tem sido tão repetida e é tão conhecida quanto a lenda que envolve Frederico II, da Prússia. Diz-se que, para construir um novo anexo para seu castelo de verão, o Sanssouci, na cidade de Potsdam, Frederico II teria decidido comprar uma área onde existia um moinho de vento. Chamou o moleiro para negociar e esse teria se negado a vender a terra. Tinha sido lá que seu avô montou o moinho, era a herança que seu pai havia lhe deixado e era tudo que ele tinha a deixar para seus filhos. Depois de muitas investidas, o rei teria se cansado e dito: "Escute, você sabe que eu sou o rei, certo? Você sabe que eu posso simplesmente expropriar

O Gendarmenmarkt e as suas catedrais irmãs. Os edifícios idênticos, um dedicado aos alemães protestantes e o outro aos franceses calvinistas, são um chamado constante pela tolerância.

a sua terra e você ficaria sem nada!", ao que o moleiro teria respondido: "Majestade, poderia mesmo, se não existissem juízes em Berlim". Diante da resposta, o rei teria concordado e reconhecido sua impotência frente à Justiça. Todos seriam iguais perante a lei de Berlim, e nem mesmo o monarca poderia transgredi-la. A frase "ainda existem juízes em Berlim" se tornou corrente não só na Alemanha, mas em vários países, e denota confiança na justiça e na igualdade. Berlim, dessa forma, foi transformada na imagem de um mundo justo e confiável. Uma espécie de farol moral para todo o país.

O Sanssouci é um palácio de verão, cuja construção foi ordenada por Frederico II. À direita, o moinho que fica anexo ao palácio e que deu origem à lenda geradora da frase "ainda existem juízes em Berlim".

 # O QUE FAZ A *KULTUR* ALEMÃ?

Três palavrinhas (no diminutivo mesmo, considerando que o idioma alemão é capaz de produzir pérolas como *Rindfleischetikettierungsüberwachungsaufgabenübertragungsgesetz*, que denomina uma lei de controle sobre o gado) são presença corriqueira em textos e discussões sobre a cultura alemã: *Bildung*, *Zivilisation* e *Kultur*. Mas o que significam esses conceitos, afinal?

A grande dicotomia que surge aqui é a contraposição de *Zivilisation* e *Kultur*, dois conceitos que parecem convergir em alguns momentos, mas que demarcam áreas bastante distintas. Em poucas palavras, e apesar de existirem múltiplas interpretações, podemos entender a *Kultur* como elementos ligados à formação moral, cultural e intelectual da nação. A cultura, para os alemães, faz referência às artes e ao intelecto, ao filosófico e ao religioso, campos que, podemos dizer, guiam a formação da "alma" dos alemães. Já *Zivilisation* nos remeteria primariamente ao material, ao estrutural, ao conjunto de elementos que moldam uma sociedade a agir de forma civilizada, ordenada e conforme. São elementos externos ao indivíduo, portanto, é muitas vezes considerada uma ideia importada, estranha à essência dos alemães, além de ser raramente utilizada no dia a dia. Historicamente é ainda possível verificar um agravamento dessa diferenciação a partir do século XIX, com as invasões napoleônicas. Gradativamente o termo *Kultur* foi se aproximando da imagem emocionalmente carregada e romântica de "Povo", enquanto *Zivilisation* acabou ligada à ideia da racionalidade fria do iluminismo.

Essa relação não é, entretanto, tão simples quanto pode parecer. Se compreendermos a literatura, por exemplo, como um aspecto que remete diretamente à cultura da nação, não podemos separá-la da estrutura material, econômica e política da sociedade, uma vez que a literatura vai se remeter a ela e será por ela possibilitada. Da mesma forma, os avanços científicos que podem parecer em um primeiro momento produtos da técnica e da estrutura acadêmica e educacional não podem ser separados da cultura voltada à inovação, ao questionamento e mesmo a uma cultura de incentivo ao desenvolvimento e ao progresso. A distinção entre os dois conceitos, datada da passagem do século XVIII

98 | Os alemães

para o XIX, revela uma inflexão nos valores da sociedade alemã, ligada ao momento do romantismo. As estruturas (estatais, familiares etc.) passam a ser questionadas enquanto elementos primordiais de valoração dos indivíduos, e são os méritos pessoais, as qualidades culturais e o gênio criativo que vão, pouco a pouco, assumindo um lugar de régua social.

Tudo isso ainda está ligado à *Bildung*, que pode ser traduzida como formação, educação, um conjunto de experiências e vivências que moldam o indivíduo. Vista dessa forma, a *Bildung* se mostra ligada a ambos os aspectos, tanto à cultura quanto à civilização. Ela se reporta, entretanto, mais à *Kultur* e sua formação do "espírito", do gosto, da estética e dos valores. Os condicionamentos comportamentais e a introjeção de competências sociais, por exemplo, recebem outro nome, *Erziehung*, e dependem mais dos modelos que recebemos do que de nossa reflexão ou desenvolvimento pessoal. Uma *Erziehung* pode ser rígida e repressora, ou pode ser aberta e emancipadora. Ela está, entretanto, muito mais ligada ao mundo das crianças, ou seja, à sua educação, do que às experiências dos adultos. Mais uma vez, um conceito remete principalmente ao exterior, o outro ao interior dos indivíduos, mas ambos se influenciam e se relacionam.

Essa breve descrição de conceitos serve para nos situar na concepção cultural e identitária que os próprios alemães têm de si mesmos. Uma imensa parte do "ser alemão" é depositária dessa rica cultura, dessa forma de ver o mundo que, muitos acreditam, apenas a língua e a mentalidade alemãs são capazes de expressar. Neste capítulo, o leitor verá nomes de personalidades que nasceram não apenas na atual Alemanha (país ainda muito jovem, formalmente constituído apenas em 1871), mas também da Áustria, República Tcheca, Suíça e de qualquer outro lugar onde os conceitos acima descritos tivessem alcance. Essa "cultura alemã" não se prende, portanto, às fronteiras alemãs, é uma relação simbiótica, uma complementaridade que se aplica nas diferentes visões sobre a educação e a cultura que os alemães (em sentido amplo) desenvolvem para si: se a *Erziehung*, quando bem orientada, lega a disciplina necessária para a busca de conhecimento, a *Bildung* abre as mentes para as diferentes manifestações culturais, para as experiências sensoriais, para a filosofia, enfim, para aquilo que já foi chamado de "cultivo da alma". Assim, os alemães se acreditam particularmente afeitos ao campo da cultura e, mais importante, acreditam que a sua cultura é única, especial e diretamente marcada pela língua e pela sensibilidade própria que se desenvolve em torno do idioma alemão. E esse é o motivo de extrapolarmos as fronteiras da Alemanha moderna nesse olhar panorâmico sobre tal *Kultur*: por ser demarcada por essa conexão linguística, ela pode se fazer presente e se desenvolver onde quer que se fale alemão. Por isso, não há melhor forma de iniciarmos uma viagem cultural do que pela própria língua.

LÍNGUA

> [Na língua alemã] cada substantivo tem um gênero, e não existe lógica. Em alemão, uma jovem garota não tem sexo, mas uma batata sim. Cavalos são assexuados, cães são machos, gatos são fêmeas. A boca, os dedos e os pés de uma pessoa são masculinos, seu nariz, lábios e mãos são femininos e seus cabelos, olhos e coração sequer têm gênero. (Mark Twain)

A observação de Twain, feita em seu ensaio "The Awful German Language", é completamente verdadeira. Os gêneros das palavras e suas declinações costumam ser um dos principais pesadelos daqueles que se propõem a aprender a língua de Goethe. O texto do escritor estadunidense, feito para homenagear a língua que ele tanto admirava, continha ainda uma das piadas mais conhecidas sobre o idioma alemão: é uma língua morta – apenas os mortos têm tempo para aprendê-la, pois eles têm toda a eternidade para isso.

A língua alemã é conhecida como "a segunda língua do diabo" – a primeira, dizem, é o húngaro –, por ser uma das línguas mais complexas do mundo. Para além das declinações de gênero e das palavras imensas (que são, na verdade, várias palavras juntas), a posição do verbo nas frases e o som gutural causam aflição àqueles que se aventuram a aprender. Isso para não falar dos inúmeros regionalismos e dialetos que desafiam turistas desavisados. Nas regiões próximas às fronteiras com outros países, como a Holanda e a Bélgica, a existência desses dialetos é mais evidenciada, mas é possível escutar dialetos também em grandes centros, como Berlim, Nuremberg ou ainda Stuttgart, onde o suábio (dialeto falado na região da Suábia) faz o mais desatento pensar que não está mais na Alemanha, mas em outro planeta. As principais razões para essa variedade estão na constituição histórica fragmentada do território onde hoje é a Alemanha. Cada condado, cada principado, ou ainda cada cidade livre acabou desenvolvendo sua variação da língua, ainda que uma base comum seja reconhecível.

Por ser tão diversa, a língua alemã precisou ser regulamentada, criando-se um padrão chamado de *Hochdeutsch* ("alto alemão"). E mesmo esse *Hochdeutsch* não é completamente homogeneizado, já que existe uma variedade alemã, uma suíça e outra austríaca. De qualquer forma, o alemão que podemos aprender nas escolas de línguas ou no Instituto Goethe é padronizado, dando acesso a uma comunicação efetiva com nativos da língua – tanto alemães quanto suíços ou austríacos – e à cultura de suas regiões. O processo em direção a essa homogeneidade formal da língua foi longo, vindo desde a tradução e publicação do Novo Testamento por Martinho Lutero em 1522 até a Reforma da Língua Alemã de 1996, que impôs referências linguísticas e gramaticais que norteariam a comunicação escrita e falada, ainda que não a regularizasse. Isso não deixou a língua mais fácil de ser aprendida, mas ao menos garantiu que tudo aquilo que for aprendido será compreendido em toda a Alemanha. Garantiu também certa uniformidade nos textos da imprensa escrita. Mas, mesmo com todos os esforços, ainda alguns pontos da regulamentação da língua são por vezes questionados, levantando pequenas discussões e polêmicas, tais como o uso das letras maiúsculas em substantivos, a escrita de palavras estrangeiras e certas regras para a aglutinação de palavras.

Estátua em homenagem ao filósofo Johann Herder, na cidade de Weimar. Em alguns de seus escritos, Herder reflete sobre a língua e a caracteriza como elemento central para o desenvolvimento de uma cultura e do caráter nacional de um povo.

Tais questões só demonstram que o alemão está longe de ser uma língua estática, recebendo constantemente novos impulsos e se adaptando a diferentes contextos e necessidades. Mas essas transformações que o tempo traz à língua não modificam de forma alguma a concepção de que a língua está intimamente ligada à *Kultur* e, portanto, às ideias de nação, de "espírito", de identidade e de visão de mundo alemãs. Ainda que esse autorreconhecimento de um alemão através de sua língua venha de tempos imemoriais, no século XIX o sentimento de pertença a uma coletividade formada por essa língua – e não unicamente em termos raciais ou nacionais – passa a ser debatido seriamente por filósofos, filólogos e historiadores. O filósofo e poeta Johann Gottfried Herder – um dos poucos membros conhecidos da ordem dos *Illuminati* – se destacou nesse período ao levar a um novo nível a filosofia da linguagem e da língua alemãs, impulsionado pela veia sensível do pré-romantismo, pela maturidade do iluminismo e também pela onda nacionalista que aflorava então. Para o autor, uma nação ou um povo só se desenvolveriam plenamente em sua língua pura, depositária de sua cultura e promotora do "gênio da nação". Herder e sua grande obra filosófica e cultural, junto do filósofo Johann Gottlieb Fichte e seus *Discursos à Nação alemã*, proferidos em 1808 no contexto das Guerras Napoleônicas, costumam ser lembrados como os grandes precursores do nacionalismo alemão. E, de fato, suas obras impulsionaram a reflexão sobre o Alemão, sobre o *Deutschtum* (a "germanidade", ou essência do povo alemão), do qual a *Kultur* seria produto e componente e a língua um elemento basilar.

Mas se a língua tem essa propriedade inclusiva de construção de uma comunidade própria, é lícito concluir que essa comunidade não conhece fronteiras, que o povo ligado a ela não se limita necessariamente a um Estado nacional. A língua é a casa, é o conforto dos alemães. Em uma entrevista ao jornalista Günter Gaus, em 1964, a teórica Hannah Arendt refletiu sobre o que restava do tempo anterior à ascensão de Hitler na Europa, e sua resposta, pessoal e também coletiva, foi *die Muttersprache* ("língua-mãe"). É, ao final, a essência da cultura e da história, além do campo onde, em termos herderianos, toda a potencialidade dessa comunidade e de sua cultura se manifesta. A língua alemã, nesse sentido, é um caminho que já levou o mundo a algumas de suas maiores manifestações culturais e transformações científicas, políticas e sociais. Três pensadores, entretanto, refletiram de forma ímpar essa afirmação e moldaram, de forma permanente, o mundo contemporâneo.

O primeiro deles foi Karl Marx, que em meados do século XIX, com seu parceiro Friedrich Engels, deu início a um movimento de contestação à ordem capitalista que

102 | Os alemães

tem, ainda hoje, grande influência nos debates políticos e econômicos. Seus escritos modificaram algumas das percepções mais fundamentais da economia política, além de ter influenciado para sempre o vocabulário econômico, político e ideológico. Em seu manifesto, escrito em 1848, os autores conclamavam: *Proletarier aller Länder, vereinigt euch!* ("proletários do mundo, uni-vos!"). E eles se uniram. Em um período no qual a indústria florescia, a mão de obra nas grandes cidades era abundante, a fome e o desemprego pareciam insolucionáveis e no qual aqueles que tinham trabalho precisavam se submeter a condições extremas para mantê-lo, já que nenhuma segurança ou estabilidade era oferecida, o grito de Marx encontrou ouvintes em vários lugares do mundo.

Os trabalhadores se uniram, criaram sindicatos, associações e cooperativas, aprenderam sobre a solidariedade, a organização profissional e seu valor na reivindicação por melhores condições de vida e de trabalho, além de entenderem, na prática, a eficácia e as dificuldades da greve. No início do século XX, a contestação atingiu níveis estratosféricos durante a Primeira Guerra Mundial, greves e manifestações de trabalhadores tomaram os países envolvidos no conflito e uma revolução estourou na Rússia, derrubando a aristocracia em nome do poder dos trabalhadores. Seu exemplo alimentou outros revolucionários pelo mundo, conflitos violentos e ditaduras sangrentas surgiram em nome das ideologias que se apropriaram das ideias de Marx, e simpatizantes ou seguidores dessas ideias foram duramente perseguidos e reprimidos em diferentes tempos e locais. O poder de suas palavras, entretanto, é indiscutível: depois de mais de 150 anos do manifesto, ainda podemos ouvir os ecos de sua retórica, a ponto de adjetivos como "comunista" e "marxista" ainda causarem comoção – positiva ou negativa, depende do interlocutor – nos debates políticos. O marxismo, podemos concluir, falava alemão, e em tempos de crises financeiras e de suspeição do sistema capitalista, voltamos sempre ao mesmo livro em busca de inspiração ou de respostas: *Das Kapital* [O capital].

Enquanto *O capital* teve influência marcante na área da economia contemporânea, *A interpretação dos sonhos* e as demais obras de Sigmund Freud modificaram a forma como vemos o ser humano. O grande abismo de nós mesmos se tornou a ocupação, no final do século XIX, do jovem médico de Viena que, apesar de não ter nacionalidade alemã, é considerado depositário da "grande cultura alemã". As influências do não racional, dos instintos e dos traumas sobre as ações e sobre a mente dos indivíduos motivaram Freud a efetuar uma série de experimentos e de observações que o guiaram à concepção de uma nova forma de terapia, a "cura pela fala" da psicanálise. Todo um vocabulário utilizado por Freud e seus discípulos na formulação de suas teorias se tornou

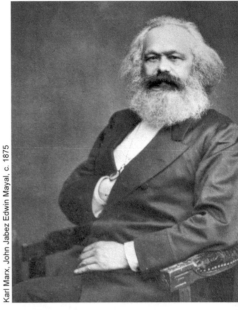

Karl Marx e o frontispício de 1867 de sua obra máxima, *O capital*. Uma das maiores contribuições do idioma alemão que ajudaram a moldar o pensamento do mundo contemporâneo, nas mais diferentes áreas.

artigo corrente nas conversas cotidianas. A tríade formada por ego (a consciência), superego (o freio moral) e id (o impulso ao prazer) e os complexos de Édipo (desejo inconsciente pela mãe) e de Electra (pelo pai) são alguns dos termos freudianos mais difundidos em nossa sociedade, mas nenhum conceito foi mais popularizado pelo médico vienense do que o do *Unbewußte* ("inconsciente").

A ação do inconsciente, entretanto, não deve ser tomada como uma determinante na vida dos indivíduos. Nem tudo são traumas e simbolismos, ações irracionais ou atos falhos. Conta-se que, em certa ocasião, ao falar sobre as diferentes fases no desenvolvimento de um indivíduo (oral, anal e genital), alguém teria perguntado para

104 | Os alemães

o pai da Psicanálise o que essa teoria falava sobre ele próprio, uma vez que ele apenas raramente podia ser visto sem um charuto, um símbolo fálico muito evidente. Freud teria sorrido e dito que "às vezes, um charuto é só um charuto". Mas ao mesmo tempo em que as teorias psicanalíticas não são a resposta para tudo, elas podem ser consideradas universais, uma vez que pretendem encontrar elementos que unem as pessoas em sua característica mais fundamental: sua humanidade. Um exemplo dessa pretensão unificadora das reflexões freudianas é sua teoria do humor. Segundo ela, o riso não é nunca um ato desinteressado e neutro, mas isso fica ainda mais evidente quando a piada tem um alvo. Em casos de piadas que ridicularizam elementos coletivos, como mulheres, nacionalidades ou etnias, o riso provocado significaria, ao menos em um nível inconsciente, uma concordância com a ridicularização, agressão ou inferiorização. Além disso, o ato de rir aliviaria o ridente de pesos impostos pela vida em sociedade, como o stress e as máscaras que o indivíduo internaliza. Esse alívio causa prazer àquele que ri, e o prazer o coloca em dívida com o promotor do riso. Em outras palavras, o riso acaba sendo uma forma de concordância com a mensagem da piada. Por isso o humor é um assunto sério: rir de uma piada racista, sexista ou preconceituosa nos coloca imediatamente no grupo dos racistas, sexistas ou preconceituosos. Freud explica.

Se Freud mudou nossa forma de olhar para dentro de nós mesmos e de refletir sobre os fantasmas de nossa mente, Albert Einstein mudou a forma com que olhamos para o mundo exterior – e para além dele. Conhecido popularmente por andar sem meias e por uma foto mostrando a língua, o físico teórico escreveu as bases de seu mais significativo trabalho, a Teoria da Relatividade, com 26 anos, em 1905. O título do artigo em que ele a expôs é "Zur Elektrodynamik bewegter Körper" [Sobre a eletrodinâmica dos corpos em movimento], e é considerado o mais importante de cinco artigos revolucionários que Einstein publicou naquele ano de 1905. Além das bases para sua Teoria da Relatividade, algumas visões sobre Mecânica Quântica lançadas por ele naquele ano se mostraram fundamentais para o desenvolvimento da ciência no século XX. Dez anos depois, a Teoria da Relatividade foi refinada e ampliada, e Einstein lançou sua Teoria Geral da Relatividade. Entre seus primeiros estudos em Berna, na Suíça, e seu trabalho na Universidade de Berlim e junto à Academia Prussiana de Ciências, Einstein conseguiu gerar uma transformação completa no campo científico mundial, com novos olhares sobre o espaço, o tempo, a gravidade e a energia. Suas valiosas contribuições lhe garantiram o prêmio Nobel de Física no ano de 1921 e o reconhecimento como maior cientista do século XX.

Einstein se tornou um ícone da cultura mundial, além de um cientista de renome. Reputado pela inteligência, passou a utilizar esse reconhecimento em favor de causas que julgava essenciais em seu tempo – e que ainda hoje o são. É assim que o físico passou a combater o preconceito entre os povos (a ele são atribuídas as frases "é mais fácil quebrar um átomo do que um preconceito" e "duas coisas são infinitas: o universo e a estupidez humana. E eu não estou certo quanto ao universo"), o armamento nuclear ("não sei com que armas a Terceira Guerra Mundial será lutada, mas a Quarta será com paus e pedras") e se tornou um dos maiores ativistas pelo pacifismo do século XX. Foi em sua luta pela promoção da paz no mundo que Einstein conheceu o filósofo, escritor e também ativista Bertrand Russell. Juntos redigiram e assinaram o "Manifesto Russell-Einstein", a última ação pública de Einstein antes de morrer, em 1955. Nele, os signatários colocam de forma veemente: "este é o problema que apresentamos a vocês, absoluto, apavorante e inescapável: devemos pôr um fim na raça humana; ou a humanidade deve renunciar à guerra? As pessoas não irão enfrentar essa alternativa porque é extremamente difícil abolir a guerra." Esse era o terror que afligia Einstein e que continua a afligir a todos nós: estamos tão envolvidos em nossos erros que nos parece impossível contorná-los, corrigi-los e superá-los. O espectro da hecatombe nuclear continua a pairar sobre a humanidade e, como para Einstein, parece-nos ser possível apenas observar boquiabertos, apelar à razão e torcer para que ela prevaleça.

Três características unem ainda esses três personagens centrais da História Contemporânea. A primeira é que são três judeus que compartilham a *Kultur* envolta à língua alemã. Esse elemento ganha força ao pensarmos que os três viveram em períodos de acirramento do antissemitismo e de fortalecimento de teorias raciais eugenistas, preparando o terreno para perseguições e genocídios. O segundo ponto em comum é que os três tiveram uma experiência de exílio: Marx e Freud em Londres, Einstein em Princeton. O terceiro elemento é a língua alemã, essa cultura que é carregada pelos nativos e lhes garante um sentimento de pertença em qualquer lugar do mundo. Não é pouco, considerando que, em casos como o de Freud e Einstein, o exílio foi ocasionado pela perseguição racista empreendida por um regime que também "falava alemão" e que eliminava seus próprios cidadãos, alemães de ascendência judaica, de ideologia antagônica ou de orientação religiosa ou sexual não conforme aos preceitos defendidos pelos nazistas. Ainda que Freud e Einstein carregassem consigo toda a carga cultural e sentimental ligada à língua, uma legislação racial persecutória negaria a eles o direito de se dizerem alemães (ou austríacos, tchecos, poloneses, nacionalidades a que eles poderiam recorrer caso esses territórios não se encontrassem sob ocupação nazista). A dinâmica persecutória vivida por Einstein e Freud é o extremo de uma relação que se mostra frequentemente complicada, especialmente na Europa, entre nacionalismo, "raça" e política. Ninguém melhor que Einstein resumiu essa dinâmica em um discurso que fez à Sociedade Filosófica Francesa, na Sorbonne, em 1922:

> Se a minha Teoria da Relatividade se provar correta, a Alemanha irá me reivindicar como alemão e a França irá me declarar um cidadão do mundo. Mas se ela estiver errada, a França dirá que eu sou um alemão, e a Alemanha irá declarar que eu sou um judeu.

LITERATURA

Mesmo que de tempos em tempos a grande mídia seja tomada por manchetes catastróficas, denunciando "a grande decadência" do número de livros vendidos, a verdade é que os alemães ainda são bons leitores e têm uma indústria editorial bastante robusta. Uma pesquisa realizada no ano de 2015 indicou que cerca de 14% da população não lê livro nenhum e não cultiva o hábito da leitura, enquanto um alemão médio lê mais de dez livros por ano. Para comparação, no Brasil, uma pesquisa semelhante realizada em

2016 mostrou que 44% da população não lê livro algum e que a média de livros lidos por pessoa/ano gira em torno de quatro. Já em 2016, outra pesquisa na Alemanha mostrou que o número de leitores havia caído cerca de 6% em relação a 2015, mas aqueles que leem acabam comprando mais livros.

Além disso, é preciso levar em consideração que a Alemanha conta com dois grandes eventos do ramo livreiro: a Feira do Livro de Leipzig e a Feira do Livro de Frankfurt. Ambas remontam a uma tradição de séculos, apresentam ao público leitor e principalmente ao mercado editorial as novidades do ramo, os títulos mais atrativos, expõem editoras internacionais, promovem um círculo de relacionamentos entre editores e trocas de experiências e de tecnologias. Nesse campo, a Feira de Frankfurt é reconhecida como a maior do mundo, sendo o grande marco anual do setor livreiro. Em resumo, ainda que pudesse ser mais desenvolvida, a cultura da leitura no país está longe de ser desprezível, e o mercado editorial alemão tem relevância e alcance mundiais.

Na página ao lado, livraria em Berlim; abaixo, a Philologische Bibliotek da Freie Universität Berlin (à direita) e a biblioteca Jakob und Wilhelm Grimm Zentrum da Universidade Humboldt. A Alemanha conta com uma ampla rede de livrarias e bibliotecas para atender a um amplo público leitor.

108 | Os alemães

Acima e ao lado, prédio e corredor na Feira do Livro de Frankfurt; abaixo, pavilhão da feira de Leipzig. O evento em Frankfurt é o maior do setor livreiro no mundo e seus corredores são frequentados por profissionais de todo o planeta.

No grande espectro da *Kultur* alemã, a literatura tem um lugar muito particular, sendo a cultura literária alemã responsável por grandes obras e autores dos mais importantes da literatura mundial. Na verdade, os alemães são responsáveis pela própria disseminação e configuração de uma literatura popular e de massas, uma vez que a invenção que revolucionou o saber e o conhecimento, a prensa de tipos móveis, foi criada por Johannes Gutenberg, um gravador da cidade de Mainz, por volta de 1450. Ao longo de vários anos, Gutenberg realizou experimentos em seu ateliê até encontrar os suportes ideais para dar forma à sua ideia: um aparelho que possibilitasse a rápida troca de pranchas para agilizar o processo de impressão. Após várias tentativas, ele conseguiu chegar a um protótipo com as características básicas do que viria a ser a prensa moderna: tipos (o nome que se dá aos blocos nos quais as letras que formarão os textos são moldadas) foram feitos a partir de uma liga metálica mais resistente; a

A prensa de Gutenberg gerou uma enorme revolução na disseminação do conhecimento e da informação. À esquerda, fac-símile de uma das páginas da Bíblia impressa por ele; acima, uma gravura, feita em 1836, representando o trabalho com a prensa em uma oficina gráfica.

110 | Os alemães

tinta a óleo, diferente da usada na época pelos chineses, garantia impressos mais duradouros; o papel também teve de ser pensado para a impressão, não tão fino quanto aquele destinado à caligrafia, mas não tão rijo que não pudesse receber a impressão. Além, é claro, da prensa em si, capaz de gravar as letras no papel e otimizar a produção.

Com a prensa de Gutenberg, tornou-se possível imprimir um mesmo texto ou imagem em larga escala, barateando-se os custos dos materiais escritos (até então reservados, sobretudo, às elites), e atingindo um público leitor muito maior. O feito de Gutenberg adquire dimensões colossais quando pensamos em todas as transformações que se desenrolaram graças ao poder do impresso: escritos atravessaram as sociedades europeias e o mundo todo na sequência, desde ampla divulgação de leis, quanto críticas aos regimes estabelecidos, passando pela difusão de mapas e descobertas que alteraram a forma de se ver o mundo. As grandes convulsões sociais ao longo desse tempo, da Reforma Protestante à Revolução Francesa, são processos que têm em comum o poder do impresso, mostrando o quão significativo foi o feito de Gutenberg. Com ele se difundiram ideias, angariaram-se adeptos, construiu-se uma população mais informada e a literatura atingiu proporções inéditas. Além disso, o invento de Gutenberg foi tão prático e adequado que seu projeto estrutural seria aperfeiçoado apenas no século XIX.

A escola alemã, ou seja, as obras produzidas em língua alemã e em torno dessa *Kultur*, é tida como uma das mais importantes do Ocidente, e isso é reconhecido tanto em termos de influências e reflexos em outras escolas quanto em disseminação de seus livros pelo mundo. Livros e autores dessa escola são premiados com frequência, e um dos principais termômetros modernos da área, o prêmio Nobel, já contemplou vários autores do país, de Theodor Mommsen, historiador que o recebeu em 1902, a Herta Müller, em 2009, sem contar os que escrevem em alemão, como o búlgaro Elias Canetti, laureado em 1981. Além do Nobel, um prêmio sediado em Frankfurt, o Goethepreis, um dos mais respeitados do mundo, atesta o peso do campo literário alemão, de onde sai a grande maioria dos laureados (entre os estrangeiros, destacam-se o francês Raymond Aron, o israelense Amós Oz e o sueco Ingmar Bergman). Ele é concedido a cada três anos sempre em 28 de agosto, dia do aniversário de Goethe.

A qualidade e a variedade da literatura alemã são indiscutíveis, e isso faz com que uma breve descrição, como a que é feita aqui, cometa invariavelmente muitas injustiças. É possível, entretanto, concentrarmos essa descrição em termos de grandes temáticas, como fizeram alguns estudiosos do campo, e pontuar alguns dos grandes autores de língua alemã, sem pretender uma análise exaustiva de cada um deles e de suas obras.

É necessário, para tanto, caracterizar a literatura alemã, ou melhor, essa literatura envolta à *Kultur* alemã, em termos generalistas, buscando pontos característicos que surjam em variados momentos da história e localizando contextos nos quais a produção literária tenha sido especialmente prolífica. Nesse sentido, o subjetivismo, a introspecção e a reflexão sobre as virtudes do indivíduo são elementos constantemente tratados e retomados pelos autores de língua alemã, podendo ser apontados como os traços mais marcantes dessa literatura ao longo dos séculos. Seja na narrativa dos *Nibelungos*, seja no *Fausto* de Goethe (ou no *Doutor Fausto*, de Thomas Mann), ou no *Demian*, de Hermann Hesse, a busca pelo desenvolvimento ou pela compreensão do "eu", compondo um passeio pelas virtudes e vícios da humanidade, forma o eixo central de muitas das grandes obras alemãs. Esse eixo está também presente no *Bildungsroman* ("romance de formação"), gênero que, apesar de não ser unicamente alemão, tem na literatura de língua alemã seu desenvolvimento pleno e alguns de seus principais representantes. Neles, o leitor acompanha os caminhos do personagem principal em sua jornada de aprendizado (social, político, espiritual), o que normalmente ocorre a partir de suas experiências e reflexões ocasionadas por questões impostas pelo seu ambiente. Não se trata de uma busca épica pela iluminação, portanto, mas de um processo longo e não planejado de maturação que se passa, normalmente, no decorrer de anos.

Podemos ainda reconhecer uma derivação da temática do subjetivismo e da introspecção na literatura do pós-guerra, quando as questões do nazismo, da guerra e do antissemitismo se transformam nos grandes eixos narrativos que são utilizados para pensar o indivíduo, o mal e a responsabilidade. Uma escritora alemã vencedora do Nobel de Literatura representante dessa faceta da literatura alemã pós-Segunda Guerra: Nelly Sachs. Em seus poemas, a morte, os campos de extermínio e o destino dos judeus se transformam em lamentos líricos. Em "Nas moradas da morte", de 1947, a berlinense naturalizada sueca escreve:

> Oh, as chaminés
> Sobre as moradas da morte engenhadas
> Quando o corpo de Israel partiu, desfeito em fumaça
> Pelo ar –
>   Como limpador de chaminés uma estrela o recebeu
>   Que se fez negra
>   Ou foi um raio de sol?
> Oh, as chaminés
> Caminhos de liberdade para o pó de Jeremias e Jó
> Quem vos engenhou e construiu, pedra sobre pedra,

112 | Os alemães

Da fumaça o caminho para os fugitivos?
[...]
    Oh vós, chaminés
    Oh vós, dedos
    E o corpo de Israel em fumaça pelo ar

Outro vencedor do Nobel, Günter Grass, teve no nazismo um ponto constante de reflexão. Sua maior obra, *O tambor*, conta a história de uma estranha criança que não cresce e vivencia o período da ascensão e invasão dos nazistas a partir da região de Danzig, na Polônia, cidade portuária que foi reivindicada pelos alemães, o que motivou a invasão do país e o início da Segunda Guerra Mundial. A descrição da cidade e do contexto remete às lembranças do autor, uma vez que o próprio Grass nasceu em Danzig e vivenciou esse período como alemão, cidadania que carregaria por toda a vida. O caráter pessoal dessas experiências foi ainda mais evidenciado quando do lançamento de sua autobiografia, *Descascando a cebola*, em 2006. Nela, Grass revelou, pela primeira vez, que fora recrutado pelo Exército alemão e lutara na guerra como membro da Waffen-SS. No momento em que essa faceta de sua história pessoal foi revelada, toda sua obra, marcada pela reflexão sobre a Alemanha e sobre a eterna confrontação com seu passado nazista, passou a um novo nível interpretativo. Passagens de seus livros começaram a ser vistas não mais como reflexões sobre o espírito de seu tempo, mas como lutas internas de culpabilização e de reconciliação com seu passado. Isso não invalida sua obra enquanto espelho do espírito da Alemanha do pós-guerra, mas também adiciona um elemento novo na interpretação das subjetividades inerentes a ela.

Se a introspecção e o subjetivismo marcam a literatura em língua alemã de forma permanente, é justo considerar o movimento do Sturm und Drang ("Tempestade e Ímpeto"), do final do século XVIII e início do XIX, como a geração icônica da literatura alemã. Marcada por uma busca pelo gênio artístico, pela criatividade livre e pela expressão emotiva e verdadeira, a geração se opõe a uma moral aristocrática e engessada que inibiria o desenvolvimento dos indivíduos. Provêm desse período aqueles que são considerados os principais autores da literatura alemã, tornados símbolos nacionais e da cultura germânica: Friedrich Schiller e Johann Wolfgang Goethe.

As vidas dos dois gênios se entrelaçam de forma incomum. Dez anos mais jovem, Schiller, em muitos aspectos, seguirá os passos de Goethe, inclusive se mudando para Weimar poucos anos após o autor de *Fausto* decidir deixar Frankfurt depois de uma decepção amorosa e seguir para a cidade que se tornará o maior centro cultural da Alemanha no período (ver capítulo "Cidades e imagens"). A relação dos dois, pelo que as cartas trocadas com terceiros mostram, não começou com o pé direito. Schiller julgava Goethe um arrogante, e Goethe não tinha uma imagem muito melhor de Schiller. Foram anos até que os dois se aproximassem, cultivassem a parceria que resultou em uma das amizades mais festejadas da história da Alemanha. A carreira de ambos ainda conta com uma evolução tremenda no mercado de leitores na Alemanha, seguindo uma tendência da Europa em geral. A taxa de alfabetização dobrou entre os anos de 1750 e 1800, fazendo com que cerca de um quarto da população fosse potencialmente leitora no final do período. Mais do que isso, o público aprendeu "a arte da leitura rápida", a leitura em silêncio e contínua, gastando cada vez menos tempo e, com isso, aumentando a voracidade em busca de novos títulos. Entre 1790 e 1800 surgiram 2.500 novos romances no mercado alemão, aproximadamente o mesmo número que havia surgido nos 90 anos anteriores.

A estátua, em Weimar, homenageia Goethe e Schiller, os maiores nomes da literatura de língua alemã, e simboliza a amizade e a troca intelectual entre eles. Acima, frontispício da primeira edição de *Os sofrimentos do jovem Werther*, publicada em 1774.

Isso tudo, sem dúvidas, ajudou a ascensão de Goethe e Schiller ao posto de patriarcas da literatura alemã. Schiller desenvolveu um talento especial no gênero teatral, com destaque para *Os bandoleiros* e *Guilherme Tell*, o que lhe rendeu fama e reconhecimento. Foi também poeta, filósofo, sociólogo, historiador e naturalista, produzindo uma obra imensa e diversificada. Já Goethe, considerado hoje o maior representante da *Kultur* alemã, foi também homem de múltiplos talentos. A fama de sua primeira grande obra, *Os sofrimentos do jovem Werther*, foi imediata e avassaladora. Nos anos seguintes à sua publicação, uma série de suicídios foi atribuída à leitura do livro, principalmente de jovens que tinham amores não correspondidos, como o do herói do título. *Werther* muda a literatura para sempre, e Goethe se projeta como principal nome daquela geração. Mas Goethe não seria um autor de um sucesso só: de sua pena sairiam ainda alguns dos poemas mais representativos da literatura alemã, além, claro, de *Fausto* (talvez o maior texto escrito em língua alemã), a história do pacto entre Mefistófeles e o Doutor Heinrich Faust, e *Afinidades eletivas*, um triunfo do romantismo.

Goethe, Schiller e, podemos acrescentar, Herder formam o tripé de sustentação que levará o Sturm und Drang ao seu amadurecimento e ao romantismo, escola que, apesar de encontrar amparo e ressonância no mundo inteiro (basta lembrarmos de Victor Hugo, na França, Jane Austen e Byron, na Inglaterra, e de Álvares de Azevedo, no Brasil), é alemã em sua origem e em sua essência. Entre o Sturm und Drang e o romantismo, alguns dos principais autores da literatura mundial surgiram nos Estados alemães naquela virada do século XVIII para o XIX, como Schlegel, E.T.A. Hoffmann, Novalis e os já citados Herder, Goethe e Schiller. Heinrich Heine, o poeta exilado em Paris que é lembrado por seus versos ridicularizando a burguesia, a monarquia e o cristianismo, é tido como o último romântico.

Mas, se o romantismo nasceu e morreu entre alemães (nasceu como fruto do Sturm und Drang e morreu com Heinrich Heine), a literatura alemã continuou vibrante e bastante fiel a seus princípios. Prova disso é o surgimento, também na Alemanha, de outro movimento influente no mundo inteiro: o expressionismo. O período que engloba o movimento expressionista pode ser considerado uma segunda era de ouro para a cultura alemã em geral, com uma grande produção de alta qualidade se concentrando no período entre 1900 e o fim da República de Weimar, em 1933. O termo *expressionismo* denota bem o movimento, que se orienta pela expressão reforçada dos aspectos subjetivos do tema. Basta pensarmos no quadro de Edvard Munch, *O grito*, para entendermos a proposta: linhas tortuosas, quase psicodélicas, e o sentimento de desespero que salta da tela.

O grito, Edvard Munch, 1893

O grito, de Munch, se tornou uma das obras mais representativas do expressionismo, tendo suas formas distorcidas influenciado inúmeros outros pintores.

Na Alemanha, esse movimento está intimamente ligado à Primeira Guerra Mundial e às revoluções que estão a ela ligadas. A modernidade do novo século XX altera o indivíduo, fragiliza-o e cobra uma nova posição em relação à realidade, que se mostra muito mais assustadora. Isso exige, ao fim, uma viagem à essência, uma reflexão sobre as subjetividades inerentes ao processo. Uma especialidade alemã, afinal de contas. Em alguns sentidos, o expressionismo pode até mesmo ser visto como um "romantismo 2.0". Estão lá a intensidade dos sentimentos, a reação às pressões das estruturas sociais, a necessidade de se expressar livremente e de fundar um mundo novo. Talvez a obra mais marcante dessa corrente seja *Berlin Alexanderplatz*, clássico de Alfred Döblin que narra a vida de um trabalhador chamado Franz Biberkopf, seus ciclos virtuosos e viciosos entre as pressões que o ambiente exerce sobre ele, no centro da cidade de Berlim. Na passagem do século XIX para o XX, o expressionismo domina as artes alemãs, deixando uma marca que irá influenciar praticamente todos os escritores da Alemanha na primeira metade do século passado.

O trabalho de compilação de fábulas, lendas e contos folclóricos dos irmãos Grimm gerou livros e adaptações no mundo todo. A influência de seu trabalho sobrevive até hoje.

A literatura alemã, como vemos, é vibrante, plural e estende suas influências para muito além de fronteiras geográficas. Considerando o espaço mais amplo da *Kultur* alemã, da língua alemã, temos uma miríade de autores e de estilos que marcam a literatura mundial. Para além daqueles já citados aqui, podemos ainda lembrar Heinrich Böll, vencedor do prêmio Nobel de 1972, os irmãos Grimm e suas coletâneas de contos populares, Franz Kafka e seu estilo único, situado entre o absurdo e o onírico, autor de *A metamorfose*, *O processo* e *O castelo*. Rainer Maria Rilke, com sua poesia embebida em Schopenhauer e Nietzsche, destacando-se entre os grandes poetas da Alemanha, e Michael Ende, que sobressai na literatura infantojuvenil, sendo *A história sem fim* sua obra mais conhecida entre os brasileiros. Os austríacos Stefan Zweig (novelista, contista e biógrafo, um dos autores mais vendidos de seu tempo e que morreu em Petrópolis, no Rio de Janeiro, durante a Segunda Guerra Mundial) e Robert Musil (celebrado por sua monumental obra *O homem sem qualidades*) também são presenças de vulto nesse período. Outro que merece menção é Bertolt Brecht, que revolucionou o teatro com seus experimentos e sua dramaturgia. São dele *A ópera dos três vinténs* e *Terror e miséria no Terceiro Reich*.

A literatura alemã do século XX, entretanto, foi marcada de forma indelével pela família Mann – cuja matriarca, Julia, nasceu e cresceu em solo brasileiro, na cidade de Paraty. Heinrich, Thomas e Klaus Mann desenvolveram suas obras individualmente na Alemanha, mas refletiram como poucos o espírito de seu tempo, mesmo em suas relações familiares, marcada por admiração, ciúmes, discussões e brigas políticas, além de separações e suicídios de seus próximos (as irmãs de Thomas e de Heinrich, Carla e Julia, tiraram suas próprias vidas). Heinrich era o irmão mais velho, militante socialista e pacifista que denunciou e satirizou a elite alemã do velho Império em suas duas grandes obras: *O súdito* e *O anjo azul*. Sua produção goza ainda hoje de amplo reconhecimento, mas o ego do escritor foi perturbado pelo sucesso e pela qualidade dos livros escritos por seu irmão mais novo, Thomas, com quem acabaria tendo uma relação bastante estremecida.

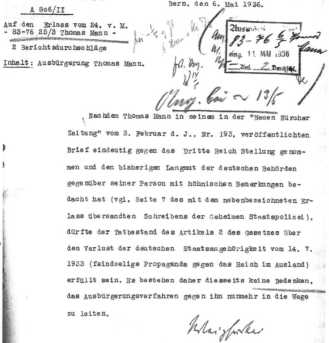

Detalhe de documento de 1936, assinado por Ernst Heinrich Weizsäcker, embaixador em Berna à época, recomendando ao Ministério das Relações Exteriores a expatriação de Thomas Mann por comentários realizados contra o Reich em um jornal. Mann de fato acabou exilado nos Estados Unidos.

118 | Os alemães

Thomas, considerado por alguns o maior escritor alemão de todos os tempos, flertou com o nacionalismo em seus anos de juventude, tornou-se um democrata e combateu o nazismo em seu exílio nos Estados Unidos, tendo sua cidadania alemã revogada pelo regime hitlerista. Em 1929, recebeu o prêmio Nobel de Literatura. Os livros de Thomas Mann contam entre os mais relevantes da literatura mundial, e quatro deles se destacam no conjunto da obra: *Os Buddenbrooks*, que narra a saga e o declínio de uma família burguesa, *A montanha mágica*, possivelmente o maior romance de formação em língua alemã, a novela *Morte em Veneza*, que, a um só tempo, discute estética, sensibilidade, decadência e morte, e *Doutor Fausto*, que retoma o mito imortalizado por Goethe.

Klaus Mann, filho de Thomas, completa a trinca. Klaus teve também uma atuação de enfrentamento ao regime nazista, seja por meio de artigos em jornais e revistas, seja se alistando no Exército americano. Sua obra literária não tem o mesmo reconhecimento que a de seu pai, mas inclui alguns livros importantes para a literatura alemã, em especial *A dança devota*, um marco na literatura gay, e *Mefisto*, obra na qual, como seu pai o fizera, retoma o tema de *Fausto*, mas o transpõe para o contexto do nazismo. No livro, um ator que ganha destaque interpretando Mefistófeles em uma encenação do *Fausto* faz um acordo com o regime nazista para ver sua carreira deslanchar. A alegoria aponta para a cumplicidade com o mal em nome da vantagem pessoal, uma evidente crítica à sociedade alemã que tinha permitido a ascensão de Hitler.

Mais do que produzirem obras de excelente qualidade e de marcarem o campo literário alemão, os Mann são espelhos da sociedade fragmentada, ideologicamente dividida e bastante combativa, marcada pelas experiências da Primeira Guerra Mundial, pelas conturbações da República de Weimar, pelos terrores do nazismo e os traumas que esses anos legam. Também são exemplos da herança cultural que se carrega consigo, mesmo no exílio, e da estranheza com que a autorreflexão e a introspecção evidenciam a conexão entre o indivíduo e a *Kultur*. Thomas Mann chegou a afirmar: "onde eu estou, lá está a Alemanha. Eu carrego a cultura alemã em mim". Foi com essa certeza de nunca deixar de ser alemão, ainda que não mais tivesse a cidadania, que ele lançou seus discursos radiofônicos contra Hitler e contra os nazistas, buscando promover a resistência e a conscientização daqueles que ousavam ligar o rádio para ouvi-lo na Alemanha. E muitos o fizeram. Não importava, afinal, o que o passaporte mostrava: era um alemão que falava.

FILOSOFIA

Em um de seus esquetes mais conhecidos, o grupo humorístico inglês Monty Python imagina a final da Copa do Mundo de Futebol Filósofo. Nela, as seleções da Grécia e da Alemanha se enfrentam, com os alemães apresentando a seguinte escalação:

1 – Leibniz
2 – Kant
3 – Hegel
4 – Schopenhauer
5 – Schelling
6 – Beckenbauer
7 – Jaspers
8 – Schlegel
9 – Wittgenstein
10 – Nietzsche
11 – Heidegger

Claro que a presença de Beckenbauer, único jogador de futebol de fato na lista, é acusada pelos narradores como uma grande surpresa. O jogo corre e as reflexões não surtem efeito. Faltando poucos minutos para o final da partida, Karl Marx entra no lugar de Wittgenstein para tentar um ataque mais incisivo, mas a estratégia não funciona. Pelo contrário, nos instantes finais, Sócrates marca de cabeça e decreta a vitória da Grécia. Os alemães cercam o árbitro, Confúcio, e "Hegel argumenta que a realidade é apenas um auxiliar apriorístico da ética não naturalista; Kant, invocando o imperativo categórico, defende que ontologicamente a realidade apenas existe na imaginação, e Karl Marx reclama que houve impedimento". Nenhum dos argumentos convence o juiz, e a Grécia comemora o título mundial.

A seleção montada pelo Monty Python mostra o peso da Filosofia na Alemanha, com pensadores que demarcaram o campo da Filosofia e se tornaram reconhecidos em todo o mundo por suas obras. Mas os grandes nomes não se resumem aos "convocados". É dito que o alemão, com sua grande especificidade de sentido e a facilidade de formulação de novos conceitos, é a língua filosófica por excelência. Isso não se limita apenas à Filosofia, mas a todas as áreas das humanidades, que lidam com a observação da sociedade e com sua teorização. Não à toa, entre os três nomes que são considerados "pais" da Sociologia moderna, dois são alemães (Karl Marx e Max Weber); o terceiro é o francês Durkheim. Da mesma forma, apesar de o grego Heródoto ser considerado o pai da História, Leopold von Ranke, que introduziu um grau de cientificismo nessa área do conhecimento, é considerado um dos pais da História escrita nos dias de hoje. Enfim, fica claro que o conhecimento contemporâneo da humanidade e da sociedade está intimamente ligado aos alemães.

Nos três últimos séculos, os campos da Filosofia e das humanidades se desenvolveram com boa parte dos debates e das reflexões sendo guiadas pelos intelectuais alemães. No século XVIII, mesmo tendo o iluminismo nascido e se desenvolvido na França, não é possível compreendê-lo em sua totalidade sem falar de Immanuel Kant. Suas três "críticas" (*Crítica da razão prática*, *Crítica da razão pura* e *Crítica do juízo*, ou *do gosto*) são ainda hoje basilares para a construção da Filosofia crítica. Uma das maiores e mais disseminadas construções do moralismo, o conceito de "imperativo categórico", saiu também de sua pena. Sempre que alguém diz "não faça com o outro aquilo que você não quer que façam com você" está sendo, muitas vezes sem saber, kantiano.

Já o grande filósofo alemão do século XIX, essencial para entender o seu tempo, é Georg Wilhelm Friedrich Hegel. Com estudos na área da Fenomenologia, da Estética, do Direito e da Religião, o filósofo nascido em Stuttgart é considerado o principal

Immanuel Kant, calcogravura, J. L. Raab, 1791

Kant, Hegel e Nietzsche são três dos grandes nomes da filosofia, representantes de três períodos específicos, que vão da abertura ao pensamento iluminista e idealista, a fundamentação da dialética até a crítica desses mesmos procedimentos filosóficos.

pensador do idealismo alemão, à frente mesmo de Kant, Fichte e Schelling, outros três representantes desse campo. Hegel definiu com sua filosofia boa parte dos rumos do século XX, pois suas teorias da dialética e do Estado influenciaram as ideologias que dominariam o cenário mundial. Alguns comentadores afirmam mesmo que a Batalha de Stalingrado, entre os nazistas e os comunistas, foi uma batalha entre Hegel e Hegel.

Nietzsche foi outro filósofo do século XIX que se tornou extremamente influente no século seguinte, com seu pensamento niilista e desconstrutivo. Foi apropriado por ideologias supremacistas e autoritárias, que não raras vezes distorceram e adaptaram seus conceitos para seu próprio benefício. Além disso, Nietzsche é provavelmente o filósofo com mais citações nas redes sociais – inclusive de frases que ele nunca escreveu –, já que seu nome confere uma aura de profundidade e introspecção.

O peso dos filósofos de língua alemã no século XX não diminuiu e, após a Segunda Guerra Mundial e a perpetração da *Shoah*, a contemporaneidade se tornou foco principal de seus estudos e reflexões. Nesse contexto, surgiram alguns dos principais autores produzindo obras que se tornaram basilares para compreender nosso tempo. Sem pretender esgotar os nomes, podemos citar Theodor Adorno, Walter Benjamin, Herbert Marcuse,

Hegel-Porträt, óleo sobre tela, Jakob Schlesinger, 1831

Friedrich Nietzsche, fotografia, Friedrich Hartmann, c. 1875

122 | Os alemães

Jürgen Habermas, Erich Fromm e Max Horkheimer, principais expoentes daquela que se tornaria a Escola de Frankfurt, ligada ao desenvolvimento de uma Teoria Crítica. Obra central para o entendimento dessa escola, o livro *Dialética do esclarecimento*, escrito pelos dois líderes do movimento, Adorno e Horkheimer, traz a linha mestra do raciocínio e da orientação do grupo. A crítica à racionalidade instrumental, à sociedade burguesa e à indústria cultural se tornam alguns dos temas principais dos estudos da escola, e a técnica, o lucro e a falta de reflexão moral na sociedade contemporânea são apontados como motores que conduzem a uma decadência social rumo à barbárie, na qual os indivíduos se diluem em um senso comum automatizado e caminham, sem perceber, rumo a um mundo padronizado e dominado pelas grandes estruturas. É nesse sentido que um dos grandes debates no interior da Escola de Frankfurt se desenvolve: o projeto iluminista, ilustrado por Kant na frase *sapere aude* ("ouse saber"), chegou ao fim, sofreu um desvio ou ainda está em desenvolvimento?

Um segundo grupo de filósofos pode ainda ser apontado, mesmo que não formem uma escola no sentido da frankfurtiana. Esse grupo é formado por aqueles que refletiram sobre a condição humana e a política após o advento do totalitarismo e do Holocausto a partir de contornos existencialistas, com profundas ligações com os antigos (Platão, Sócrates e Aristóteles) e em discussão constante com Heidegger, Cassirer e Kant. Os principais nomes dessa corrente são Karl Jaspers, Eric Voegelin, Leo Strauss e Hannah Arendt, sendo esta última a mais conhecida entre eles. Seu estudo em *Origens do totalitarismo* é tido como essencial para entender a ascensão de movimentos e ideologias totalitários, e seu relatório em *Eichmann em Jerusalém* sobre o famoso julgamento trouxe à tona o debate sobre a banalidade do mal e a irreflexão nos aparelhos burocráticos do Estado – ou seja, a capacidade que as grandes estruturas burocráticas têm de promover o mal, de destruir o ambiente ou mesmo de acabar com vidas através de decisões que, escondidas atrás de números frios ou de respostas automatizadas a problemas apresentados, passam por cima de qualquer reflexão individual e que, na verdade, inibem o pensamento sobre suas consequências. Ao fazê-lo, Arendt evidencia um problema que está longe de ser uma questão estatal ou de ditaduras: as decisões movidas ou motivadas por fins sem pensar nos meios, que visem ao cumprimento de ordens, de metas ou de lucros e que não pesam suas consequências para os indivíduos, para uma coletividade ou para o planeta. O mal se perde, assim, na burocracia, nos papéis e na frieza dos números, gerando crimes e desastres pessoais, sociais e ambientais sem que se perceba suas ligações com o "indivíduo irreflexivo" que faz parte da linha decisória e de ações que levaram ao problema.

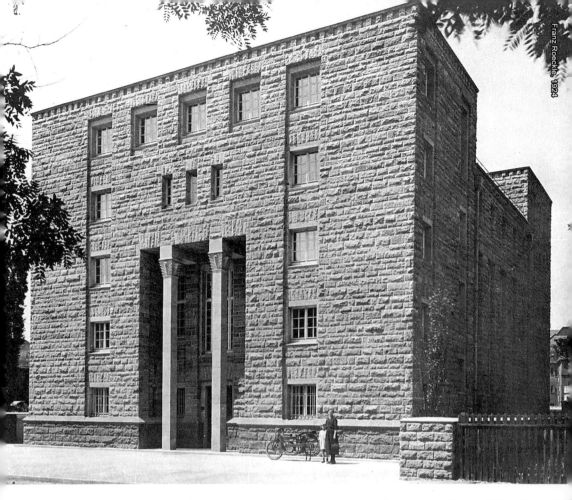

Acima, o antigo prédio do Instituto para Pesquisa Social, onde Adorno, Horkheimer e outros intelectuais fundaram a Escola de Frankfurt. Tendo sido destruído na Segunda Guerra, foi refeito (foto atual, ao lado) nos mesmos moldes da estrutura original do edifício.

124 | Os alemães

Ao considerarmos essa lista de nomes relevantes, a experiência do exílio parece uma constante na vida dos filósofos alemães do século XX. Pensar as subjetividades, refletir sobre o campo do político, sobre as repressões e sobre as estruturas que condicionam e que oprimem os indivíduos, sobre o poder e a violência, enfim, torna-se perigoso em tempos sombrios, quando intolerâncias se tornam correntes e as humanidades se tornam marginalizadas. A escolha para aqueles que ainda ousam pensar criticamente acaba sendo entre a fuga e a morte. Em 1820, mais de 100 anos antes do Terceiro Reich, Heinrich Heine escreveu, em tons proféticos, *"Dort, wo man Bücher verbrennt, verbrennt man auch am Ende Menschen"* (Onde se queimam livros, queimam-se também, ao fim, pessoas). É uma profecia que não perde sua validade e nem, infelizmente, sua atualidade.

MÚSICA

Uma visita a uma livraria *megastore* na Alemanha poderá impressionar não só pela quantidade de livros disponíveis, mas também pelo espaço dedicado à música. Alguns dos maiores gênios da primeira arte falavam alemão, moraram e/ou se formaram em espaços caracteristicamente alemães, vivenciaram e cultivaram a *Kultur* desse povo. É verdade que a música contemporânea alemã não costuma entrar no *top 10* da MTV, do YouTube ou do Spotify, mas ainda assim consegue entrar eventualmente no *mainstream* musical. Entretanto, pelo conjunto da obra, a música alemã figura, certamente, entre as maiores da História.

Essa condição se deve, certamente, àquela que é chamada "música clássica". Nenhum outro espaço produziu tantos nomes de tanta qualidade nessa área quanto a Alemanha. Do período que se estende do século XVII ao XIX, a Alemanha se beneficiou de sua posição geográfica central e se tornou pouso de inúmeros músicos que atravessavam a Europa, da Rússia até a França ou Espanha. Isso trouxe ao território dos Estados alemães não só a presença física de artistas, mas também seu *know-how*, que ajudou no desenvolvimento da arte entre os próprios alemães. Os frutos dessa dinâmica são as obras mundialmente reconhecidas de compositores como Johannes Brahms, Johann Strauss, Joseph Haydn, Georg Friedrich Händel, Franz Schubert (compositor da mais conhecida *Ave Maria*), Robert Schumann, Clara Schumann, Richard Strauss, Felix Mendelssohn Bartholdy (responsável pela marcha nupcial tocada

O que faz a *Kultur* alemã? | 125

Da esquerda para a direita, de cima para baixo: Bach, Beethoven, Händel, Mendelssohn, Mozart, Brahms e Schubert. Apenas alguns dos muitos compositores de música clássica que a Alemanha presenteou para o mundo.

na entrada de noivas do mundo inteiro), Carl Orff (conhecido pela ópera *Carmina Burana*, provavelmente a mais popular do século XX), entre dezenas de outros.

Alguns nomes, entretanto, ganham destaque por sua proeminência e importância, com grande espaço na cultura popular e no imaginário contemporâneo. O primeiro é Richard Wagner, que pautou sua obra nas mitologias germânicas e, com isso, embalou o nacionalismo alemão (ficaria também tristemente conhecido por suas posições antissemitas). Wagner se fixou na cidade de Bayreuth nos últimos anos de sua vida, onde reformou a casa de óperas local e fundou o Festival de Bayreuth, no qual suas obras passaram a ser encenadas todos os verões (ainda nos dias atuais). Entre suas principais composições, destacam-se *Parsifal*, *O holandês errante*, *Rienzi, o último dos tribunos*, *Lohengrín*, *Tannhäuser*, *Tristão e Isolda* e *O anel dos Nibelungos*.

Beethoven é outro compositor clássico alemão que ganhou fama e popularidade mundial. Tido como um dos maiores músicos românticos, teve uma produção extremamente diversificada, que inclui desde composições para violinos, sonatas para piano até magníficas sinfonias. Uma delas, a terceira, foi intitulada *Eroica* depois de ter tido o título original, *Bonaparte*, apagado com grande raiva pelo compositor quando soube que o general francês havia traído os ideais de liberdade da Revolução e se coroado imperador. Sua *Quinta sinfonia* (tátátá tááá) tem provavelmente a introdução mais conhecida do mundo e se tornou uma das maiores influências da história da música. A imagem de Beethoven na cultura popular é normalmente de um velho ranzinza e surdo, mas ainda assim um gênio. Uma visão diferente daquela que a contemporaneidade tem de Wolfgang Amadeus Mozart, outro gênio, mas extrovertido, inconsequente e desequilibrado. Contudo, essa caricatura, popularizada pelo filme *Amadeus* (Milos Forman, 1984), não corresponde inteiramente à realidade, assim como também não existiu a ferrenha rivalidade entre Mozart e Salieri retratada na película – isso tudo pode ser considerado estratégias narrativas para tornar o filme mais palatável. O que é verdadeiro é a genialidade impulsiva de Mozart, forjada na técnica e na educação extremamente disciplinada que seu pai, Leopold, deu-lhe desde pequeno. Aos 6 anos, Wolfgang já se apresentava pelas cortes europeias com sua irmã, Nannerl, expostos como *Wunderkinder* ("crianças prodígio"). Ao longo de sua vida, Mozart desenvolveu um estilo próprio, reconhecível ainda hoje como único no gênero da música clássica. Entre suas principais obras, as óperas *O casamento de Fígaro*, *A flauta mágica* e *Don Giovanni* são apontadas como algumas das mais importantes da História.

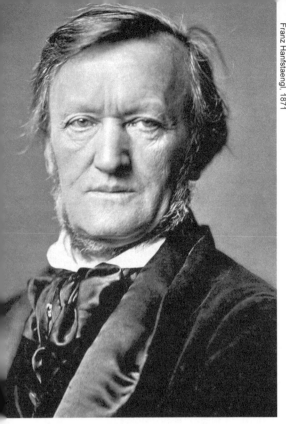
Franz Hanfstaengl, 1871

Josef Lehmkuhl (CC BY-SA 3.0)

Anônimo, 1876

As óperas de Wagner foram revolucionárias. Entre elas está o ciclo *O anel dos Nibelungos*, em que aparecem as três donzelas do Reno, Woglinde, Wellgunde e Flosshilde, representadas na foto inferior à direita na primeira encenação em Bayreuth, em 1876. Essa cidade abriga até hoje o festival instituído pelo compositor (foto superior).

    Mas mesmo que a genialidade de Mozart seja cantada aos quatro ventos, que a mística em torno de Beethoven ultrapasse as fronteiras do romantismo e que a imagem de Wagner tenha superado sua vinculação com o nacionalismo e o antissemitismo que gerariam o nazismo na Alemanha e seja celebrado como um dos grandes mestres da música alemã, críticos e historiadores costumam localizar no barroco da virada do século XVII para o XVIII o maior nome da música alemã – quando não da História. Os floreios e os sons do órgão e do cravo que habitam as composições de Johann Sebastian Bach costumam ser unanimidade. Seus trabalhos mais conhecidos são os *Concertos de Brandenburgo* e *Paixão segundo São Mateus*, duas obras-primas da música de todos os tempos. Bach, ao contrário dos nomes citados anteriormente, não fez sua carreira nas grandes cidades e metrópoles europeias, mas viajou por cortes menores, como Weimar, Leipzig e Köthen, apresentando suas obras a pequenos grupos nessas localidades. Isso explica, em parte, o esquecimento que sofreu após sua morte. Ele seria resgatado da memória apenas no século XIX, quando Mendelssohn Bartholdy trouxe a *Paixão de São Mateus* de volta à vida, reapresentando-a ao público. A genialidade foi prontamente reconhecida, e uma corrida pela recuperação das composições de Bach gerou a compilação de sua obra, hoje disponível em centenas de versões, arranjos e reinterpretações.

Mas a música alemã não vive apenas dos clássicos, é claro. Na música popular atual, os alemães costumam se render às baladas românticas – e por vezes similares ao brega brasileiro – do Schlager. O Schlager, entretanto, é tão diverso quanto, por exemplo, a MPB, que abrange cantores como Roberto Carlos, Chico Buarque, Jorge Ben, Patrícia Marx e Sandra Sá. Por lá também, estilos e cantores tão diversos como Roberto Blanco, Roy Black, Guildo Horn e Helene Fischer fazem do Schlager um sucesso permanente e popular.

Algumas bandas alemãs também ganharam espaço no mercado mundial, conquistando fãs inclusive no Brasil. Os berlinenses do Rammstein, banda de rock/metal conhecida por músicas como "Du hast" e "Amerika", é um dos maiores exemplos. Outro, de estilo completamente diferente, é o Die Prinzen, grupo de Leipzig que mescla música pop com elementos de canto *a capella*. A banda ganhou espaço na Alemanha nos anos imediatamente pós-reunificação, conquistando pouco a pouco o mercado internacional, em um caso de raro sucesso de entrada de alemães orientais no mercado fonográfico nesse período. Alguns de seus principais sucessos são "Millionär", "Gabi und Klaus" e "Deutschland", e costumam agradar os alunos de alemão por suas letras de fácil apreensão.

A música alemã vai, portanto, muito além do canto tirolês (Jodeln – lê-se "iodeln" –, a música de falsete que se tornou típica da região dos Alpes, tendo em Franzl Lang seu principal representante, e que ainda encontra espaço na música popular através de artistas como Christine Lautenburg e Christina Zurbrügg) e das músicas tradicionais que ouvimos em cervejarias, na Oktorberfest e nos grupos folclóricos pelo Brasil. Ela atende a todos os tipos e todos os gostos, está disponível em diferentes mídias e em diversos formatos. Ela é, também, uma paixão constante dos alemães: no reino das estatísticas, mais de 75% da população se diz interessada e apreciadora de música. É um povo que também gosta de se aventurar no reino da música: estatísticas de 2016 mostravam que existiam mais de 160 mil alemães aprendendo a tocar piano naquele ano, cerca de 140 mil aprendiam a tocar violão ou guitarra e quase 80 mil se dedicavam ao violino. A influência dos Estados Unidos e sua indústria fonográfica, contudo, é visível na produção mais recente. Em muitos casos, o que sobressai é a tentativa de adaptar o som da língua alemã ao dos ritmos estadunidenses. Não é sempre que funciona.

ARQUITETURA

O espaço onde vivemos tem na arquitetura a primeira evidência de nossa cultura. Isso é verdade para qualquer país, para qualquer povo. Os contornos das cidades acabam sendo também o palco onde correm nossas vidas, nossa história. A arquitetura é responsável por boa parte de nossa percepção do ambiente onde vivemos, e consequentemente pela forma como nos relacionamos com o presente e com o passado, entre edifícios antigos e novos, em um movimento constante onde, em geral, o velho dá lugar ao novo.

Na Alemanha, como em grande parte dos países europeus, o cultivo da memória está intimamente ligado à arquitetura, tanto em termos de preservação de edifícios, de construção de novas estruturas quanto de criação de espaços e monumentos que estimulam a reflexão e preservam a lembrança. A arquitetura pode ser também um desafio estético, uma busca pela demarcação e pela transformação do ambiente, a construção de espaços específicos dedicados a um estilo, a uma funcionalidade, a um propósito.

No caso alemão, é preciso ainda considerar que muitas cidades foram praticamente destruídas durante a Segunda Guerra Mundial, e os esforços para a sua reconstrução mesclaram tanto uma grande busca pelo restabelecimento das antigas estruturas quanto abriram espaços para novos edifícios e construções que marcassem o surgimento de uma nova era. Assim, particularmente nas grandes cidades, é possível observar exemplos de arquitetura românica, igrejas góticas ao lado de edifícios espelhados e construções pós-modernas.

Alguns casos se mostram representativos de determinados estilos destacando a Alemanha no mapa da História da Arquitetura mundial. As catedrais de Magdeburg, Ulm e de Colônia, por exemplo, são três dos maiores exemplos da arquitetura gótica do mundo. No caso das de Ulm e de Colônia, são literalmente as duas maiores catedrais do mundo, com torres de mais de 150 metros de altura. A estética rebuscada e obscura das fachadas dessas construções é contraposta pela amplitude e pelo colorido dos vitrais de seus interiores, que não deixam de ter uma atmosfera pesada, gerada pela verticalidade da construção e pela iluminação penumbrosa. Ao visitante, a sensação que passa é de que o céu se fechou e está caindo no interior da catedral, que o indivíduo é insignificante perante a divindade que se procura projetar.

O barroco é outro estilo que está presente de forma exemplar nas cidades alemãs, com três construções se destacando: a Frauenkirche, de Dresden (ver capítulo "Cida-

Luciana Pinsky

O enxaimel é uma técnica de construção executada em várias partes do mundo ao longo da história. Foi na Alemanha, porém, que ele veio a se tornar uma marca registrada, sendo utilizado desde a Idade Média.

des e imagens"), o castelo Sanssouci, em Potsdam, e o castelo de Charlottenburg, em Berlim. Sanssouci foi construído como a residência de verão do imperador Frederico II, da Prússia, um "monarca esclarecido". O imenso jardim do palácio é polvilhado por pequenas construções e pavilhões que remetem a diferentes culturas e estilos arquitetônicos, fazendo do passeio pelo parque uma pequena viagem pelo tempo e pelo mundo. Já o castelo de Charlottenburg foi concebido como a residência de Sophie Charlotte, primeira rainha da Prússia, avó de Frederico II. O espaço serviu como um microcosmo cultural, uma vez que a rainha, que era grande amante das letras e da filosofia, promovia encontros, salões e discussões em seus domínios. Amiga pessoal do filósofo Leibniz, Sophie Charlotte fundou com ele a Academia de Ciências de Berlim, em 1700, que serviu de impulso para a pesquisa acadêmica na Prússia.

O que faz a *Kultur* alemã? | 131

A arquitetura alemã em alguns de seus principais representantes: em sentido horário, o neoclassicismo nazifascista no Estádio Olímpico de Berlim, o gótico da catedral de Colônia, o barroco da Residência de Würzburg e o edifício principal da Bauhaus, na cidade de Dessau.

132 | Os alemães

Ainda é possível ver três estilos que sintetizam o século XX convivendo nas cidades alemãs. O primeiro é o da Bauhaus, nascida em Weimar pela mente de Walter Gropius. Sua proposta era uma produção horizontalizada, por um lado, pela aproximação dos diferentes afazeres e ofícios, por outro, na relação com outras artes, retomando o produto como um objeto artístico, sem perder de vista sua racionalidade. Buscava-se, com a Bauhaus, uma inversão da relação da arquitetura e do design com a industrialização: a construção não mais serviria à indústria, mas a técnica serviria à arquitetura. Assim, a diversificação da Bauhaus foi natural, tendo influenciado áreas como o design de produtos, as artes e até mesmo a música. Os artefatos dessa escola de design, especialmente os móveis e utensílios, acabaram por se tornar verdadeiros ícones da área, caracterizados pela simplicidade, funcionalidade e beleza.

O segundo estilo que ainda é presente nas cidades alemãs é o neoclassicismo fascista, que nega a modernidade estética de alguns estilos, como a própria Bauhaus. Sua verticalidade e suas construções angulosas buscavam passar a impressão de estabilidade, de solidez, algo próprio para uma ideologia que dizia durar mil anos. O estádio Olímpico de Berlim, o balneário de Prora (uma estação de veraneio planejada para mais de 20 mil hóspedes pelos nazistas) e o Kongresshalle de Nuremberg contam entre os principais exemplos ainda hoje. O principal representante do estilo é Albert Speer, que exerceu enorme influência no regime nazista, chegando a ser ministro do Armamento. O terceiro estilo largamente reconhecível é o classicismo socialista, particularmente, claro, na região da antiga Alemanha Oriental. Em Dresden, Leipzig e Berlim ainda é possível observar as linhas retas horizontais que caracterizam essas construções, tanto em grandes monumentos quanto nos conjuntos habitacionais construídos entre as décadas de 1950 e 1970. A Alexanderplatz, de Berlim, é um dos maiores exemplos dessa estética no país.

Mas mesmo nos últimos anos da República Democrática Alemã (RDA), ou Alemanha socialista, o pós-modernismo assumia lugar de projeção dos dois lados do país. Nessa linha, os estilos arquitetônicos anteriores são tomados como inspiração, exemplo ou mesmo como base para o desenvolvimento de uma nova estrutura, com a utilização de elementos e técnicas modernas e a construção de uma estética diferenciada, com o uso de muito vidro em lugar das estruturas fechadas de concreto. Nascem desses princípios, por exemplo, a região administrativa de Berlim, com sua chancelaria pós-modernista e o Bundestag, com sua cúpula de vidro e aço.

O que faz a *Kultur* alemã? | 133

A construção de espaços de homenagens e de memória é também uma constante nas cidades alemãs. Eles são caracterizados por monumentos e memoriais que, no dia a dia, passam uma mensagem e, por vezes, ajudam a promover uma reflexão. É o caso, por exemplo, do Portal da Vitória, de Munique, dedicado à vitória sobre os invasores franceses quando das Invasões Napoleônicas. Além de todo o simbolismo sobre guerra e liberdade que ele traz, com a alegoria da Baváris liderando seu povo em uma quadriga

A Alexanderplatz é a principal praça de Berlim. Nela, encontra-se o Weltuhr ("relógio do mundo", em detalhe na foto à esquerda) e em suas proximidades está a Fernsehturm, uma grande torre de transmissão construída pelo governo da Alemanha Oriental nos anos 1960 (ao lado).

O Bundestag abriga o Parlamento alemão. Incendiado em 1933, em uma conspiração do Partido Nazista para o golpe de Estado, sua reforma foi finalizada só em 1999, com a adição da famosa cúpula de vidro em seu teto (que pode ser vista em mais detalhes nas imagens aproximadas).

com quatro leões, mostra também o sofrimento que as guerras acarretam, como a destruição e a morte. Todo o seu simbolismo foi ainda reforçado com sua reconstrução após a Segunda Guerra Mundial, através de uma inscrição adicionada às costas do portal. Nela, lê-se: "Dedicado à vitória, destruído pela guerra, exortando à paz". Como este, são inúmeros os exemplos de monumentos que tocam os passantes, ao menos aqueles que se preocupam em parar, observar e pensar sobre o que veem e como chegou ali.

Hoje, a arquitetura alemã se volta a uma relação mais empática com a natureza, buscando construções menos danosas, energias sustentáveis e a integração do verde do ambiente com o cinza do concreto. Isso é fruto de uma crescente conscientização da população pela defesa do ambiente, algo que é particularmente perceptível nas últimas décadas e que tem, aqui, seu reflexo arquitetônico. A aposta em uma arquitetura sustentável é grande no país, e se mescla a edificações arrojadas e modernas, bastante baseadas no ferro e no vidro. A arquitetura alemã, como se vê, teve uma longa caminhada desde suas charmosas construções em enxaimel, tão típicas das cidades do Sul do Brasil, como Pomerode e Blumenau.

CIÊNCIAS

Em um estudo clássico, *Modernismo reacionário*, de 1993, o historiador Jeffrey Herf demonstra como o racionalismo instrumental (ou seja, o uso da razão para um fim específico, particularmente voltado à produção ou administração, sem uma reflexão crítica de seus objetivos ou de suas consequências) e a técnica ganharam espaço e se tornaram sinônimos de progresso, mesmo em uma sociedade cada vez mais reacionária cultural e politicamente como a alemã dos anos 1930 e 1940. A ascensão dos nazistas levou ao ápice essa relação, com uma política extremamente focada em avanços tecnológicos (em particular os militares), mas com um trato político reacionário de direita. Os cientistas nazistas inovaram: no campo da aviação, testaram os primeiros aviões a jato, tentaram, inclusive, criar um avião movido a foguete. Os carros alemães se tornaram cada vez mais eficientes e velozes, e a Física e a Química passaram a ser tratadas como prioridade nas pesquisas. Mesmo os horrores do genocídio e do programa de eutanásia foram pensados também na forma de aprimoramento técnico e tecnológico, desde sua concepção como "aprimoramento genético" até a escala e planejamento industrial do genocídio e seus desdobramentos nas experiências médicas e científicas utilizando os presos, mostrando a pior faceta da desumanização da ciência.

136 | Os alemães

Mas ao contrário do que alguns apologistas do nazismo podem defender, esses avanços não são fruto de uma "época de ouro" da ciência na Alemanha (com avanços calcados no abuso e na morte de seres humanos). O campo científico tem sido, nos últimos séculos, tão exercitado e incentivado quanto os da Literatura e da Filosofia. Como vimos, no século XVIII a imperatriz Sophie Charlotte incentivou o desenvolvimento das ciências na Prússia, que despontava então como principal Estado alemão, com a fundação da Real Academia de Ciência Prussiana. Seu primeiro presidente foi o filósofo Gottfried Leibniz. Nas décadas seguintes, em especial durante o reinado de Frederico II, a Academia atingiu reconhecimento internacional, contando, entre seus membros, com Immanuel Kant, Montesquieu, Voltaire e Diderot, Lessing e Wieland. Outros membros famosos que fariam parte da Academia Prussiana nos séculos seguintes: Max Planck e Albert Einstein.

A Academia Prussiana foi, no entanto, apenas uma das várias sementes plantadas pelos governos alemães no incentivo à ciência. Com isso, além de contar hoje com um grande número de universidades de qualidade (a Universidade de Heidelberg, a de Munique, a Universidade Humboldt e a Livre de Berlim estão entre as principais do mundo, além de outras ganharem destaque em áreas específicas), o país tem um sistema de bolsas e de financiamentos bastante abrangente e desenvolvido, em especial através da agência de fomento DAAD e do Programa Erasmus, da União Europeia. A Sociedade Max-Planck também se destaca nesse campo, com o financiamento de pesquisas em todas as áreas do conhecimento e a manutenção de diversos Institutos Max-Planck pelo país, locais de excelência científica reconhecida mundialmente. Alguns partidos políticos, como o Partido Social-Democrata da Alemanha (SPD) e a União Democrata Cristã (CDU), também mantêm um sistema próprio de bolsas de estudo e de incentivo à pesquisa, normalmente alinhadas com o desenvolvimento da democracia ou dos valores defendidos por cada um deles.

Essa grande estrutura de incentivo e amparo resulta em um desenvolvimento constante das ciências naturais, das ciências físicas e da reflexão social. Um dos desdobramentos mais evidentes desse investimento é a quantidade de prêmios Nobel que o país acumula. Já se contam mais de 100 alemães laureados com o prêmio nas mais diferentes áreas, com destaque para Física e Química.

Além daqueles vencedores na categoria Literatura, já abordados, destacam-se os Nobel da Paz entregues a Willy Brandt (1971), por sua política de aproximação com o Leste, e a Albert Schweitzer (1952), por seu combate contra a proliferação de armas atômicas. Reinhard Selten (1994) recebeu o Nobel na área de Economia por seu trabalho realizado com John Nash no campo da Teoria dos Jogos. Entre os Nobel entregues aos físicos, Max Planck (1918) foi reconhecido por sua "Constante de Planck", Albert Einstein (1921) por seus trabalhos na Física Teórica e Heisenberg (1932) por seus avanços na Mecânica Quântica. Rainer Weiss (2017) recebeu também o Nobel por sua contribuição na observação das ondas gravitacionais. Já no campo da Medicina, entre os recebidos por alemães, encontramos os de Paul Ehrlich (1908) e Georges Köhler (1984) por seus estudos em Imunologia, e o de Robert Koch (1905), considerado, ao lado do francês Louis Pasteur, o fundador da Bacteriologia. No campo da Química, são mais de 25 agraciados, colocando a Alemanha entre os países com maior número de laureados.

RELIGIÃO

No ano de 2017 foram comemorados os 500 anos da Reforma protestante. Em meio a inúmeras publicações e eventos, ressaltou-se o caráter libertário da transgressão de Lutero, que deu início a um turbilhão em todo o continente europeu. Em 1517, Lutero, um monge agostiniano e professor da Universidade de Wittenberg, publicou o que ficaria conhecido como as *95 Teses de Lutero*, que eram questionamentos sobre a ação da Igreja e de seus representantes. A crítica principal estava na venda de indulgências, que era denunciada como um balcão de negócios "pela paz e redenção". Se um pecador podia pagar por alívio da pena a ser cumprida no purgatório ou mesmo pelo perdão, que arrependimento e consciência de seus erros seriam vivenciados? Lutero, apesar de naquele momento não buscar a ruptura com a Igreja Católica, interrogava-se sobre a natureza da fé dos cristãos. Fenômenos como a introspecção e a busca do autoconhecimento foram reforçados a partir do questionamento religioso, alterando a forma de se relacionar com o sagrado não apenas daqueles que seguiriam Lutero, e se tornaram uma "tendência alemã".

Os princípios que guiavam Lutero tiveram ainda outros desdobramentos. A relação mais intimista com a religião pressupunha também o contato, sem intermediários, dos crentes com as escrituras. Surgiu daí o projeto que tomará boa parte de sua vida: a tradução da Bíblia para a língua dos alemães. O empreendimento colocou o monge na vanguarda da língua nacional ao ser responsável pelo primeiro livro largamente lido e impresso em língua alemã (por isso ele é considerado o pioneiro da literatura alemã). A visão contestatória de Lutero não foi a única no período, e as diferentes interpretações

Retrato de Martinho Lutero, óleo sobre madeira, Lucas Cranach, 1528

O reformador Martinho Lutero. Com suas 95 teses publicadas em Wittenberg deu início a um movimento que varreu a Europa, lançando o continente em guerras sangrentas pela liberdade religiosa.

das escrituras e da fé geraram conflitos por toda a Europa, ocasionando alguns dos episódios mais sangrentos de sua história. Nos Estados alemães, as ideias de Lutero se tornaram objeto de divergências. Em algumas regiões, as populações começaram a exercer uma pressão cada vez maior sobre seus regentes pela adoção do credo de acordo com Lutero. Mesmo após a excomunhão do monge pelo papa, sua influência não parou de crescer e suas teses abriram espaço para uma separação entre Estado e Igreja, algo ansiado pelos príncipes que se viam sujeitados à autoridade papal. Assim, o norte da Alemanha acabou se tornando majoritariamente protestante. O sul (em especial a Baviera), contudo, permaneceu católico. Isso gerou diferenças marcantes nas duas metades da sociedade alemã.

O estudo clássico de Max Weber, *A ética protestante e o espírito do capitalismo*, de 1904, fala de uma cultura própria aos protestantes – em especial aos calvinistas –, que veriam nos ganhos financeiros de seus trabalhos o fruto e a recompensa pelo exercício de sua vocação, um dom divino. Mas não sendo esse ganho destinado aos prazeres e ao luxo, ele acabava sendo acumulado e/ou investido no próprio trabalho. Essa cultura teria fornecido as condições, segundo Weber, para o desenvolvimento pleno do capitalismo nas sociedades protestantes. Essa conclusão, entretanto, seria questionada por outros estudiosos, entre eles Fernand Braudel e Joseph Schumpeter, que veem um desenvolvimento capitalista muito anterior à Reforma protestante, no centro econômico em que o Mediterrâneo se constituía. Além disso, o capitalismo tende a se desenvolver no século XVI em outras regiões da Europa, independentemente da religião dominante. Outros autores apontam ainda a possibilidade que se abriu para alguns empresários do período: para fugir das limitações que a Igreja Católica e os Estados absolutistas impunham a seus lucros, converteram-se ao protestantismo (sobretudo o calvinismo) e se mudaram para regiões "mais livres" no sentido de abertura ao novo, ao elemento estrangeiro, especialmente quando detentor de capital. A Holanda, em especial, vai se tornar um espaço comprometido com a tolerância religiosa e de forte desenvolvimento econômico. Não há dúvidas, entretanto, de que os interesses das comunidades mercantis e dos príncipes alemães foram correspondidos pelas mudanças econômicas decorrentes da ruptura com a Igreja e escoradas na teologia luterana. Podemos dizer que Lutero deu sustentação a um anseio que já existia há tempos e que encontrou, com as ideias do monge e o uso da imprensa em sua propagação, sua plena potencialidade.

Hoje essa distinção da Alemanha entre um norte protestante e um sul católico ainda é perceptível, não só pelos feriados religiosos específicos de cada estado, mas também pelas permanências religiosas e culturais. O país, entretanto, está longe de ser

Detalhe de óleo sobre madeira, Cranach, o Velho, c. 1530

Painel central de *Wittenberg Altarpiece*, de Cranach, o Velho. Cranach e seus descendentes estavam intimamente ligados com o movimento da Reforma, e muitas de suas pinturas formam uma espécie de iconografia reformista.

140 | Os alemães

dividido entre essas duas religiões. Na verdade, pessoas que se declaram "sem religião" são maioria, principalmente na região da antiga Alemanha Oriental. Ateus, agnósticos e sem religião somam aproximadamente 35% da população (Censo de 2011). Os muçulmanos, com o grande afluxo de imigrantes da Turquia e do Oriente Médio desde a década de 1990, formam cerca de 5%, e o país conta ainda com praticantes de outras religiões, como o budismo, judaísmo e hinduísmo.

Na Alemanha, todas as grandes comunidades religiosas têm muito de suas contribuições e dízimos pagas não através da "caixinha" que passam na coleta nos cultos, mas recolhidas diretamente na fonte dos salários, na forma de dedução dos impostos (entre 8% e 9%). Quando um cidadão é registrado em uma prefeitura (isso é feito sempre que a pessoa se muda, mesmo que seja para a mesma cidade), é requisitado o preenchimento de um formulário com informações pessoais. Entre elas consta a filiação confessional. Dessa forma, o cidadão escolhe a confissão para a qual os seus impostos contribuirão, financiando ações sociais e de caridade por parte dessas Igrejas. Existe, claro, a possibilidade de se declarar sem religião, e assim esse "dízimo" não é cobrado. Esse acordo entre as Igrejas e o Estado, por um lado, permite um recolhimento maior para as confissões e, por outro lado, uma regulação mais controlada por parte do governo.

Mas é claro que o tema da religião continua espinhoso no país. A ascensão de movimentos fundamentalistas – não apenas muçulmanos, frise-se – faz com que alguns indivíduos externem preconceitos e ódios contra outras religiões e religiosos, além de dificultar a integração de comunidades minoritárias no país. Há, entretanto, na Alemanha uma resistência maior que entre seus vizinhos ao discurso fácil e raivoso dos populistas de direita, e a intolerância parece ser refreada diante do fantasma constante da retomada de erros passados.

CINEMA

O cinema alemão é reconhecido, desde seu nascimento, como peculiar, diferente em suas abordagens e em seus projetos. Para começar, suas origens estão ligadas à Primeira Guerra Mundial, aos esforços de propaganda e ao investimento que o Império Alemão fez para profissionalizar esse campo. Entre 1895 e 1917, portanto, podemos falar de uma pré-história do cinema alemão, com algumas produções individuais de valor técnico e uma tendência que nascia, seguindo as demais artes, de introspecção e de reflexão.

A Primeira Guerra Mundial expôs aos alemães a potencialidade do cinema como fator de propaganda, propulsor de moral para a população e de informação. Um investimento mais sério e direcionado se mostrava necessário para desenvolver o cinema como elemento complementar à "guerra total" que o país travava naquele momento. A medida foi ainda ao encontro do interesse da indústria cinematográfica incipiente que surgia no país. Com o apoio crucial do Estado, criou-se a *Universum-Film* AG, a UFA, responsável pelo fomento e pela organização da produção fílmica da Alemanha. Pouco tempo depois, com o fim da guerra, a UFA passou a operar como a principal agência cinematográfica do país, tendo como uma de suas bases mais importantes o estúdio *Babelsberg*, um espaço aos moldes dos estúdios de cinema estadunidenses localizado em Potsdam (que é, ainda hoje, um polo de produção audiovisual).

A primeira fase do pós-guerra capitaneada pela UFA rendeu ao cinema alemão sua era de ouro. Calcada nos princípios estéticos do expressionismo, a produção cinematográfica

Festival de cinema de Berlim e exibição de filme ao ar livre durante o verão. O cinema alemão é reconhecido internacionalmente e a Berlinale é um dos principais eventos do mundo. Dois filmes brasileiros já ganharam o prêmio mais importante do festival, o Urso de Ouro: *Central do Brasil*, em 1998, e *Tropa de elite*, em 2008.

142 | Os alemães

alemã da República de Weimar se torna icônica. Anos mais tarde, Siegfried Kracauer, um dos fundadores dos Estudos do Cinema e ligado à Escola de Frankfurt, escreveu em seu clássico *De Caligari a Hitler* que a realidade e a psicologia alemãs daquele período eram refletidas nas telas, com uma estética voltada à penumbra, narrativas mórbidas e um ar permanente de decadência e vertigem. Mesmo enredos "mais leves", como o de *O anjo azul* (1930), filme baseado na obra de Heinrich Mann que elevou Marlene Dietrich ao estrelato, trata da queda de um professor que se perde na paixão por uma dançarina: a perdição e humilhação de um homem respeitável em sua descida ao Hades – alegorias e metáforas sobre o contexto alemão de derrota na guerra e as crises que a seguiram que marcaram profundamente a cena fílmica do país. *O gabinete do dr. Caligari* (Robert Wiene, 1920), uma das obras-primas do cinema mudo, é um dos principais exemplos apontados por Kracauer em seu estudo. O cenário turvo e descompassado, os gestos e a performatividade marcante dos atores em cena, o enredo atordoante, tudo remete ao clima geral da Alemanha na República de Weimar. Mesmo a representação arquetípica do dr. Caligari, um hipnotizador que usa a palavra para influenciar um homem (ou povo) confuso e sonâmbulo, induzindo-o a cometer crimes (o filme é de 1920, acredito que *spoilers* não são um problema aqui) parece uma alegoria relacionada a líderes e discursos extremistas (entre eles, poucos anos mais tarde, Hitler) que ascendiam à cena pública.

O período marcou a transição do cinema mudo para o falado, colocando em evidência diretores e atores que souberam se adaptar à nova realidade da mídia. Nomes como o próprio Robert Wiene, que além de *Caligari* filmou *Raskolnikow* (1923), baseado na obra *Crime e castigo*, de Dostoievsky, ou ainda F. W. Murnau, diretor de *Fausto* (1926), *A última gargalhada* (1924) e *Nosferatu* (1922), outra obra-prima do cinema da República de Weimar. O jogo de luz e sombras que caracteriza a atmosfera de *Nosferatu* foi revolucionário em muitos aspectos, e as inúmeras metáforas e interpretações que o filme suscitou no decorrer dos anos comprovam sua importância enquanto produto do contexto e da mentalidade nos quais ele se insere. *Nosferatu* já foi tomado como alegoria da guerra, do antissemitismo e também do "perigo judeu", denunciado por extremistas no período. A sobrevivência do filme nos dias atuais é fruto do acaso: por contar uma história "adaptada de *Drácula*, a obra de Bram Stoker", mas sem permissões ou pagamentos de qualquer tipo de compensação, a película foi alvo de um dos primeiros processos de direito autoral do século passado. A viúva de Bram Stoker, Florence Balcombe, exigiu reparações financeiras e a destruição do filme. A decisão legal em seu favor veio em 1925 e os originais foram de fato destruídos. Anos mais tarde algumas cópias começaram a

O anjo azul foi o primeiro filme alemão inteiramente falado. É um dos exemplos mais bem acabados da narrativa expressionista que vinha sendo desenvolvida na Alemanha desde os anos 1910. Por sua atuação, Marlene Dietrich acabou por assinar um contrato com a Paramount, em Hollywood.

aparecer e *Nosferatu* foi resgatado da obscuridade, deixando de ser um filme perdido e se tornando um dos maiores clássicos da indústria cinematográfica.

Entretanto, o grande nome do cinema alemão, ou melhor, do cinema em língua alemã e relacionado à *Kultur* alemã, da primeira metade do século XX é Fritz Lang. O diretor vienense foi responsável por alguns dos filmes mais importantes do período, como *Os Nibelungos* (1924), *Dr. Mabuse, o jogador* (1922), *O testamento do dr. Mabuse* (1933), *M., o vampiro de Düsseldorf* (1931) e *Metrópolis* (1927). Em todos eles, a atmosfera sombria domina a tela, e em *Metrópolis* as massas trabalhadoras (escravizadas) se defrontam com uma elite enclausurada em sua torre, à espera de um mediador entre eles. É um chamamento por um mundo sem conflito de classes, mas que mantenha suas diferenças, um retrato apressado do corporativismo que os fascistas e outros grupos conservadores defendiam no período. O que se vê é o espelho do medo que a União Soviética e o comunismo causavam em todo o Ocidente naqueles anos do entreguerras – e que continuaria causando até que a URSS se desfizesse, em 1991. Após anos de sucesso na Alemanha, Fritz Lang assiste à ascensão dos nazistas ao poder e é convidado a assumir a direção da UFA. O convite é descrito pelo próprio diretor em um vídeo onde narra o encontro com Goebbels, ministro da propaganda de Hitler. Segundo Lang, ele fora convocado para receber uma justificativa pela censura que seu *O testamento do dr. Mabuse* havia sofrido, mas o encontro acabou girando ao redor dos planos de Goebbels e Hitler para a cinematografia nazista. O diretor diz

144 | Os alemães

ter agradecido e ficado por horas ouvindo o ministro explicar as visões que ele tinha para a área enquanto observava o correr das horas no relógio da praça defronte ao gabinete ministerial. Em algum momento ele percebeu que precisava ir embora, que "com sua boca grande" ele não teria futuro na Alemanha nazista, e viu desesperado o horário de fechamento dos bancos chegar. Agora ele não poderia mais sacar o dinheiro necessário para fugir. A lenda que o próprio Fritz Lang alimentou por anos diz que naquela mesma noite ele partiu, com poucos pertences, para Paris, de onde mais tarde seguiria para os Estados Unidos e se refugiaria.

O cargo que Fritz Lang rejeitou seria oferecido para uma diretora que revolucionaria a estrutura narrativa fílmica em favor da propaganda totalitária. Leni Riefenstahl ficaria para sempre marcada como "a cineasta de Hitler". A partir de suas câmeras foi moldada boa parte da estética nazista, e sua técnica exerceu influência para muito além das fronteiras alemãs. Dois de seus filmes se tornariam marcos do cinema mundial – e da arte a serviço da propaganda política. O primeiro é *Olympia* (1938), documentário sobre os Jogos Olímpicos de Berlim de 1936 dividido em duas partes. O foco do filme recai não apenas na festa olímpica, no lugar da política no evento ou no resultado das competições, mas sim na constituição dos corpos dos atletas, um elemento bastante importante na construção geral do ideal nazista do "novo homem ariano", de "raça superior". O segundo filme é *O triunfo da vontade* (1935), produzido a partir das filmagens do encontro anual do NSDAP na cidade de Nuremberg. As tomadas do filme, em particular seus primeiros 20 minutos, se tornaram modelos para construções narrativas. A construção do personagem central (Hitler), sua elevação quase mítica e os cortes nas sequências de desfile e de discurso produzem um efeito de irreversível autoridade, visando à produção de um culto e de uma memorialização legendária. Mais tarde, Riefenstahl pagaria caro por ter participado com tanto afinco na produção estética do Terceiro Reich: foi estigmatizada e viveu praticamente no ostracismo pelo resto de sua vida, que foi longa, vindo a falecer com 101 anos.

O fim da Segunda Guerra e a divisão da Alemanha trouxe um novo impulso à produção cinematográfica, e também dois caminhos bastante distintos. No lado oriental, o cinema, o teatro e a cultura de forma geral foram preocupações de primeira hora dos soviéticos que davam as cartas no território. Ainda em 1945, buscou-se iniciar a retomada da vida cultural na capital com o lançamento do documentário soviético, *Berlin*, de Juli Raisman. Não demorou para que a grande produção de Serguei Eisenstein, *Ivan, o Terrível*, estreasse nos cinemas berlinenses que ainda estavam de pé.

Para centralizar a produção fílmica na RDA foi criada a Deutsche Film AG (Defa), que teve sua sede principal em Potsdam, no complexo Babelsberg. De acordo com a ideologia dominante na ditadura do Sozialistische Einheitspartei Deutschland (SED), partido central na RDA, os filmes deveriam primar pela "libertação das mentes alemãs das ideologias conservadoras e retrógradas" (em suma, pela desnazificação da população), além de promover o ideal socialista. A pressa em reerguer o cinema sob a batuta socialista fez com que o primeiro filme alemão do pós-guerra surgisse na RDA, *Os assassinos estão entre nós* (1946), dirigido por Wolfgang Staudte. A temática não poderia ser diferente: o filme conta a história de decadência de um médico do Exército alemão após a guerra, imerso em sua desilusão e no alcoolismo. As lembranças da guerra e dos horrores ordenados por seu superior assombram o personagem e o levam a tentar matar o capitão para se livrar dos fantasmas, mas, ao salvar uma menina da morte, ele ganha um novo sentido de vida, superando suas lembranças e seus traumas. A mensagem é muito evidente: o passado de horrores havia ficado para trás, todos tinham agora a chance de um recomeço, e os culpados pelos crimes nazistas seriam levados a julgamento (como o próprio capitão do filme, que acaba sendo condenado por crimes de guerra).

A produção da RDA tem ainda alguns destaques, como a adaptação do romance de Heinrich Mann, *O súdito* (1951), e *Jacó, o mentiroso* (1975), que foi o primeiro filme da Alemanha Oriental a participar da Berlinale, na República Federal Alemã (RFA), ou Alemanha Ocidental, e o único filme na história da RDA a ser indicado

O estúdio Babelsberg é um dos mais antigos do mundo e continua em atividade. Sua fundação ocorreu em 1912 e importantes filmes alemães, como *O anjo azul* e *Metrópolis*, foram gravados lá. Grandes produções hollywoodianas, como *Capitão América 2* e *Jogos vorazes*, também.

146 | Os alemães

para o Oscar. A história gira em torno de um judeu em um gueto polonês que ouve as notícias dos avanços soviéticos em uma visita ao escritório do oficial nazista responsável, que estava bêbado e desmaiado. Ele sai do escritório e conta para os amigos sobre a iminência da chegada dos russos, mas ninguém acredita, pois ninguém sairia vivo de um encontro com o comandante. Jacó então passa a mentir, dizendo que tem um rádio – o que era proibido. Isso gera uma onda de otimismo entre seus amigos, que passam a viver melhor na ilusão e nas mentiras que Jacó inventa para alimentar suas esperanças. O filme ganhou um *remake* em 1999 com Robin Williams no papel principal.

A Alemanha Ocidental largou atrasada nessa pequena guerra fria cinematográfica, mas acabou colhendo mais frutos, tornando-se um polo de excelência no cenário mundial. Muitas de suas produções foram também abertamente políticas, e, especialmente até fins da década de 1960, o clima de tensão entre os dois blocos mundiais foi refletido nas telas da Alemanha. A polarização entre ocidentais e orientais, entre capitalismo e socialismo, tendeu a ditar as narrativas, ainda que pautadas em metáforas ou, como era de se esperar, na temática da Segunda Guerra. Com a chegada da contracultura e a fundação, na década de 1960, do que veio a se chamar de Novo Cinema Alemão, a autorreflexão e a introspecção voltam a ditar o tom das produções, colocando a sociedade alemã em foco. Entre os diretores mais importantes da RFA, destacam-se Volker Schlöndorff, diretor de *O tambor* (1979), uma adaptação da obra-prima de Günter Grass; Wim Wenders, que ganhou fama mundial com *Paris, Texas* (1984), *Asas do desejo* (1987) e pelos documentários *Buena Vista Social Club* (1999), *Pina* (2011), um tributo à arte da dançarina e coreógrafa alemã Pina Bausch, e *O sal da terra* (2014), sobre o fotógrafo brasileiro Sebastião Salgado; e Werner Herzog, que dirigiu, entre outros, *O enigma de Kaspar Hauser* (1974), a história de um "bom selvagem" que é solto na praça de uma cidade e passa a ser "civilizado" pela população, e *Nosferatu – o vampiro da noite* (1979), refilmagem do clássico do início do século. Também Margarethe von Trotta surge nesse contexto, tornando-se a principal diretora do Novo Cinema Alemão e colocando em destaque uma linguagem feminista, com personagens mulheres de grande impacto colocadas em ambientações que escancaram a hostilidade e a violência. Apesar de seu nome ter se construído com filmes como *A honra perdida de Katharina Blum* (1975) e *Os anos de chumbo* (1981), seu trabalho mais conhecido é provavelmente *Hannah Arendt* (2012), que conta a história da cobertura jornalística que a teórica promoveu do julgamento de Adolf Eichmann e a controvérsia em torno de seu ensaio sobre a banalidade do mal.

O que faz a *Kultur* alemã? | 147

Mas, diante de toda variedade que o Novo Cinema Alemão oferece, é o nome de Rainer Werner Fassbinder que sintetiza o movimento e suas características mais marcantes. Dono de uma produção alucinante, com mais de 40 filmes em 13 anos, Fassbinder apresentou um espelho da sociedade alemã e de sua violência através de suas narrativas meticulosamente bem construídas. Alguns dos trabalhos mais festejados desse cineasta nascido no interior bávaro se tornaram clássicos e são ainda hoje debatidos com intensidade em círculos intelectuais. Sua filmagem de *Berlin Alexanderplatz* (1980) a partir da obra de Alfred Döblin, dividida em 14 capítulos, é um desafio a qualquer maratonista de seriados. *O casamento de Maria Braun* (1979) é tido como um dos retratos mais intimistas da Alemanha do imediato pós-guerra, enquanto o período do conflito tem em *Lili Marlene* (1981) uma de suas representações mais interessantes (junto de *Das Boot* (1981), de Wolfgang Petersen, que, de forma completamente diferente, mostra o cotidiano claustrofóbico e angustiante de tripulantes de um submarino alemão). Guiado pela música que dá o título do filme, Fassbinder mostra a vida de impedimentos e de separações que o conflito provoca, com seus sacrifícios e enganos encobertos pela máscara performática da propaganda. A morte do diretor, causada por uma overdose em 1982, é tida como o ponto de virada, ou o fim do Novo Cinema Alemão.

Menos de uma década depois da morte de Fassbinder, a reunificação das Alemanhas trouxe uma nova perspectiva sobre a vida dos milhões de habitantes do novo país. Um novo cinema, que refletiria sobre a memória compartilhada do novo país, nasceria alguns anos mais tarde. Uma onda de nostalgia diante do passado socialista da RDA criou o movimento da *Ostalgie* ("nostalgia do Leste"), que diminuía a importância da violência, do terror e do autoritarismo das instituições do Estado na análise do período e colocava em primeiro plano algumas manifestações culturais, a imagem do pleno emprego e de um tempo mais "humanizado". A *Ostalgie* foi provocada, claro, pela permanência de diferenças entre as duas Alemanhas, mesmo depois da reunificação (ver capítulo "Depois da Queda"), fazendo com que um saudosismo acrítico se desenvolvesse, propagando uma ideia romântica de que "antigamente era melhor". O fruto mais bem acabado desse movimento é o filme *Adeus, Lenin!* (2003), comédia que mostra as desventuras de um filho que tenta manter a mãe, uma fervorosa defensora do regime socialista que entrou em coma e não vivenciou a queda do muro, a salvo da notícia do fim da Alemanha Oriental. A atmosfera leve com que a ditadura do SED foi retratada e o sucesso do filme causaram desconforto em parte da *intelligentsia* alemã, e um movimento contrário nessa "disputa pela memória" foi lançado, o que originou, entre outros, o filme *A vida dos outros* (2006), vencedor do Oscar de Melhor Filme Estrangeiro em 2007. Nele, a vida cotidiana sob a vigilância constante do Estado e a atuação da Stasi, a polícia secreta, são representadas, mostrando que a vida cor-de-rosa de *Adeus, Lenin!* estava longe de ser um retrato perfeito do período.

Mas, se a batalha da memória da RDA criou produtos tão controversos, o olhar sobre o período nazista não ficou muito atrás. Algumas obras reflexivas sobre a ditadura hitlerista, como o já citado *Hannah Arendt*, *A onda* (2008), *Phoenix* (2014) e *Ele está de volta* (2015), tornaram-se sucesso de público e de crítica. Nenhuma delas, entretanto, teve a repercussão que *A queda* (2004) alcançou. Baseado nas memórias de uma das secretárias de Hitler, o filme enfoca os últimos dias do ditador em seu bunker, momento em que a realidade e a ilusão se confundiam em sua mente e na de seus seguidores mais próximos. Nesse experimento cinematográfico, o ator Bruno Ganz encarna um Hitler "humano", longe da caricatura robotizada do mal que costuma ser

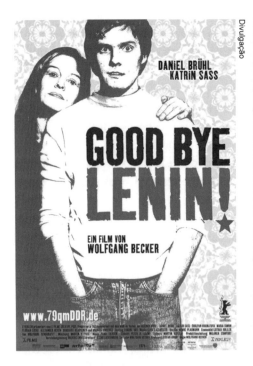 

Nos primeiros anos do século XXI, o cinema alemão recuperou sua reflexão histórica e social, gerando boas obras. *Adeus, Lenin* e *A vida dos outros* são exemplos, que receberam grande atenção fora da Alemanha, tendo o segundo inclusive ganhado o Oscar de melhor filme estrangeiro.

apresentada, como a performance de Anthony Hopkins no filme *O bunker* (1981), de mesma ambientação, demonstra.

Outros filmes ainda ganham destaque nessa remodelação do cinema alemão pós-reunificação, como *Corra, Lola, corra* (1998), um filme de quase uma hora e meia que retrata diferentes destinos que cabem em 20 minutos na vida de Lola, uma garota que precisa levantar dinheiro para pagar uma dívida de seu namorado com um mafioso local. Já o *Grupo Baader-Meinhof* (2008) é outro filme que coloca a Alemanha de frente com seu passado, no caso, com o radicalismo da Rote Armee Fraktion (RAF), grupo de extremistas que questionavam a geração anterior por seu passado nazista, a exemplo de toda a "geração 68" na Alemanha, e via na sociedade alemã ocidental permanências daquela estrutura fascista agindo em defesa do capitalismo. Sua resposta foi o terrorismo. O caso da RAF, que já foi matéria-prima para outra importante obra da filmografia alemã, *Alemanha no outono* (1978), não é apenas um caso isolado de terrorismo no Ocidente, mas uma das mais difíceis provações que a democracia alemã teve de enfrentar. O lançamento do *Grupo Baader-Meinhof* às vésperas do aniversário de reunificação alemã colocou em debate a natureza dessa democracia e seus limites, convidando os cidadãos alemães à reflexão sobre sua própria liberdade. Em um filme de velocidade vertiginosa e com efeitos explosivos, a velha introspecção alemã encontrava, mais uma vez, seu caminho.

PINTURA

Uma das grandes frustrações da cultura alemã, se é possível colocar dessa forma, é o fato de os territórios alemães não terem vivido uma Renascença nos moldes da italiana, em sua amplitude e duração. À primeira vista, parece que, ao perderem esse trem, os alemães decidiram se voltar às letras e à música, deixando a pintura para os italianos, holandeses e franceses. Mas, por mais que essa premissa possa ser convincente – realmente o número de pintores alemães famosos é bem menor que o de seus vizinhos –, o campo da pintura e das artes gráficas alemãs está longe de ser um deserto, pelo contrário.

No mesmo período em que os italianos viram Da Vinci, Michelangelo, Rafael e Caravaggio florescerem, na Alemanha surgiram nomes como Mathias Grünewald (1475-1528), Hans Holbein (1465-1524), seu filho Hans Holbein, o Jovem (1497-1543), e Hans von Aachen (1522-1615), que tem suas pinturas hoje espalhadas por toda a Alemanha, principalmente por Augsburg, Karlsruhe, Viena e Munique. Se não

150 | Os alemães

são famosos como seus contemporâneos italianos, reúnem características interessantes em suas obras e mostram como os territórios alemães recebiam influências decisivas, tanto em termos de técnicas quanto de temáticas, dos países vizinhos, conservando ainda elementos do gótico tardio. É possível detectar influências especialmente de flamengos e italianos em todos os três artistas, que, no costume de seu tempo, viajavam entre as cortes europeias e apreendiam a arte local e daqueles que por ali passavam, tornando-se beneficiários diretos da centralidade geográfica característica do território alemão no espaço europeu. Outro que se destaca no período é Adam Elsheimer (1578-1610), pintor nascido em Frankfurt que, apesar de ter morrido jovem, deixou uma vasta produção de qualidade, em uma linha que transita entre o maneirismo e o barroco. Algumas de suas obras-primas se caracterizam pelo jogo de luzes noturnas, representado com maestria em *Fuga para o Egito* (1609).

A arte alemã do século XVI, entretanto, teve dois expoentes que contam entre os principais artistas do período: Lucas Cranach (1472-1553) e Albrecht Dürer (1471-1528). O primeiro, que passou boa parte de sua vida em Wittenberg e em Weimar, vivenciou de forma intensa o movimento da Reforma, tornando-se seu principal ilustrador. Agiu também como propagandista informal do movimento reformista, produzindo gravuras que satirizavam o papa e seus principais defensores em território alemão. Com a ajuda de Cranach, a Reforma se tornou o primeiro grande evento marcado pela utilização de charges na arena pública. São dele também os retratos mais conhecidos de Martinho Lutero e sua esposa, Katharina von Bora, que ilustram ainda hoje milhares de livros didáticos de História. Além disso, o pintor é conhecido por quadros icônicos, como *Adão e Eva* e *A Era de Ouro*. Já Albrecht Dürer é considerado o grande homem renascentista da Alemanha. O maior orgulho de Nuremberg (onde nasceu e faleceu) foi, além de pintor e gravurista de grande talento, um matemático de mão-cheia que uniu suas habilidades na composição de algumas de suas gravuras mais representativas. Em *Melancolia I* (1514), por exemplo, no canto superior direito da imagem, o artista inseriu um quadrado mágico, uma brincadeira matemática na qual as somas de todas as linhas, em quaisquer direções que forem tomadas, será sempre 34 – praticamente um *"sudoku* da Renascença". Mais ainda, a soma de todos os números do quadrado é 1514, o ano de produção da gravura. Outras gravuras de Dürer que contêm pequenos simbolismos e quebra-cabeças: *Cavaleiro, morte e Diabo* (1513) e *São Jerônimo no estúdio* (1514) – todas as três, obras-primas da arte da gravura. Além das gravuras, aquarelas, pinturas a óleo e tratados de arte fazem parte da imensa obra de Dürer.

O que faz a *Kultur* alemã? | 151

Melancolia I, xilogravura, Albrecht Dürer, 1514

Dürer é um dos principais pintores europeus do Renascimento. *Melancolia I*, de 1514, é um de seus trabalhos mais conhecidos e traz uma charada numérica (que pode ser vista no detalhe aproximado), unindo seu talento artístico e matemático.

Dos séculos XVIII e XIX merecem destaque Angelika Kauffmann (1741-1807), pintora classicista conhecida principalmente por seus retratos, e Caspar David Friedrich (1774-1840), pintor que personifica o movimento romântico no campo da pintura. A imagem muitas vezes tomada como alegoria maior do romantismo é a sua *Caminhante sobre o mar de névoa* (1818), que também é apontada, por sua representação da introspecção e da observação do mundo, como uma imagem síntese do ser alemão. As paisagens de Friedrich são consideradas algumas das imagens românticas mais típicas: elas fazem com que o observador se perca na tela, imerso em uma solidão melancólica. Nas telas do artista são retratadas as mais diferentes emoções: o medo, a angústia e a inquietude.

152 | Os alemães

Essas emoções continuam a dar o tom da arte alemã nas décadas seguintes. O expressionismo retomou a subjetividade emotiva nas artes no início do século XX e as duas guerras mundiais criaram um ambiente nebuloso no país, de crise e êxtase, que se manifestava das mais diferentes formas. Nesse período, entre as décadas de 1920 e 1940, as gravuras e pinturas de Otto Dix e de George Grosz expuseram com intensidade a montanha-russa que foi a República de Weimar, suas expressões catárticas na vida noturna e no ambiente cultural de um país devastado espiritual e economicamente. Essa arte seria logo classificada pelos nazistas como *entartete Kunst* ("arte degenerada"), substituída por um programa estético-ideológico voltado à representação dos ideais de "raça" e de "nação" pregado pelo novo regime. Da mesma forma que os comunistas, os fascistas buscavam uma concepção própria da arte voltada a reforçar a ideologia, a criar um ambiente que não só refletisse, mas também ajudasse a promover essa visão de mundo. Daí a profusão de imagens voltadas ao ideal greco-romano de corpo, a um romantismo idílico ou a uma narrativa ultranacionalista. A arte não devia mais ser "livre" ou "verdadeira" (como se propunha antes), mas – assim como a propaganda, a imprensa e outros meios – servir a uma verdade específica, aquela orientada pela ideologia.

A Segunda Guerra Mundial e o evento-limite da *Shoah* impuseram seu peso também nas artes alemãs. No pós-guerra, a tendência à introspecção e à reflexão ganhou novo impulso, e, hoje, vemos artistas voltados a questionamentos que não encontram respostas certas ou prontas, mas que demandam uma constante retomada, um mergulho na escuridão, no ser humano, no "ser alemão". Diferentes vertentes, técnicas e temáticas são usadas nessa busca encampada por múltiplos artistas. Entre eles, Anselm Kiefer e seus trabalhos sobre os mitos e os heróis alemães, sobre a culpa coletiva e sobre o longo caminho para uma elevação moral e espiritual. As telas de Kiefer, como suas representações de florestas e vales, traçam um paralelo com a tradição alemã, em especial com o romantismo de Caspar David Friedrich, e expõem a solidão e o medo que a sociedade contemporânea impõe ao indivíduo, um ambiente hostil com um caminho traçado em sangue. As referências diretas a grandes nomes da literatura e da arte alemãs têm um propósito duplo: indicar que talvez o caminho para fugir das sombras seja uma elevação espiritual, um cultivo do espírito através da boa arte e literatura, mas também, por outro lado, perguntar se o mal-estar de nossos tempos tem cura, se podemos – ou se temos o direito – de nos sentirmos bem, e até que ponto esse vazio pode ser preenchido por uma *Kultur*.

O que faz a *Kultur* alemã? | 153

Caminhante sobre o mar de névoa, óleo sobre tela, Caspar David Friedrich, 1818

Caminhante sobre o mar de névoa, pintado em 1818 por Caspar David Friedrich, é uma das raras obras que sintetizam todo um período histórico. A relação, presente na pintura, entre o ser humano, a observação e a natureza apresenta os principais pontos do romantismo alemão.

RETALHOS:
O PROCESSO DE UNIFICAÇÃO

A unificação da Alemanha se deu de forma tardia, quando muitos dos Estados nacionais que hoje conhecemos já estavam configurados. Mas isso não impedia, como já pudemos ver, que uma espécie de sentimento nacional envolvesse parte da população dessa região. Ideias favoráveis à unificação dos Estados alemães surgem durante todo o século XIX, impulsionadas pelas invasões napoleônicas e pelos movimentos de libertação do domínio estrangeiro.

Nos primórdios do processo de formação de uma imagem de unidade possível, conceitos como "cultura" e "língua" desempenhavam um papel muito mais importante do que os de "raça" ou "etnicidade". Compartilhar uma cultura e uma história era visto como fator determinante no favorecimento da união de povos então percebidos como diferentes, como os habitantes da Prússia, da Baváira ou mesmo os de Hamburgo ou Colônia. "Raça", "sangue" e "solo", contudo, passariam a figurar nessa equação de forma gradual, conforme o nacionalismo se desenvolvia e se tornava mais belicoso e colérico. Assim, no decorrer do século XIX, o racismo, o militarismo e o darwinismo social passaram a ser associados a múltiplas linhas do pensamento nacionalista e a moldar a visão de mundo de uma parcela mais significativa da população alemã.

Além disso, tornou-se corrente a ideia de que era necessária a centralização da administração dessa região para modernizá-la e colocá-la em pé de igualdade com as potências europeias da época. Essa ideia alimentaria, por exemplo, a frustrada Revolução Liberal de 1848-49. A experiência de matiz federalista do Sacro Império havia findado com a invasão napoleônica, e uma nova solução política para fortalecer os Estados alemães precisava ser encontrada. A Deutscher Bund ("União Alemã"), fundada em 1815 em torno da Áustria, por ocasião do Congresso de Viena, revelou-se uma aliança ainda mais fraca que a que vigorava no tempo do Sacro Império. Dissidências e oposições a essa nova ordem se tornaram uma constante, tanto por parte da população, que passou a contestar, a partir de diferentes interesses, opiniões e ideologias, quanto por parte dos próprios Estados, descontentes com a posição vantajosa da Áustria. Em particular, a Prússia orquestrou algumas iniciativas emancipatórias em proveito próprio, como a Zollverein ("União Aduaneira Alemã"), que, a um só tempo, proporcionou uma maior interação comercial entre os Estados-membros, reforçou a imagem de unidade do bloco alemão e ainda minou a já débil liderança austríaca.

Ações como essa colocaram a Prússia, pouco a pouco, no centro da questão nacional alemã, em franca oposição à Áustria. Em 1871, foi ela quem tomou a frente do processo de unificação. Em torno dela é que a Alemanha contemporânea será fundada.

PRÚSSIA – O QUE É ISSO?

Mas de onde surgiu essa tal de Prússia? Como ela chegou a ser protagonista na luta por uma Alemanha unificada? Ou, ainda, o que é Prússia? Essas perguntas são muito comuns, especialmente porque a Prússia não existe mais. Seu impacto ideológico na identidade nacional alemã foi considerado muito grande pelos vencedores da Segunda Guerra Mundial e, assim, por ordem do governo provisório estabelecido após a capitulação alemã, a Prússia foi dissolvida: deixou de ser um Estado alemão, e a divisão territorial alemã foi reformulada. Hoje a Prússia está presente apenas em monumentos e institutos que guardam sua memória.

Ainda no século XV, o principado de Brandemburgo (o ponto de partida para o desenvolvimento da poderosa Prússia do século XIX) era uma faixa de terra arenosa imprópria para a agricultura, sem vocação para a mineração, sem saída para o mar, com redes de comércio esvaziadas e militarmente fraca, exposta aos eventuais inimigos. As coisas começaram a mudar com a chegada dos Hohenzollern, uma família tradicional e muito rica originária da região de Nuremberg que recebeu o domínio do território como reconhecimento do Kaiser Sigismund por sua ajuda na candidatura ao trono do Sacro Império.

Essa concessão do imperador acabaria por determinar todo o futuro da Alemanha. Assentados em Brandemburgo, os Hohenzollern passaram a controlar um principado, um corpo político-territorial, que adquiriu maior importância nas reuniões do Reichstag (a assembleia que reunia todos os membros do Sacro Império) e nas eleições do novo Kaiser. Em outras palavras, os Hohenzollern estavam no topo da pirâmide política do império. Era necessário, agora, para além da influência política, garantir

Retalhos: o processo de unificação | 157

o desenvolvimento de Brandemburgo como um Estado forte. Mas como buscar isso em uma terra tão desprovida de qualidades?

A resposta encontrada foi a diplomacia e a política de casamentos. Filhos e filhas da casa dos Hohenzollern, já a partir do século XVI, passaram a contrair matrimônio com possíveis herdeiros de várias regiões do norte da Europa, da Polônia à Dinamarca. Tais casamentos poderiam render não só prestígio nas cortes europeias, mas também, eventualmente, terras e acesso ao mar, considerados elementos essenciais para o crescimento de Brandemburgo. Nesse processo, um território atraiu, mais que qualquer outro, a cobiça do clã dos Hohenzollern: o ducado da Prússia, então ligado ao reino polonês.

A anexação da Prússia ao território de Brandemburgo foi um trabalho de gerações de Hohenzollern, iniciado com o casamento de Joachim II, de Brandemburgo, com a princesa Hedwig, da Polônia. Esse matrimônio colocou a família no centro da política polonesa, além de elevar seus herdeiros a uma permanente potencialidade, ou seja, estariam sempre listados entre os potenciais herdeiros de qualquer território polonês. Mas é claro que isso não garantia nada, e o projeto dos Hohenzollern precisaria de atitudes mais contundentes para se realizar. A oportunidade apareceu no início do século XVII, quando o duque da Prússia, Albrecht Friedrich, morreu sem ter gerado filhos, deixando a herança prussiana para suas filhas. Isso acabou significando, por fim, que a herança seria dos que comandavam Brandemburgo. Em um movimento bastante calculado, Joachim Friedrich, de Brandemburgo, promoveu o casamento de seu filho mais velho, Johann Sigismund, com a filha mais velha do duque prussiano, Anna. Anos mais tarde, quando se tornou viúvo, o próprio Joachim Friedrich deu um passo mais ao se casar com a filha mais nova do mesmo duque, Eleonore da Prússia. Tornando-se concunhado de seu filho, o mandatário de Brandemburgo conseguiu garantir o controle da Prússia.

A política dos casamentos assegurou não só a Prússia, mas também uma grande quantidade de pequenos territórios que passaram para o domínio de Brandemburgo. No decorrer do século XVII, o território, que passou a ser conhecido como Brandemburgo-Prússia, se tornou o maior Estado alemão, desconsiderando o grande Império Habsburgo da Áustria. Ainda existiam obrigações dos senhores da Prússia com o rei da Polônia, mas, no decorrer do século, os vários conflitos que se alastraram pela Europa do Norte, desde a Guerra dos Trinta Anos até as Guerras Nórdicas, levaram à construção e desconstrução de diversas alianças, as quais, em negociações com os reis da Suécia e da Polônia, garantiram a independência da Prússia e sua anexação definitiva a Brandemburgo. (Essa dinâmica mostra uma interessante faceta da his-

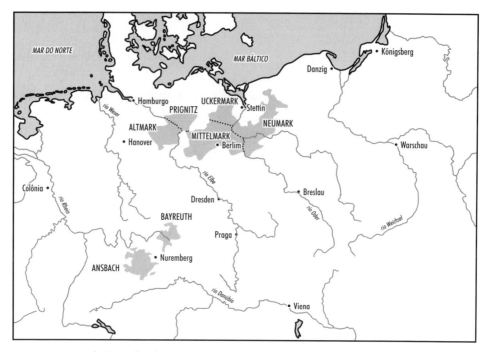

Acima, mapa de Brandemburgo, com sua divisão geopolítica no ano de 1415. Na página ao lado, a Prússia em 1871. A enorme expansão que pode ser verificada nesses quatro séculos se deve às conquistas e às políticas de casamento.

tória que é hoje pouco percebida: a importância que o reino da Polônia teve não só no jogo diplomático europeu, mas principalmente na fundação e na constituição do que é hoje a Alemanha. Nos séculos seguintes, o território polonês seria ameaçado, conquistado e anexado em várias frentes, especialmente pelos alemães e pelos russos. Mas na concepção e legitimação da Prússia, Estado central da Alemanha, encontramos a Polônia exercendo um papel-chave.)

Em um passo definitivo, em 28 de janeiro de 1701, o grão-príncipe Friedrich III, de Brandemburgo, se tornou rei na Prússia, sendo coroado na cidade de Königsberg. O território Brandemburgo-Prússia passou então a ser chamado apenas de Prússia, com a capital em Berlim, e foi alçado automaticamente ao protagonismo entre os Estados alemães.

A nova potência europeia não parou de crescer nos séculos seguintes. Sem dúvida nenhuma, o grande destaque do período que vai da fundação prussiana, em 1701, à

Retalhos: o processo de unificação | 159

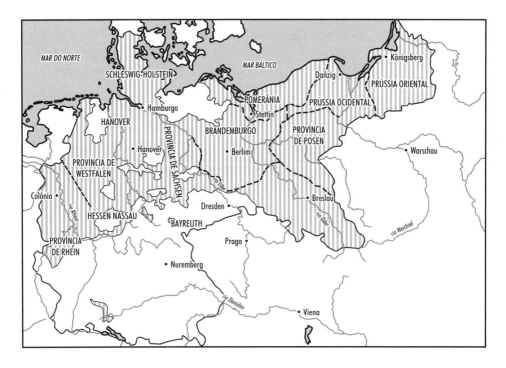

Unificação Alemã, em 1871, foi o governo de Frederico II. Frederico foi um déspota esclarecido, voltado à Filosofia e às artes, conhecedor de táticas militares e de música. Uma das histórias que cercam sua educação, por exemplo, refere-se à intransigência de seu pai quando Frederico quis aprender a tocar flauta. Uma vida intelectual estava fora de qualquer cogitação para o rei, que, diante da recusa do filho em se submeter às suas vontades, teria apelado à violência inúmeras vezes. Até mesmo a condição de herdeiro ao trono ficou ameaçada por alguns anos, situação que só foi alterada quando Frederico ficou noivo. Ele manteve por toda a vida uma relação próxima com as artes e a ciência, foi amigo de Voltaire, compôs sinfonias e escreveu um manual para os governantes modernos, o *Antimaquiavel*. Teve um governo pautado pelos ideais iluministas da razão e da tolerância, mas bastante turbulento em termos militares. Seu gênio militar e senso de oportunidade levaram-no a vitórias importantes e anexações

Frederico II, considerado por grande parte dos alemães o maior rei da Prússia, tocando flauta no palácio de Sanssouci. O rei nunca abandonou sua veia artística e intelectual, aliando-a às obrigações políticas e militares.

Concerto para flauta, óleo sobre tela, Adolph von Menzel, 1852

territoriais determinantes, mas também a batalhas difíceis e a algumas derrotas marcantes. Por fim, a sorte foi o que o salvou na Guerra dos Sete Anos: em um momento em que estava praticamente vencido, a morte da imperatriz russa levou rapidamente ao armistício, poupando a Prússia da humilhação da capitulação.

Além de tudo isso, Frederico é considerado o responsável pela popularização de um dos ingredientes mais importantes da culinária alemã: a batata. O imperador percebeu que o tubérculo era de fácil cultivo e que saciava a fome, algo preocupante em um período com tantas guerras e escassez de alimentos. Decretou algumas ordens reais para o cultivo das batatas, mas a população não comprou a ideia. Conhecendo seu público, Frederico ordenou a construção de um campo real de cultivo de batatas e mandou que fosse fortemente vigiado por seus soldados durante o dia. Durante a noite, entretanto, falou para afrouxarem a vigilância, deixando que os ladrões levassem as batatas para a população. A lenda diz que a curiosidade (e uma certa soberba) da população se encarregou da popularização da batata, afinal, era iguaria do rei, e todo prussiano queria (e se julgava digno de) prová-la. Hoje, a salada de batatas acompanha quase todos os pratos de carne na Alemanha, e Frederico II é um dos monarcas mais festejados do país. Uma estátua dele em seu cavalo pode ser vista na rua mais tradicional de Berlim, a Unter den Linden, e não é raro, entre a população que passa, cidadãos que cumprimentam o Alter Fritz ("velho Fritz") como se fosse um velho amigo.

BISMARCK E O DESAFIO DE SER ALEMÃO

Independentemente do regente, entretanto, a Prússia desenvolveu, no decorrer dos anos, algumas características bastante próprias no jogo diplomático europeu e na construção de sua nação. (Essas características, levadas a extremos em alguns momentos, ajudariam mais tarde a moldar parte da visão de mundo nazista.)

A primeira dessas características é o militarismo prussiano, que desde meados do século XVII ultrapassou a formação de um exército, tornando-se razão de ser do Estado em busca de controle e de imposição de suas vontades, além de se transformar em uma característica cívica, ou seja, de ser incorporado na visão de mundo da população. O desenvolvimento do exército prussiano alcançou uma técnica e um profissionalismo únicos: várias instituições e órgãos foram criados para aprimorar e controlar o aspecto militar. Em poucas décadas, o exército prussiano passou a ser admirado, respeitado e principalmente temido em toda a Europa, e o militarismo cravou raízes na mentalidade da população, alimentando uma cultura belicista e agressiva.

A segunda característica relevante é o respeito extremo que a Prússia sempre apresentou, em suas tratativas diplomáticas, pela instituição do Império, do Reich. Mesmo buscando ampliar seus domínios ou influências, o Estado nunca afrontou diretamente o imperador ou o conjunto do Sacro Império. Esse respeito pela instituição, entretanto, era diferente de acatar qualquer diretriz que viesse dos Habsburgo ou da Áustria, o país que deteve maior peso político no interior do Império, do século XVI até seu fim, no início do século XIX. Por maior que fosse a disputa interna, contudo, o Estado prussiano jamais promoveu uma quebra do acordo imperial, ainda que talvez pudesse fazê-lo. Isso contribuiria para que, no momento da Unificação Alemã, a Prússia formasse em torno de si – e se denominasse como centro de – um novo império, o Segundo Reich.

A terceira característica é a racionalidade e a frieza na condução de seus acordos diplomáticos, construindo e desmanchando tratados com facilidade, voltada não à construção de alianças duradouras, mas à sua sobrevivência imediata e ao proveito momentâneo. Pode-se dizer que a Prússia criou uma escola de diplomacia realista e que seu maior expoente foi Otto von Bismarck, chanceler prussiano que comandaria a unificação alemã. Sua eficácia nesse atributo ficou clara em toda sua carreira. No período pré-unificação, Bismarck foi capaz de, através de intrigas e grande capacidade retórica, arrastar toda a Europa para crises pontuais que resultaram, ao fim, na formação do Estado alemão.

162 | Os alemães

Devotado à causa da unificação e sendo ideologicamente conservador, Bismarck receava o crescimento do liberalismo nos territórios alemães, o que poderia trazer um novo episódio revolucionário liberal como o de 1848, enfraquecendo a posição de seu grupo político e, claro, a sua posição pessoal ao abrir espaço para uma ideologia que contestava boa parte das tradições e defendia a ampliação da participação popular na política nacional. Para o chanceler prussiano, era a hora de impor a unificação pela força, com ferro e sangue se necessário, garantindo que esse processo fosse conduzido pelos conservadores em torno das instituições – dentre as quais a monarquia era a principal – que julgavam importantes para a manutenção da ordem aristocrática. Em outras palavras, uma unificação sem revolução. Para tanto, passou a ficar atento a qualquer oportunidade que surgisse para reforçar o protagonismo regional prussiano e trazer as demais regiões alemãs para sua zona de influência.

A primeira chance que surgiu foi uma crise sucessória no reino da Dinamarca, deixando vulneráveis os territórios de Schleswig e Holstein, duas regiões consideradas "potencialmente alemãs" por ter uma grande população étnica e culturalmente ligada aos alemães. Bismarck reivindicou a separação dos dois territórios do jugo dinamarquês, formando uma aliança com a Áustria e promovendo uma breve campanha militar em 1864, da qual saiu vitorioso. Ao final, resguardou a administração do território de Schleswig para a Prússia e a de Holstein para a aliada Áustria, com a promessa de que o destino final dos dois territórios deveria ser discutido futuramente. Mas um acordo final não foi possível, uma vez que a Prússia insistia na anexação do território enquanto a Áustria buscava a formação de um novo Estado que participasse da Liga Alemã, sob sua influência. Isso levou a um novo conflito em 1866, a chamada Guerra Alemã ou Austro-Prussiana, envolvendo os dois países, que arrastaram consigo uma extensa lista de aliados dos dois lados. Em decorrência da disputa, vários combates foram travados em toda a Europa Central naquele ano de 1866, mas a Prússia conseguiu se sobrepor aos austríacos e, além de anexar Schleswig-Holstein e outros territórios, tornar-se soberana nas questões alemãs.

Outra oportunidade decisiva para avançar com o projeto de unificação surgiu com a crise da Coroa espanhola, que ficou com o trono vago ao final de 1869. A administração do país foi oferecida para um Hohenzollern, primo distante do imperador prussiano. A França, não admitindo na Espanha um governo explicitamente favorável aos prussianos, lançou inúmeros protestos, e o imperador Napoleão III exigiu que a indicação fosse rejeitada e que os prussianos prometessem jamais reivindicar o trono espanhol para alguém de sua casa. Várias discussões seguiram nesse tema, até que Bismarck mudou os rumos das negociações. Incumbido de enviar um telegrama aos franceses explicando as razões do imperador prussiano não poder aceitar as condições (afinal, para sempre é tempo demais para se comprometer), Bismarck editou a mensagem cuidadosa e diplomática do imperador e a transformou em um insulto, provocando a declaração de guerra por parte dos franceses. Na guerra que se seguiu, chamada de Franco-Prussiana, a França teve que enfrentar uma coalizão de Estados alemães, uma mostra do que viria a ser a Alemanha. A vitória prussiana veio em 1871, e com ela a anexação dos territórios da Alsácia e Lorena (que acirraria o sentimento antigermânico na França e o seu revanchismo) e finalmente criaria condições para a fundação do Estado alemão. Mas os alemães não se contentaram em vencer a guerra contra os franceses e realizaram a fundação do "Segundo Reich" em pleno palácio de Versalhes, em uma afronta direta que marcaria ainda mais o antagonismo e a rivalidade entre os dois países.

Depois da coroação do Kaiser Guilherme I em Paris, em 18 de janeiro de 1871, a Alemanha passou a existir de fato. A unidade se deu em torno do Estado prussiano, que passou a deter boa parcela de poder na nova configuração (como exemplo maior, o Estado prussiano tinha direito de veto sobre as decisões tomadas no Reichstag). Uma constituição federal foi escrita e se sobrepunha às leis estaduais, mas os estados, os principados e as cidades livres mantiveram grande liberdade e autonomia em temas

Representação da coroação de Guilherme I e fundação do Segundo Reich no Salão de Espelhos do castelo de Versalhes. Em posição central, vemos Otto von Bismarck, o chanceler prussiano, lembrando seu protagonismo em todo o processo de unificação.

Die Proklamierung des Deutschen Kaiserreiches, óleo sobre tela, Anton von Werner, 1885

fundamentais, como os campos tributário e educacional. A Alemanha foi fundada a partir de um intrincado sistema que resultou em um Estado centralizado, conservador e militarista, mas que era também federalista, com uma democracia baseada no sufrágio universal masculino. Um Estado que lutava para se equilibrar entre o centro (prussiano) e a periferia, entre a unidade e a regionalidade.

Dessa forma, as identidades regionais continuaram fortes em todo o território, convivendo com uma identidade cultural alemã (ver capítulo "O que faz a *Kultur* alemã?") e com uma narrativa de unidade nacional que era progressivamente construída através das obras de historiadores, pensadores e literatos que se engajaram na onda nacionalista despertada com a fundação do novo Reich. Historiadores (que ainda hoje são discutidos na historiografia alemã) como Johann Droysen, Heinrich von Treitschke e Theodor Mommsen, tornaram-se extremamente influentes na arena pública, contribuindo com seus estudos para a nova unidade nacional. O florescente mercado livreiro que abriu espaço para essas obras, o militarismo e o nacionalismo que eram reiterados nas escolas e nas academias militares, a reforma gradual dos currículos nas escolas, ginásios e universidades, que passaram a privilegiar uma História teleológica

Bismarck foi um dos políticos mais influentes do século XIX, legando ideias como a da *Realpolitik*, ainda hoje utilizada. Durante sua vida pública, atuou para o fortalecimento do sentimento nacional e pela união alemã.

Bismarck, anônimo, s.d.

que teria na fundação do Estado alemão seu norte e, ainda, a construção da memória nacional, tudo isso ajudou a promover o fortalecimento do nacionalismo cultural que consolidaria a imagem da unidade alemã.

Na política externa do novo Estado, a habilidade política de Bismarck, utilizada até então para provocar conflitos e aumentar a influência prussiana, passou a ser requerida para a manutenção da paz e da estabilidade política da Alemanha. Bismarck se estabeleceu a partir de então como a encarnação da *Realpolitik*, a prática de uma política diplomática baseada em fatos e oportunidades a serem aproveitadas, não em ideologias ou projeções. Seguindo essas premissas, o chanceler de ferro construiu uma teia de alianças, públicas e secretas, que visavam isolar a França e seu ímpeto revanchista, fazendo com que o novo Estado alemão tivesse tempo e espaço para se desenvolver e se consolidar. Mas, apesar de conseguir equilibrar as forças e manter a paz por algumas décadas, a política de Bismarck não conseguia evitar atritos eventuais entre as potências.

REALPOLITIK, GUERRAS E ANEXAÇÕES: DANDO FORMAS À ALEMANHA

É possível afirmar que boa parte dessa estabilidade alcançada pela Alemanha se deveu ao fato de o país não se lançar imediatamente em uma corrida imperialista, algo que muitos de seus vizinhos, como a França, a Inglaterra e a Bélgica, já promoviam. Os argumentos a favor da entrada da Alemanha nessa política expansionista e predatória, contudo, começavam a crescer e a pressionar o chanceler: não só o *status* do país seria alterado com a conquista de colônias, mas também a dinâmica da produção industrial, com novas terras produtoras de matéria-prima e consumidoras dos produtos manufaturados. Além disso, ocorreria o desafogo dos grandes centros urbanos e industriais, incapazes de absorver a grande massa de trabalhadores que chegava das pequenas cidades e do campo. Por fim, Bismarck cedeu às pressões e lançou a Alemanha na empresa ultramarina no início da década de 1880.

A política imperialista alemã se caracterizou por ser, em alguns aspectos, uma complementaridade da política diplomática. O país buscou assegurar grandes territórios (conseguiu, por exemplo, dominar os territórios de Camarões e da Namíbia), mas evitou ao máximo entrar em confrontos diretos com as outras potências por eles. Isso levou o país a deter territórios considerados estrategicamente menos importantes,

166 | Os alemães

e as vantagens reais dessa política expansionista acabaram sendo questionadas pelo governo e pelos empresários envolvidos, diante do pouco lucro gerado comparado com as dificuldades de manter a empresa colonial. Mesmo após a demissão de Bismarck pelo novo imperador, Guilherme II, e uma tentativa de endurecimento da estratégia, a Alemanha acrescentou poucos territórios à sua lista de colônias, como algumas ilhas de Samoa, no Pacífico.

A empresa colonial alemã resultou também no que é considerado pela ONU "o primeiro genocídio do século XX", ocorrido no território do que é hoje a Namíbia. Lá, algumas comunidades nativas, em especial os hereros e os namas ou hotentotes, viram suas terras invadidas e seu sustento, especialmente proveniente de pastoreio, ser tomado pelos alemães a partir da última década do século XIX. A exploração aumentou, até que em 1903 alguns pontos de resistência começaram a surgir. Ataques dos locais contra os colonizadores geraram mortes, e o governo alemão rapidamente enviou tropas para conter os "rebeldes". A repressão foi brutal. Uma ordem de extermínio foi emitida e milhares de nativos acabaram assassinados, seja em confrontos armados, por envenenamento das fontes de água ou nos campos de concentração construídos para os prisioneiros. Os hotentotes tiveram sua população reduzida pela metade, enquanto os hereros sofreram ainda mais, sendo quase dizimados. A brutalidade, o eliminacionismo, ou seja, o direcionamento das ações de repressão rumo à devastação completa da população local, o racismo evidenciado pelo descaso com a cultura local, suas tradições e sua própria existência, motivados por uma ideia de superioridade da civilização alemã diante desses povos, e mesmo alguns métodos (como os campos de concentração) presentes nesse genocídio levam alguns estudiosos, como o historiador Jürgen Zimmerer, a traçar um paralelo direto entre a violência do imperialismo alemão e aquela do Terceiro Reich.

A mudança de atitude da diplomacia alemã, essa busca por "um lugar ao sol" para o Império alemão entre as outras grandes potências, afetaria decisivamente os rumos da Europa. Já no início do século XX, as demandas e os protestos dos alemães provocaram as chamadas Crises do Marrocos, nas quais os alemães questionavam o direito francês de exercer seu domínio sobre o território. Isso gerou não apenas um acirramento nas tensões entre os dois países, mas também desestabilizou o sistema de alianças que até então assegurava a paz no continente. A Inglaterra entrou em acordo com a França acerca da administração do norte da África e formou uma aliança com os franceses. Esse foi o início do fim para o sistema diplomático alemão. Em poucos anos o tabuleiro diplomático mudou completamente e, em uma crise nos Bálcãs envolvendo o assassinato do arquiduque austríaco, um conflito generalizado teve início.

A Primeira Guerra Mundial irrompe, em grande parte, graças ao esgotamento do sistema imperialista, e coloca dois blocos centrais em conflito: de um lado a Entente, liderado por França, Grã-Bretanha e Rússia, com a participação dos Estados Unidos; do outro, os Impérios Centrais, com Alemanha, Áustria-Hungria e o Império Otomano. Era a primeira vez desde a Guerra Franco-Prussiana que o Exército alemão, formado de acordo com a disciplina prussiana e moldado pelo militarismo, seria colocado à prova em solo europeu.

O conflito acabou envolvendo países em todos os continentes (com exceção, claro, da Antártida), com combates no mar, na terra e no ar. A aviação foi utilizada pela primeira vez em larga escala, inicialmente como auxílio para observação das linhas inimigas, mas logo também para bombardeio e, com o rápido desenvolvimento tecnológico, para combates aéreos. A admiração da população por esses pioneiros dos ares era enorme e alimentada com matérias nos jornais, propaganda oficial e até mesmo com cartões-postais com as fotografias dos pilotos, que eram colecionados pelos mais entusiastas. Do lado alemão, o nome de Manfred von Richthofen se destacava. Ele foi

Acampamento alemão em Abu-Augeila, península do Sinai, em 1916. As batalhas da Primeira Guerra não se restringiram à Europa. Além da cooperação entre os impérios alemão e otomano, a guerra contou com operações militares no Oriente Médio, na Ásia e na África.

168 | Os alemães

o maior "ás" do conflito, ou seja, foi o piloto com o maior número de abatimentos (80 no total), tornando-se exemplo e líder do principal esquadrão de caça da Alemanha durante o conflito, o JG1, conhecido como Circo Voador pela mobilidade que tinha pelo *front*. Mas Richthofen entrou para a História por seu costume de pintar seus aviões de vermelho, o que garantiu a ele o apelido de Barão Vermelho. Acabou morto poucos meses antes do final da guerra, abatido pela artilharia australiana durante uma missão. Sua fama já tinha lhe trazido o respeito de seus inimigos: ao perceberem que era o avião do Barão que havia caído em seu lado do *front*, os soldados e pilotos da Entente organizaram um raro funeral com pompas de herói para o adversário. De uma forma romantizada, a guerra nos ares parecia sublimar sua violência.

Isso não acontecia em terra. Nas trincheiras da Primeira Guerra, ocorreram alguns dos combates mais sangrentos da História, e a angústia e o medo esgotavam os soldados, física e psicologicamente. Os avanços das tropas se davam lentamente, cada palmo de terra era disputado como o derradeiro pedaço de chão da Europa. Metralhadoras e tanques transformavam o cenário de guerra em um pesadelo metálico, e as mutilações e a morte não pareciam uma possibilidade, mas sim a certeza única, o ápice daquela experiência.

Na Primeira Batalha do Marne, nas proximidades de Paris, ainda no ano de 1914, mais de meio milhão de pessoas perderam suas vidas ou ficaram gravemente feridas. Em Verdun, em uma batalha que tomou quase todo o ano de 1916, mais de 700 mil soldados morreram. Já na batalha pelo rio Somme, entre julho e novembro de 1916, esses números ultrapassam 1,2 milhão, em um evento que reuniu quase 4,5 milhões de soldados. Os custos dessas duas últimas levaram a uma mudança decisiva no comando do Exército alemão: o marechal Hindenburg assumiria a liderança militar do país, auxiliado de perto pelo general Ludendorff. (Esses dois personagens teriam ainda uma vida política agitada no pós-guerra, em especial Hindenburg, que se tornaria presidente com base na ampla popularidade que alcançara durante o conflito.) A substituição no alto-comando, entretanto, não levou a uma melhora substancial na situação alemã. Pelo contrário, os impasses e a indefinição continuavam dando a tônica do conflito, desgastando cada vez mais a economia de guerra do país. As pressões internas, as greves dos trabalhadores urbanos e das fábricas que protestavam contra a situação de penúria das cidades, a falta de comida, a continuidade prolongada do conflito e o desgaste das tropas apontavam não apenas para a capitulação, mas para a retirada do Kaiser do centro da política alemã.

Na Primeira Guerra, a aviação foi usada de forma inédita em grande escala. Abaixo, um balão de observação é preparado para entrar em operação e, ao lado, retrato do Barão Vermelho, o piloto alemão com o maior número de abatimentos no conflito, e que ficou famoso entre aliados e inimigos.

170 | Os alemães

Esse processo ocorreu como um turbilhão no segundo semestre de 1918: a Alemanha sinalizou por um cessar-fogo em setembro e, já no mês seguinte, passou a dar provas de que reformaria seu sistema político e se aproximaria das potências aliadas. Assim, em outubro, o Kaiser nomeou o príncipe de Baden, um conhecido liberal, como chanceler para iniciar as tratativas, apoiado pela maioria do Reichstag, em especial pelos sociais-democratas. Em 4 de outubro, o novo governo enviou ao presidente estadunidense Wilson a proposta de cessar-fogo, e nos dias seguintes o sistema de governo alemão foi reformado, passando para uma monarquia parlamentar, transformando o imperador em uma figura simbólica, e ampliando a democracia no país. O clima político na Alemanha, entretanto, ficou ainda mais agitado, e greves, revoltas e tentativas revolucionárias despontavam por todo o país. Na Bavária, um grupo revolucionário comunista tomou o controle do governo, e outros movimentos de oposição de esquerda, especialmente a Liga Spartakista, liderada por Karl Liebknecht e Rosa Luxemburgo, deram início a uma revolução nacional com o objetivo de fundar uma república socialista baseada em conselhos populares. Em 9 de novembro, o Kaiser e o chanceler Max von Baden renunciaram a seus postos, a República foi proclamada não uma, mas duas vezes: uma vez pelos spartakistas e outra vez pelos sociais-democratas, e o governo passou às mãos dos sociais-democratas. O Estado foi rápido em reprimir o movimento spartakista que se espalhara por várias cidades no país inteiro. Seus líderes foram mortos e os sociais-democratas se tornaram a força hegemônica e os fiadores da nova ordem republicana.

Tudo isso faz com que o capítulo seguinte da história alemã seja único: a República que seria chamada "de Weimar" nascerá de uma derrota na guerra e surgirá embebida em sangue e desconfiança. Uma combinação que leva à convivência dos extremos: da liberdade absoluta a demandas retrógradas; da fulgurante criatividade ao humor lúgubre. Assim, Weimar nascerá condenada, mas disposta a deixar uma marca luminosa na História.

TURBULÊNCIA E EUFORIA: A REPÚBLICA DE WEIMAR

O ano de 1919 na Alemanha assiste a um breve recolhimento dos conservadores (que perdem espaço com a queda da monarquia, mas voltam com força à cena política nos anos seguintes com o surgimento de movimentos radicais, em franca oposição ao regime republicano e sua aparente crise permanente) e à repressão dos socialistas que buscavam um alinhamento com a União Soviética. A República tem, assim, os sociais-democratas em sua dianteira, mas o clima do novo regime está longe de ser esperançoso.

No nascedouro do período republicano estava a derrota militar, e não uma derrota qualquer, mas uma derrota de toda uma ideia do que era ser alemão. A Alemanha se lançara no conflito militar de 1914 com um desespero ímpar. No seu início, a guerra havia sido vista como o fim da apatia do país, uma prova da união do povo alemão contra seus inimigos no continente. A derrota deixou sequelas físicas, emocionais e mesmo espirituais.

Após a derrota ser decretada, no início de 1919 ocorreram eleições constituintes. Devido ao clima tenso na capital Berlim, a redação da nova Constituição foi transferida para Weimar, a "cidade da cultura". Não foi uma escolha casual: a cidade representava o berço da cultura contemporânea alemã e era considerada mais apropriada para o novo espírito que se buscava implantar com a República: progressista, cultural e democrático. O historiador Peter Gay, em sua obra *A cultura de Weimar*, aponta com propriedade essa mudança. Para ele, o novo período marca a ascensão de grupos e classes que desempenhavam papéis marginais no tempo do Império, não apenas os sociais-democratas, mas também artistas, judeus, trabalhadores, pacifistas, entre outros. Nas palavras do historiador, o novo regime colocou os *outsiders* no papel de *insiders*. Essa configuração, entretanto, não seria soberana, nem teria vida longa.

Já em meados de 1919, os humores se estremecem com a convocação dos representantes alemães à França, para tratar do fim da Primeira Guerra. A Alemanha,

Versailles, deutsche Verhandlungdelegation, anônimo, 1919

Clemenceau, Wilson and Lloyd George leaving Palace of Versailles after signing peace treaty, Library of Congress, 1919

O Tratado de Versalhes levou cerca de seis meses de negociações. Após sua assinatura final, ele foi divulgado à população alemã nas páginas do *Deutschen Reichsgesetzblatt* ("Diário do Reich"). No topo, à direita, retrato da delegação da Alemanha reunida para as negociações de paz e, logo acima, os líderes Aliados, após a assinatura.

entretanto, não pôde negociar o tratado, como se esperava. Ele foi debatido em Paris por seis meses entre os vencedores do conflito, sendo, posteriormente, imposto aos alemães. Em seu livro *Paz em Paris*, a historiadora Margaret MacMillen descreve em detalhes as conversas e os temas negociados. A Alemanha foi tratada como um Estado altamente agressivo e potencialmente perigoso. Ao final, as medidas contra a Alemanha não tinham precedentes – ao menos não no território europeu – e causaram imenso desconforto aos representantes alemães. Sua convocação para a assinatura do tratado continha todo o trajeto da viagem de trem, que deveria passar por alguns dos campos de batalha em território francês, em regiões completamente devastadas. O encontro deveria se dar a alguns quilômetros de Paris, para evitar tumultos e agressões, pois o

Turbulência e euforia: a República de Weimar | 173

sentimento antigermânico atingia níveis estratosféricos na capital francesa. Ao lerem as condições do tratado, os representantes alemães teriam ficado indignados, pediram tempo para consultar pessoas em Berlim e tentaram negociar alguns pontos. Os Aliados foram taxativos: ou as condições eram aceitas integralmente ou os franceses lançariam um ataque imediato. Por fim, os alemães cederam e assinaram, no Salão dos Espelhos do Palácio de Versalhes, o tratado que colocaria fim às hostilidades daquela que deveria ser "a guerra que acabaria com todas as guerras".

Sabemos que a história não seria assim. O Tratado de Versalhes pôs fim à guerra, mas não trouxe paz nem à Alemanha nem à Europa. Pelo contrário, abriu espaço para uma série de situações que contribuíram decisivamente para os desdobramentos dos 30 anos seguintes, deixando na Alemanha um rastro de pólvora.

AS FERIDAS DA GUERRA

Pelas ruas da Alemanha, mutilados de guerra se mesclavam aos miseráveis e famintos. Essa foi a mudança mais evidente para os alemães do pós-guerra: a paisagem urbana se transformou e expôs as feridas da guerra de forma permanente. O ambiente refletia a crise e as artes a traduziram de forma gráfica.

Foi assim que o expressionismo tomou as telas dos cinemas do país. A penumbra dominou os filmes, o terror e o suspense davam o tom das horas vagas dos alemães. Entre assassinatos, prostituição, jogos e bebida, um imaginário da decadência se formou a partir das películas produzidas durante a época da República de Weimar. A indústria cinematográfica foi também uma grande fábrica de metáforas, que acabaram sendo traduzidas tanto em termos políticos quanto sociais. A chegada de *Nosferatu* (Murnau, 1922) à Alemanha no filme homônimo pode ser entendida como a chegada da violência e da crise, *Dr. Mabuse* (Fritz Lang, 1922) pode ser uma crítica ao egoísmo ou à hipnose que figuras carismáticas, populistas e multifacetadas exercem nesse período. Não existia mais uma resposta correta, uma interpretação definitiva: tudo parecia refletir aquele momento, aquela conjuntura de incertezas.

O anjo azul (1930), filme baseado no romance *Professor Unrat* (1905), de Heinrich Mann, e que elevou Marlene Dietrich ao estrelato, também mostra, como vimos, um professor rígido e austero que tem sua vida colocada de ponta-cabeça por uma dançarina, que o leva aos vícios e à corrupção. Em certa medida, parecia ao público ser esse o caminho da própria República.

174 | Os alemães

Obras como as gravuras e os quadros de Otto Dix, Max Beckmann e George Grosz se tornam também paradigmáticas para o período. Por um lado, mostram a vida de festas e excessos que invadem a noite alemã, a promiscuidade sexual em salões e bordéis tomados por ex-combatentes e por desamparados. Os traços expressivos denotam a decadência dos corpos e das mentes, a falta de perspectiva e o desalento. Marinheiros, soldados e estivadores dividem as cenas com as "damas da noite" (prostitutas), e as ruas das cidades formam a passarela por onde esses personagens desfilam. Por outro lado, esses artistas também rememoram os horrores da guerra, as trincheiras encravadas no solo francês e os estilhaços das bombas. Dix e Grosz traduzem como poucos o ambiente do conflito, o corpo que se decompõe, a dor e a miséria da civilização ocidental. As feridas da guerra ganham uma representação literal em seus traços, e os gritos e gemidos dos convalescentes como que saltam do papel. Isso tudo traduzia memórias, pesadelos que assaltavam os ex-combatentes, imagens que se negavam a ficar no passado e os aterrorizavam todas as noites. Retratavam também o presente, repleto de amputados, aleijados e inválidos perambulando desnorteados pelas ruas das cidades, sem rumo e sem ocupação. A gravura *Kriegskrüppel* [Aleijados de guerra] feita por Otto Dix em 1920 demonstra de forma escancarada o cinismo da sociedade, que chama de heróis e de mártires aqueles que lutaram e morreram nos campos de batalha pela honra e pela glória da *Vaterland*, mas que não suporta ver a face mais grotesca da guerra, seus corpos e suas feridas. Era como uma invasão de um ambiente por outro mais funesto, provocando um desequilíbrio entre expectativa e realidade. A desarmonia entre o plano urbano e a carne necrosada do *front* tornaram os inválidos de guerra um elemento estranho, indesejado na sociedade, e em pouco tempo sua presença nas ruas passou a ser invisibilizada, ou seja, ignorada pela maioria da população. Dix denunciou a hipocrisia dessa sociedade, que pediu pelo sacrifício e depois esqueceu sua responsabilidade com cerca de 2 milhões de feridos e mutilados da guerra.

Nas letras, o ambiente do período de Weimar, entre 1918 e 1933, encontrou reflexo na história da redação de *A montanha mágica*, por Thomas Mann. O livro havia começado a ser escrito pouco antes da Primeira Guerra, quando o autor ainda mantinha uma posição nacionalista romântica, com certa simpatia pelo conflito. Não é à toa que a narrativa é ambientada em um sanatório dedicado às vítimas de tuberculose, no qual um apreço pela morte pode ser observado nos moradores, um "niilismo bem-humorado", como o próprio autor caracterizou a obra em uma entrevista de 1915. O livro seria lançado apenas em 1924, e entre essas duas datas, o autor sofreria uma grande transformação ao assistir aos horrores da guerra, às feridas expostas nas ruas das cidades alemãs, à ascensão do conservadorismo e de uma direita virulenta e intransigente, pautada no chauvinismo, no militarismo e no racismo. A mudança de posição de Thomas Mann é demarcada em um discurso que ele profere no ano de 1922, *Sobre a República alemã*, no qual defende que

> A República é um destino; um destino para o qual a única atitude correta é *amor fati*. Essa não é uma frase por demais solene, pois esse não é um destino qualquer; a assim chamada liberdade não é brincadeira e diversão, não é isso que eu digo. Seu outro nome é responsabilidade – e com isso fica claro que ela é um fardo pesado, especialmente para o intelectual.

Beko (CC BY-SA 4.0)

Nie wieder Krieg, Käthe Kollwitz, 1924

As obras de Käthe Kollwitz representam sua dor diante da perda do filho na guerra. Ela militou pelo pacifismo e assinou o cartaz mais conhecido da causa, com os dizeres *Nie wieder Krieg* ("guerra nunca mais"). É dela também a escultura *Mãe com filho morto*.

176 | Os alemães

A posição de Thomas Mann se modifica, amadurece e se presta agora a uma defesa da democracia, um respeito pela diversidade, um exercício da responsabilidade pela liberdade. Mais que um romance de formação, *A montanha mágica* parece ter sido um campo de aprendizado para o próprio autor. O resultado seria um Thomas Mann mais combativo, um militante que, mais tarde, lutaria contra o nazismo mesmo em seu exílio nos Estados Unidos.

Thomas Mann é apenas um dos expoentes desse período, marcado pelo surgimento e pela consolidação de pesos pesados da literatura e da academia alemãs. No meio literário, grupos e círculos se formam para pensar a nacionalidade alemã, o papel da *Bildung*, a contemporaneidade e a História alemã, tanto em termos de escrita presente quanto em termos de memória. Florescem também os estudos em História, em Sociologia e em Ciência Política, particularmente em Berlim, e os de Psicanálise, na esteira dos estudos freudianos em Viena. Foi um período, enfim, de dúvidas e de mudanças, mas ao mesmo tempo de intensa produção e de debates, de construção de saberes e de um redimensionamento dos papéis e da cultura alemã.

Mas, ao mesmo tempo que uma cultura democrática, intelectual e liberal ganhava espaço no campo público de Weimar, uma cultura conservadora e ligada a uma tradição autoritária germânica se desenvolvia. Seus adeptos faziam uma crítica severa ao modelo partidário democrático e ao Parlamento liberal, acusando-os de formarem um campo de conflitos e de discussões infinitas, sem que decisões importantes fossem tomadas para resolver as diferentes crises, econômicas e sociais, que se aprofundavam na Alemanha. Em suma, professavam uma "revolução conservadora", defendiam um Estado forte, ditatorial e, em alguns casos, militarizado. Para eles, esse seria o "jeito alemão" e, através desse poder autoritário, as visões conflitantes seriam eliminadas – pela força se necessário. Conceitos como *Volksgemeinschaft* ("comunidade do povo") e *Lebensraum* ("espaço vital") se tornaram correntes nos grupos conservadores, de centro-direita e de extrema-direita. Intelectuais como o historiador Arthur van den Bruck, o culturalista (e pessimista) Oswald Spengler e o geógrafo Karl Haushofer acabaram ganhando proeminência em determinados círculos, exercendo influência e fornecendo um lastro teórico para a ascensão dos movimentos de direita na Alemanha, em particular, o nazismo.

O período republicano assistiu também, junto com as múltiplas crises, ao "atordoamento das identidades", um terreno propício para o surgimento de movimentos e correntes nacionalistas, ocultistas e místicas. O questionamento das estruturas, das ideologias e a desorientação na nova realidade conduziam a duas respostas gerais: a primeira, uma radicalização do pensamento, direcionado à destruição da ordem republicana em nome de novos projetos que seriam, em tese, salvadores do indivíduo e da sociedade (são os movimentos políticos extremistas que beberão dessa fonte) ou, a segunda, uma confusão do indivíduo, que não sabe mais onde se encontra em relação ao mundo e busca esse norte nas mais diversas alternativas. Essa busca pelo pertencimento, por uma ordem no mundo, por vezes encontrou no sobrenatural a resposta. Era um remédio para as feridas espirituais que a guerra e as crises haviam causado. E não se trata aqui de um aumento no número de "loucos dos signos", de seguidores da astrologia, mas da fundação ou refundação de sociedades esotéricas, muitas vezes "secretas", que buscavam no além, no desconhecido, uma resposta ou um alívio para aquele momento. Mais do que espaços de encontro e debate sobre misticismo, ou mesmo iniciação a algum ritualismo obscuro, esses grupos forneciam a oportunidade de socialização para indivíduos que, em geral, sentiam-se perdidos e inseguros. Muitos desses grupos esotéricos misturavam essas ideias com as concepções racistas que dominavam parte do espectro político, gerando grupos wotanistas, teosóficos germânicos e ariosofistas em geral. A influência desses grupos nos campos político e social da Alemanha foi estudada pelo historiador Nicholas Goodrick-Clarke, que traça seu caminho até o núcleo do Terceiro Reich.

Entre as sombras do real e a penumbra do ocultismo, a República de Weimar sofreu permanentemente com as fraturas legadas pela guerra. Mas foi capaz também de produzir brilho e de inspirar a evolução em muitos cidadãos, a tolerância e a responsabilidade. O modernismo de sua arte era o marco de uma nova disposição e liberdade, o expressionismo um reflexo da crise e de um novo trauma de nascimento. O medo, o rancor, o revanchismo e a violência, entretanto, cresciam. E seriam eles que estariam no comando nos últimos suspiros da República.

AS DÍVIDAS DE GUERRA

Certamente, os problemas econômicos são os que chamam mais atenção do observador da história do pós-guerra. Cédulas com valor de face de milhões de marcos impressas nos anos 1920 ilustram os livros didáticos de História, dando uma dimensão da hiperinflação que atingiu a Alemanha.

178 | Os alemães

O conflito havia sido extremamente custoso, não apenas para a Alemanha, mas para todos os envolvidos europeus, tanto em termos financeiros quanto em termos humanos. Durante a guerra, várias formas de arrecadação de dinheiro para contribuir com os esforços foram promovidas, como a compra de papéis e créditos de guerra, que, em tese, seriam pagos quando ela fosse vencida. Mas é claro que isso nunca aconteceu.

Com o fim do conflito, os alemães foram submetidos a gigantescos pagamentos e compensações de guerra, especialmente pelos franceses. Assim, os recursos estatais se tornaram praticamente nulos. Para tentar compensar a situação calamitosa, o Estado alemão passou a imprimir mais dinheiro, fazendo com que a inflação galopasse. Em parte, essa estratégia visava, além de aumentar a circulação de dinheiro no interior do país, evidenciar para as potências vencedoras as medidas absurdas que as exigências de Versalhes obrigavam os alemães a tomar. De tempos em tempos, a Alemanha tentava renegociar os termos do tratado; aos poucos, os ingleses aliviaram as exigências, mas os franceses eram menos flexíveis. As dificuldades de pagamento chegaram a seu limite em 1923, quando uma crise se instalou entre os governos francês e alemão. A França, como medida para garantir alguma forma de pagamento, ocupou o vale do Ruhr, região que havia sido desmilitarizada após a guerra e que possuía as maiores reservas de carvão e de ferro da Alemanha.

Os franceses se mantiveram no Ruhr por mais de dois anos, ignorando apelos internacionais por maior flexibilidade com a Alemanha e sua dívida. A população local, por sua vez, deu início a uma campanha baseada na não colaboração com o invasor, na resistência não violenta e em greves gerais. Ações isoladas de sabotagem por parte de militantes extremistas de direita e de esquerda também tiveram lugar. Um desses sabotadores, Albert Schlageter, foi preso pelas forças de ocupação, julgado e condenado à morte por enforcamento. Sua história causou comoção nacional, e, por ser um militante de direita, sua imagem seria fortemente utilizada pela propaganda nazista como "o primeiro soldado do Terceiro Reich". Schlageter se tornaria, assim, um símbolo da luta contra as diretrizes de Versalhes, contra os interesses estrangeiros e um ícone do revanchismo e do nacionalismo alemães. Seria, enfim, um dos vários nomes instrumentalizados e cantados pelos nazistas em seus desfiles e marchas.

Mas todas as ações e resistências alemãs, apesar de renderem simpatia internacional, não foram capazes de demover os franceses da ocupação. Eles se retiraram da região do Ruhr apenas em 1925, como decorrência de um novo acordo que reajustaria as formas de pagamento das reparações de guerra. O que resultou dessas

A inflação do entreguerras alemão é reconhecida como um dos maiores desajustes econômicos da História contemporânea do Ocidente. A nota acima, de 1924, é de 100 bilhões de marcos.

180 | Os alemães

renegociações ficou conhecido como Plano Dawes, e se baseava essencialmente em um grande empréstimo cedido pelos Estados Unidos para a Alemanha, buscando possibilitar um desafogo em suas contas e tentar uma retomada de seu crescimento. As contrapartidas, entretanto, não eram tão simples, pois era esperado que o Banco Central alemão ficasse sob o controle internacional e que as parcelas da dívida alemã aumentassem gradativamente.

A Alemanha aceitou essas condições e, ao menos nos primeiros anos do acordo, sua economia parecia ter ganhado novo fôlego. Entretanto, a força de sua moeda estava agora estreitamente dependente das divisas norte-americanas, ou seja, da saúde econômica dos Estados Unidos. Além disso, os aumentos anuais da parcela da dívida tornaram rapidamente o acordo insustentável, levando a Alemanha a pedir um novo rearranjo três anos depois. E como se já não estivesse afundada o bastante, ao final daquela década, em 1929, veio a Quebra da Bolsa de Valores de Nova York e, com ela, a ruína econômica alemã.

Um novo plano, chamado de Plano Young, foi ainda pensado para o refinanciamento da dívida da guerra. Uma engenharia financeira garantiria que a Alemanha pagasse parcelas menores, e mesmo essas parcelas poderiam ser pagas de forma parcelada, como se fosse um cartão de crédito. Um mínimo, de um terço, deveria ser pago obrigatoriamente, e os outros dois terços poderiam ser pagos posteriormente, com incidência de juros e garantidos por bancos internacionais. Mas é claro que, após o Crash de 1929, nada do que havia sido combinado foi cumprido, e após 1933 a Alemanha renunciou a qualquer possibilidade de pagamento das dívidas de guerra. (Apenas depois da Segunda Guerra Mundial, já na década de 1950, os pagamentos viriam a ser renegociados – junto de outras dívidas contraídas após 1945 – e retomados, de forma bastante amortecida. A última parcela da dívida foi paga em 2010.)

O tema das dívidas de guerra foi onipresente na República de Weimar, e ele, como tudo que envolvia o Tratado de Versalhes, fomentou o revanchismo e o ódio contra os Aliados, em particular contra a França. Essa situação foi utilizada por extremistas de ambos os lados do espectro político para angariar apoio, na denúncia contra o sistema e contra a dominação dos alemães pelos interesses estrangeiros. Os dois planos de renegociação da dívida foram criticados intensamente e apontados pela imprensa partidária como exemplos da subserviência alemã frente aos vencedores da guerra. O tratado, assinado em 1919, manteve de múltiplas formas os alemães presos a um passado que teimava em não passar. Mas a sociedade alemã havia mudado, estava fragmentada e se transformava continuamente. Vários caminhos se apresentaram aos alemães nos anos de Weimar, várias alternativas, ideias e imagens. Mas o racionalismo foi perdendo espaço, pouco a pouco, para condutas emotivas, e o rancor, por fim, se tornou dominante, conduzindo o país a uma marcha de ódio e de violência.

OS RANCORES DA GUERRA

Em novembro de 1919, o general Paul von Hindenburg, que havia assumido a direção do Exército alemão durante a Primeira Guerra Mundial, apresentou um relatório sobre o desenvolvimento do conflito para o novo Parlamento. Nele, o militar deu peso a uma teoria escapista que apontava como verdadeiros culpados pela derrota alemã elementos políticos dissidentes no interior do país, como os comunistas, os sociais-democratas, os judeus etc. Essa ideia ganhou o nome de "teoria da facada pelas costas" e permeou toda a República de Weimar, influenciando aos poucos os caminhos políticos da Alemanha. Ela também retirava do Exército qualquer responsabilidade sobre a derrota, um movimento que, além de falso (pois ainda que as tropas alemãs estivessem "em território inimigo", elas não tinham mais como sustentar o *front*), gerou um artifício argumentativo e narrativo que foi amplamente utilizado em todos os momentos de crise mais aguda (e a República de Weimar foi um período de crise contínua).

Ao tirar de seus ombros qualquer responsabilidade pelo desfecho da guerra, Hindenburg (que se tornaria presidente da República em 1925, comprovando sua popularidade) contribuiu para a polarização do ambiente político do país, fato que os movimentos e partidos conservadores e de direita souberam instrumentalizar de forma muito mais eficaz do que a esquerda – que se encontrava em lutas intestinas entre comunistas e sociais-democratas. Esse ambiente se tornou também propício para a manutenção de uma latência conservadora, quer dizer, ajudou na preservação da alternativa conservadora, militarista e elitista (e até mesmo monarquista, em alguns grupos) entre a população que, diante das crises e da incapacidade dos democratas, sociais-democratas e centristas em superá-las, procurava outros horizontes. De modo perceptivo, o passado imperial alemão projetava sua sombra sobre a República de Weimar.

Assim, ao lado de valores e de princípios democráticos, inclusivos e progressistas, Weimar vivenciou a fermentação da frustração, do revanchismo e da desconfiança. Movimentos de caráter racista ganharam força, o conservadorismo político e social era exortado e ações e ideias preconceituosas eram convertidas em opinião, tornando-se cada vez mais "aceitáveis" na esfera pública. A arte modernista foi condenada por alguns grupos, que a acusavam de degenerada e pornográfica. O nacionalismo e o racismo se tornaram, gradativamente, supremacistas, defendidos por grupos e partidos que criticavam o sistema democrático e republicano, defendiam o revanchismo em nome da honra alemã, pautavam-se por teorias raciais que propagavam a superioridade ariana frente a outros povos, atacavam o capital internacional, as plutocracias, ao mesmo tempo que odiavam o internacionalismo comunista, o socialismo e o pacifismo. Eram grupos que, essencialmente, enxergavam problemas em todas as alternativas disponíveis e se agarravam ao binômio "raça-nação".

Esses grupos cresceram e se organizaram muitas vezes em torno de elementos considerados "apolíticos", "cansados das crises" e "frustrados com os rumos do país". Não raro, obtinham seu apoio principal em ex-combatentes da Primeira Guerra, em geral desempregados, organizando com eles milícias que lembravam com nostalgia do senso de "camaradagem das trincheiras", algo que os remetia a um tempo mais "ordeiro" em que sua existência fazia sentido. Haviam sido defensores da pátria, e deveriam continuar a sê-los. Os inimigos agora eram os comunistas, judeus e esquerdistas, que, segundo o marechal Hindenburg, haviam tomado o país entregando-o à própria sorte durante a guerra, apunhalando a Alemanha pelas costas.

Em momentos de crise, cresce o sentimento de paranoia. Quando essa crise é muito grave e generalizada, uma paranoia coletiva pode tomar conta da sociedade. Inimigos precisam ser apontados como bodes expiatórios para as frustrações, e, de repente, o que começou como uma justificativa para suas próprias falhas se torna uma sombra que o persegue a todo instante. "Comunistas querem tomar o poder para transformar a Alemanha em uma província da União Soviética". "Sociais-democratas são agentes da corrupção que destroem o Estado e o entregam às potências estrangeiras". "Os judeus estão por trás de todas as mazelas do país". Algumas frases que se mostram falsas ou mesmo absurdas quando analisadas de forma mais detida, de repente se tornaram verdades absolutas, irrefutáveis para muitos alemães mesmo com dados e com as provas mais evidentes em contrário. Confrontados com evidências dessas falácias, os paranoicos ouviam vozes que gritavam a todo momento: "*eles* são as fontes de nossa infelicidade, precisam ser eliminados". Assim, comunistas, judeus, sociais-democratas passaram a ser vistos como inimigos mortais, que tinham que ser combatidos a qualquer custo.

Os grupos de direita, eventualmente organizados de forma paramilitar, partiram para uma ação justiceira, ocuparam espaços na sociedade, avançaram no combate violento contra seus inimigos. Nesse afã, receberam o benefício de uma justiça bastante parcial, que empregava dois pesos e duas medidas em seus julgamentos e sentenças. O historiador Peter Gay (em *A cultura de Weimar*) faz um levantamento dos confrontos físicos entre esquerdistas e conservadores na jovem República e das sentenças que receberam. Sobre o período entre 1918 e 1922, o pesquisador encontra registros de 354 assassinatos promovidos por grupos extremistas de direita, dos quais um foi punido de forma rigorosa com prisão. Do lado da esquerda extremista, foram registrados 22 assassinatos, dos quais 17 foram rigorosamente punidos, 10 deles com a pena de morte. A desproporção das penas evidencia, por um lado, que a justiça funcionava perfeitamente quando os crimes vinham da esquerda, mas por outro fazia vistas grossas às ações criminosas da direita. Isso abria precedentes fatais. Extremistas de direita, defensores de uma certa "moral e bons costumes", passaram a utilizar de violência para manter suas posições, sem se preocupar com as consequências. Elas não existiam. Uma casta de juízes fazia questão de deixar claro que a direita tinha permissão para cometer "excessos", pois lutava por uma visão conservadora que era compartilhada pelos próprios juízes. Para os amigos, julgamentos farsescos, aos inimigos, todo o rigor da lei.

Esse ambiente parece encontrar no filme *M., o vampiro de Düsseldorf* (Fritz Lang, 1931) uma tradução perfeita. Durante o julgamento popular do assassino do título, ele diz que suas ações não são culpa dele, que são as vozes em sua cabeça que o levavam a matar, ele não podia se controlar. Em um caso de paranoia coletiva, são as "vozes" que levam todos a apontar para bodes expiatórios e buscar vingança. Não à toa, Fritz Lang foi "convencido" a modificar o nome do filme após a ascensão nazista. *M., Mörder unter uns* ("assassinos entre nós") perdeu seu subtítulo: os nazistas achavam que era uma referência muito direta a eles.

SOMBRA SOBRE A EUROPA: O TERCEIRO REICH

A ascensão dos nazistas ao poder e o estabelecimento do Terceiro Reich ocorreram dentro do sistema democrático da República de Weimar. Essa é uma afirmação verdadeira, mas que esconde algumas particularidades do processo de tomada do poder que escamotearam o seu desenvolvimento.

Quando os nazistas se consolidaram no cenário nacional como principal partido da direita, nacionalista e racista, o crescimento de sua popularidade se refletiu nas urnas. Se tomarmos como ponto de partida as eleições de maio de 1924 para o Reichstag (Parlamento), podemos ter uma ideia desse desenvolvimento. Nesse ano, o Partido Nacional-Socialista dos Trabalhadores Alemães (NSDAP), ou simplesmente Partido Nazista, se encontrava proibido de disputar as eleições após ter tentado derrubar o sistema democrático com um golpe, o *Putsch* de 1923. Hitler e outros membros estavam presos, mas os militantes do partido fizeram uma campanha de agitação nas ruas das principais cidades do país (marchavam pelas cidades, promoviam arruaças e organizavam pequenos comícios para lembrar a população que eles ainda existiam). Assim, mesmo não participando das eleições, os nazistas estavam lá. Poucos meses depois, as crises da República de Weimar obrigaram a uma nova convocação de eleições. Dessa vez, o NSDAP promoveu uma união com o Deutschvölkische Freiheitspartei ("Partido Popular Alemão da Liberdade" – ODVFP) e lançou seus candidatos por essa aliança (NSFP), conseguindo, assim, 14 cadeiras no Parlamento.

Os quatro anos seguintes foram dedicados à reestruturação do Partido Nazista, que começava a planejar seu crescimento como movimento e partido de massas. Nesse período, Hitler consolidou sua liderança. As crises e as frustrações que acompanharam toda a República de Weimar forneceram o ambiente necessário para que o ódio surgisse como moeda corrente no campo político, e o NSDAP se aproveitou disso. Em 1928, concorrendo novamente como NSDAP, o partido obteve 12 cadeiras intensificando seu discurso racista e populista, acusando judeus e os plutocratas do exterior pela falência alemã. Em novas eleições, em 1930, o discurso incisivo e as pressões exercidas nas ruas renderam mais dividendos: o NSDAP se tornou a segunda força do Parlamento, com 107 cadeiras.

A partir desse momento, a violência empregada pelos nazistas atinge novos patamares. Não só o discurso antissemita se torna onipresente, mas também as humilhações e as pressões contra funcionários, professores e comerciantes judeus são observadas em todo o país. A ocupação violenta de espaços públicos e a força empregada para calar qualquer tipo de voz contrária não encontram freios, pelo contrário, contam com a conivência e as vistas grossas da polícia e da Justiça, simpatizantes do discurso e da atuação dos nazistas contra a esquerda. A propaganda nazista se aperfeiçoa e dá ao ódio político e racial ares de legitimidade. A SA, a tropa paramilitar do partido, entre suspensões e liberalizações, atinge cerca de 400 mil membros. O resultado: em julho de 1932, o NSDAP se torna a principal agremiação do Parlamento com 230 cadeiras, desestabilizando completamente o sistema.

Os demais partidos se recusavam a compor o governo com um partido extremista, e o chanceler apontado pelo presidente Hindenburg, Franz von Papen, um aristocrata centrista, governava sem apoio, dependendo de decretos presidenciais para qualquer ação. Logo, o governo teve sua capacidade colocada em xeque e novas eleições acabaram sendo convocadas para o mesmo ano, em novembro.

Os resultados das eleições trouxeram uma queda nos números dos nazistas, com 196 cadeiras, mas um grande avanço dos comunistas, que agora somavam 100. Com o país mergulhado no caos político e social, mais uma vez, um governo moderado e estável estava fora de qualquer possibilidade, e o avanço dos comunistas preocupava a elite nacional. Aumentaram, então, os defensores da participação nazista no governo; era a ideia do "novo a qualquer custo", ou ainda de um "mal menor" (tão comum em momentos de crises – e frequentemente tão equivocada). Von Papen decidiu articular com os nazistas um governo de centro-direita, cedendo a chancelaria para Hitler e mais alguns ministérios-chave para seus partidários. Um caminho pavimentado de violência e desordem havia levado os nazistas a uma ascensão embebida no verniz da legalidade. Com tal acordo, o ex-chanceler acreditava conseguir conter o avanço comunista, mas também o ímpeto violento e radical dos nazistas, ainda bastante inexperientes na arte de governar.

A História mostraria o preço que o país pagou por subestimar as forças nazistas. Em janeiro de 1933, o NSDAP chegou ao poder, e em Berlim os militantes uniformizados desfilaram com tochas acesas pelo Portão de Brandemburgo. Dois dias depois, o novo chanceler fez um discurso nas rádios – provavelmente o principal meio de sua propaganda –, em que denunciou a "herança marxista" na Alemanha e dissolveu o Parlamento, convocando novas eleições para março. Apenas um mês depois, um militante comunista resolveu colocar fogo no Reichstag, fazendo o país entrar em estado de exceção, aumentando a perseguição aos partidos de esquerda. Nas novas eleições, o NSDAP atingiu 288 cadeiras, o suficiente para formar um governo e impor suas diretrizes. Com isso, no espaço de um ano, o chanceler ganhou poderes totais e se tornou *Führer* ("líder") do país. Colocou então todos os outros partidos na ilegalidade, convocou novas eleições no final do ano, as quais lhe deram 100% do Parlamento, que, ainda assim, passou a ser usado praticamente em caráter formal. O país se encontrava em uma ditadura, organizada e construída com sangue. Todo esse processo foi desencadeado tendo um ator no centro: Adolf Hitler.

HITLER

Na Alemanha da década de 1920, em meio ao ambiente mais típico da República de Weimar, entre ex-combatentes inconformados com os rumos do país e zelosos pelas tradições perdidas da Alemanha, encontraremos o personagem central deste capítulo. A derrota na Primeira Guerra e as crises provocadas pelo Tratado de Versalhes fizeram com que o sentimento de perda superasse o orgulho nacional, levando muitos alemães a se fechar em associações e comunidades em busca de um espaço em que se sentissem parte de algo maior. Charles Lindholm cita, em seu livro *Carisma*, as Organizações da Juventude e os *Freikorps* (organizações paramilitares de voluntários) como um desses grupos. Nas palavras do autor, "eles se sentiam sem raízes e alienados, numa Alemanha onde tudo aquilo pelo que tinham lutado estava aparentemente de cabeça para baixo". Esses grupos se consolidaram após o fim da Revolução de Novembro e se desdobraram em movimentos políticos e partidos, ansiosos pela continuidade dos idealizados laços de camaradagem dos tempos da guerra, da estrutura militarista e por uma atividade que os permitissem defender suas ideologias no campo de batalha que se tornou a nova República. Adolf Hitler, como cabo do Exército alemão, vivenciou esse ambiente e, como líder do Partido Nazista, se tornaria seu principal beneficiário.

Hitler nasceu em 1889, na cidade de Braunau am Inn, na fronteira austríaca com a Alemanha. Suas origens sociais remontam a uma família de classe média; seu pai, Alois Hitler, foi funcionário público e ascendeu na máquina estatal fazendo carreira

188 | Os alemães

no Ministério de Finanças. A origem de seu sobrenome, aliás, é responsável por uma das anedotas mais conhecidas da Segunda Guerra. Filho de mãe solteira, Alois se chamava Alois Schicklgruber, vindo a adotar o nome de seu pai apenas na fase adulta da vida, alguns anos antes de seu filho, Adolf, nascer. Em seus discursos ao Parlamento, o primeiro-ministro inglês Winston Churchill chegou a se referir a Hitler como *Herr Schicklgruber*. A intenção do líder inglês, um tanto esnobe, era tanto ridicularizar o adversário pela fonética gutural do nome (o próprio Hitler chegou a comentar que a melhor ação de seu pai fora a troca de nome, pois ninguém diria *Heil Schicklgruber!*) quanto lembrar as origens obscuras de Hitler. Mesmo na época, rumores eram levantados sobre uma possível ancestralidade judaica de Hitler – o que dificilmente é verdade.

As fontes a respeito da vida de Hitler desde seu nascimento até o ano de 1914 são poucas, o que faz com que sua vida fique cercada de mitos e fantasias. Dentre o pouco que se sabe, encontramos a morte de seu pai, em 1903, e alguns aspectos da sua vida escolar em Linz, encerrada em 1906, mesmo ano em que seguiu para Viena, na Áustria, para tentar ingressar na Academia de Belas Artes. Foi reprovado e voltou para a casa de sua mãe. Ela, porém, veio a falecer em 1908, deixando o filho livre para voltar a Viena. Sem conseguir realizar o sonho de ser artista, Hitler passou cinco anos na capital austríaca trabalhando como operário, pintor de paredes e pintor de aquarelas e cartões-postais. O dinheiro era pouco, a ambição era grande, e o ambiente o fazia transitar entre os extremos da vida da metrópole: sua paixão pela pintura e pela música era saciada pela alta oferta cultural vienense, enquanto a decadência evidente do Império Habsburgo fomentava o surgimento de pensamentos políticos e publicações extremistas, germanistas e antissemitas. Hitler beberia de todas essas fontes.

Viajou em 1911 para Munique, onde tentou viver da venda de seus quadros. Em 1914, quando irrompeu a Primeira Guerra Mundial, alistou-se na Alemanha, vindo a combater com as tropas desse país. A declaração de guerra foi um marco na vida de Hitler; era a oportunidade perfeita para dar um novo rumo para sua existência, além de defender os ideais nacionalistas que, mesmo jovem, já havia encarnado. Ficaria célebre a fotografia onde Hitler aparece vibrando com a mobilização do Exército alemão, em 2 de agosto de 1914; nessa época, ele era ainda apenas mais um desconhecido, gritando incógnito em meio a uma multidão.

Durante a guerra, o soldado Hitler logo ganhou projeção, voluntariando-se aos serviços mais perigosos de seu batalhão e conseguindo realizá-los com sucesso. Foi condecorado por bravura com a Cruz de Ferro de Primeira Classe, feito raro para um

Sombra sobre a Europa: o Terceiro Reich | 189

O jovem Hitler (primeiro sentado, à esquerda), por volta de 1914, de uniforme junto aos companheiros de batalhão durante a Primeira Guerra Mundial. Em menos de 20 anos ele se tornaria chanceler sob o Partido Nazista.

simples cabo. Numa dessas missões, foi atingido por um ataque de gás e ficou fora de combate num hospital até o fim da guerra, em 1918. Lá, recebeu a notícia da rendição alemã e não se conformou com o resultado do conflito. A partir desse momento, passou a culpar os judeus e bolcheviques pela derrota e a combatê-los nos seus discursos, seguindo a tendência paranoica da "teoria da facada pelas costas". Em poucos anos, ele se tornaria um mestre da oratória dessa linha e colheria seus frutos políticos de forma vertiginosa.

Em 1919, ainda numa missão pelo Exército, Hitler foi enviado para observar um novo partido que acabava de ser fundado. O Partido dos Trabalhadores Alemães (DAP) era apenas um entre dezenas de partidos de direita que surgiam na recém-fundada República de Weimar. Contando com um discurso extremista e racista, defendendo as tradições alemãs, a ordem, a moral e os "bons costumes", o partido seduziu Adolf Hitler, que fez a sua inscrição (a de número sete) na agremiação política. Hitler passou, então, a se dedicar ao partido, buscando estratégias para expandi-lo, treinando sua oratória e desenvolvendo sua retórica. O partido ficava, pouco a pouco, conhecido dos bávaros, e Hitler, apontado como seu principal membro. Suas reuniões semanais começaram a chamar a atenção da população, e logo os ouvintes chegaram às centenas. O carisma de Hitler já era poderoso: seus discursos e opiniões traziam cada vez mais adeptos ao partido, pois os curiosos logo se tornavam militantes. Muitos ex-combatentes passaram a ver no partido e em Hitler bastiões do denuncismo contra a permanente crise no país. Mas, ainda que sua retórica fosse atraente, sua consistência política era questionável. Hitler percebeu essa falha e investiu em uma repaginação do partido: de uma confraria que se reunia em uma pequena cervejaria, lançou as bases para um partido de massas, mudou o nome de DAP para Partido Nacional-Socialista dos Trabalhadores Alemães (NSDAP), e a partir das ideias propagadas nas reuniões foi escrito um programa partidário. O novo nome e o programa do partido mostram a arbitrariedade e certo oportunismo na composição dessa estrutura. Atirando para todos os lados, o programa pregava contra o marxismo, contra o capitalismo, contra a República e contra a democracia. Economicamente, o partido se apresentava como uma espécie de "terceira via", defendendo uma sociedade sem classes, um sistema corporativista e antimarxista. Em termos sociais, era extremamente conservador, por vezes reacionário. Era também abertamente racista, de um nacionalismo extremo e revisionista em relação ao resultado da guerra. Defendia, entretanto, a reforma agrária e o confisco dos ganhos especulativos. No fundo, o programa respondia, de forma populista e com um verniz político, a uma série de anseios da população. Como descreve Joachim Fest, um dos principais biógrafos do líder nazista, em seu livro *Hitler*:

> [Hitler] nada tinha a perder. Tirava da eloquência uma autoconfiança reassegurada muito mais pela frieza e temeridade resoluta do que por certezas inerentes a uma convicção. Assim ficava ele também menos fascinado por uma ideia propriamente dita do que pelas possibilidades de aplicação. Desejava saber, por exemplo, se qualquer ideia seria capaz de dar uma "palavra de ordem poderosa". A total incompreensão que sentia pelo pensamento puro, impossível de ser traduzido sob uma forma concreta no domínio político, se exprimiu na "repugnância" e no "desgosto profundo" que nutria pelos "teóricos enrolados do racismo", pelos "tagarelas" e pelos "vampiros de ideias". [...] Suas ideias não eram convincentes pela evidência, mas simplesmente por seu manuseio fácil: não pela verdade, mas por sua aptidão para serem utilizadas como armas.

Essa retórica emotiva somada a uma performatividade voltada para as massas bastante peculiar criou uma aura carismática em torno do líder nazista, produzindo a imagem do *Führer* que deveria ser seguido a qualquer custo. Goebbels, futuro ministro da Propaganda Nazista, quando ouviu pela primeira vez um discurso de Hitler, em Munique, anotou em seu diário: "Naquele momento eu renasci. Agora eu sei que caminho tomar [...]. Este é o líder." (Levado pelo carisma de Hitler, Goebbels o seguiria até o suicídio em 1945, quando a Alemanha perdia a guerra). Como ele, muitos outros passaram a devotar sua vida ao Führer e suas ideias.

Rapidamente, o Partido Nazista expandiu seus domínios, alcançando outras cidades, como Nuremberg, avançando sobre as fronteiras da Baviera até chegar a Berlim. Nesse processo, por toda parte, os nazistas entravam em confronto aberto (e físico) com os esquerdistas, fossem sociais-democratas, fossem comunistas. O nacionalismo extremo, o combate à República e o conservadorismo permeados por um antissemitismo virulento os colocavam em conflito constante com o Partido Comunista (KPD) e o Partido Social-Democrata (SPD). Não foi à toa que os principais partidos daqueles anos constituíram as suas próprias forças paramilitares. O objetivo era não só defender seus ideais e proteger seus filiados, mas também ocupar espaços e promover o confronto físico em prol de seus interesses. Os comunistas tinham a Roter Frontkämpferbund, os nazistas tinham a Sturmabteilung (SA), e os confrontos dessas duas organizações se tornaram a tônica das ruas durante a República de Weimar. Os sociais-democratas também tinham seu grupo paramilitar, a Reichsbanner Schwarz-Rot-Gold, autojustificado como defensor das instituições republicanas e voltado à conscientização da população sobre o sistema democrático. Isso não o impedia, é claro, de entrar em confrontos com as outras organizações paramilitares, especialmente com a SA, movido pela defesa do país contra os extremismos de ambos os lados do espectro político. (Após a consolidação da ditadura nazista, em 1933, as duas organizações, a comunista e a social-democrata, tomarão parte decisiva na resistência interna.)

NAZISMO: IDEOLOGIA E VIOLÊNCIA

O espírito combativo dos nazistas os levara a acreditar que poderiam derrubar a República em 1923 por meio de um *Putsch* ("golpe"). O fracasso dessa tentativa conduzira Hitler e alguns de seus seguidores à prisão. Na cadeia, o líder nazista escreveria seu livro, *Mein Kampf* [Minha luta], e organizaria o partido para tentar chegar ao poder aparentemente por meio do jogo democrático, das regras republicanas. Depois, o NSDAP iria destruir a República e impor seu domínio racista. Apesar de os nazistas decidirem participar das eleições com seu partido, em nenhum momento a violência foi abandonada. Pelo contrário, ela se tornou a essência da ação política nazista.

Essa disposição para uso constante da violência tinha propósitos bem específicos: visava intimidar e mesmo eliminar atores e ideias que fossem, de alguma forma, contra o tradicionalismo, que ameaçassem, na visão dos nazistas, causar rompimentos no tecido e nas práticas sociais. A violência recorria à retórica nacionalista e racista – artifícios para defender a conservação de certo *status quo* político e social – o que se tornou uma das características centrais da direita radical. Em outras palavras, a violência aberta para intimidar e conformar os que defendiam uma visão "de esquerda" e contrária a suas convicções dava aos militantes nazistas uma autoimagem de "contrarrevolucionários", de "cruzados" que defendem a causa conservadora. Naqueles anos da República de Weimar, essa luta parecia ser um grande atrativo.

Se a violência nas ruas era o *modus operandi* dos nazistas, o que os guiava ideologicamente eram o nacionalismo e o racismo. Pode-se dizer que o nacionalismo era a grande ideologia vencedora do século XIX e início do XX; ele se fez presente em todos os países, em quaisquer grupos étnico-culturais. A defesa de interesses nacionais ou a reivindicação pelo reconhecimento de uma nação própria tinha grande potencial de desembocar em um nacionalismo virulento. Entre os pontos defendidos especificamente pelo nacionalismo

Os nazistas empregaram uma poderosa máquina de propaganda anticomunista, bem como um enorme aparato repressivo. No cartaz lê-se: "O perigo do bolchevismo". A iconografia deixa clara a mensagem nazista: o comunismo é associado com a morte, e seu avanço incendeia o mundo.

alemão no pós-Primeira Guerra, destacava-se a doutrina do *Lebensraum* ("espaço vital"), que defendia que, para se desenvolver a contento e poder se colocar entre as grandes potências do mundo (lugar que julgava ser seu por direito), a Alemanha necessitava de mais terras, de mais espaço para desenvolver sua indústria e agricultura, onde os alemães pudessem exercer seu papel de senhores. Esse conceito tinha um matiz imperialista, por certo, mas, diferentemente do imperialismo do século XIX, que se direcionava a colônias ultramarinas, o *Lebensraum* dizia respeito primariamente à Europa, em particular o Leste Europeu, ou seja, era preciso conquistar terras da Polônia e da União Soviética.

Na estrutura ideológica do nazismo, a ocupação dos territórios a Leste é ainda justificada pela "superioridade racial" que pregavam ser inerente aos arianos. Em sua crença, as características genético-raciais não se limitavam ao fenótipo, ou seja, à aparência física, mas também às capacidades mentais, racionais, organizacionais e civilizacionais de cada "raça", e todas elas utilizavam suas potencialidades na luta por espaço e por sobrevivência. Segundo as concepções nazistas, a "raça ariana" seria superior às suas "concorrentes", as raças eslava, asiática, africana etc. Os judeus, nessa classificação, eram considerados *Untermensch*, ou seja, "menos que humanos", e viveriam como parasitas a se aproveitar das outras raças. Considerando-se os principais exemplares da "raça ariana" e seus maiores defensores, os nazistas julgavam legítima a expansão de seus domínios para desenvolverem todo o potencial civilizacional dos arianos, ou seja, justificavam dessa forma a conquista de seu "espaço vital".

O conceito de *Lebensraum* é apenas um dos pontos que escancaram a ligação entre racismo e nacionalismo na ideologia nazista. Essa dupla base está nos pontos de fundação do partido, em sua razão de ser e no livro-fundamento da ideologia, o *Mein Kampf*. Nele, Hitler aponta, ao discorrer sobre as funções do Estado, que

> [...] a finalidade de um Estado nacionalista é a conservação dos primitivos elementos raciais que, por seu poder de disseminar a cultura, criam a beleza e a dignidade de uma humanidade mais elevada. Nós, como arianos, vivendo sob um determinado Governo, podemos apenas imaginá-lo como um organismo vivo da nossa raça que não só assegurará a conservação dessa raça, mas a colocará em situação de, por suas possibilidades intelectuais, atingir uma mais alta liberdade.

Na ideologia nazista, o próprio nacionalismo, exercido através da instituição político-diplomática que seria o Estado, teria como finalidade última a defesa da "raça alemã". Nesse esquema de ideias, o nazismo se apropriou de um racismo muito difundido na época, pintado com cores políticas e cientificistas.

Frontispício da edição de 1940 do *Mein Kampf*. Escrito por Hitler em 1925, foi o principal texto de divulgação da ideologia nazista. Além de um manifesto explicativo dos principais princípios do nazismo, o livro é também uma autobiografia, onde suas visões são explicadas por suas vivências.

O racismo é muito anterior ao século XIX, entretanto, no XIX ele ganhou uma capa pseudocientífica com o desenvolvimento da eugenia e do darwinismo social, que foram molas propulsoras de legislações racistas e serviram de justificativa para todas as atrocidades cometidas em favor do imperialismo europeu. A apropriação dessas pseudociências e da retórica peçonhenta por parte de movimentos e partidos conservadores de natureza *völkisch* ("nacional-popular", em tradução aproximada) – adjetivo que foi apropriado por movimentos populares de caráter nacionalista e racista entre o final do século XIX e meados do século XX – em países como a Alemanha, a Hungria e a Áustria, para além do antissemitismo, que era corrente em todos os cantos da Europa, resultou em uma normalização do vocabulário e do sentimento racista. Dois eventos cruciais do século XIX podem ser apontados como determinantes para esse processo: a publicação, em 1853, do livro *Ensaio sobre a desigualdade das raças humanas*, de Gobineau, talvez a primeira tentativa de classificação formal das "raças", e o Caso Dreyfus, na França.

O caso do oficial francês Alfred Dreyfus escancarou as possibilidades de instrumentalização e de atração do discurso racista. Acusado de espionagem para os alemães e de traição à pátria francesa, o evento foi manipulado para condenar um judeu – e não um francês, nessa lógica. A opinião pública comprou a premissa e reavivou imagens de comunidades judaicas como um grupo separado no corpo nacional, ou uma "pátria dentro de outra pátria". O clamor popular exigiu a condenação de Dreyfus, que acabou ocorrendo. Após as várias humilhações pelas quais o oficial passou, foi descoberta a fraude e a identidade do verdadeiro espião. Mesmo com as novas informações, a sentença de Dreyfus foi mantida, causando a indignação de seus poucos defensores. Entre eles estava o escritor Émile Zola, autor de um panfleto de protesto intitulado "J'accuse!" [Eu acuso!]. Entre a condenação de Dreyfus, em 1894, e a revisão de sua pena e declaração de inocência, em 1906, ocorreram inúmeros ataques a judeus e aos apoiadores de Dreyfus, tanto na França quanto nas colônias francesas. O caso demonstrou o potencial do racismo acionado no campo público em favor de uma causa: a instrumentalização do ódio traz dividendos políticos.

O racismo, e em particular o antissemitismo, não era uma prerrogativa francesa. Alemanha e Áustria também estavam prenhes desses sentimentos, e foi nesse ambiente que Hitler e muitos de seus seguidores formaram sua visão de mundo. O nazismo foi uma dessas tantas correntes racistas; particularmente, surgiu no pós-guerra alemão levantando a bandeira da superioridade ariana e da necessidade de perseguição aos judeus. A suposta ligação dos judeus com os comunistas e com os plutocratas dava um peso ainda maior ao ódio destilado por essa ideologia, que ainda usava o mito da "facada pelas costas na Primeira Guerra Mundial" como reforço para a narrativa antissemita. Apesar de os judeus serem o principal alvo de sua ideologia racista, os nazistas, apoiados no pressuposto de sua suposta superioridade, definiam todas as outras "raças" como inferiores, em maior ou menor grau. É assim que, como vimos, a expansão territorial sobre os povos eslavos era justificada. Judeus e ciganos, vistos como "elementos estranhos" e "parasitas" no corpo social alemão, passaram a sofrer uma perseguição sistemática já nos primeiros meses de domínio nazista, tendo suas cidadanias limitadas ou suspensas, o que aconteceu também com a pequena comunidade de negros e descendentes de africanos que existia na Alemanha, fruto do passado colonial do país. Nos anos seguintes, especialmente depois de 1935, quando as leis raciais ganharam força, judeus e ciganos passaram a ser enviados para os primeiros campos de concentração (o primeiro, o de Dachau, nas proximidades de Munique, foi construído ainda em 1933), juntos de testemunhas de

196 | Os alemães

Jeová e homossexuais. O racismo, o antissemitismo, o revanchismo de guerra e o mito da superioridade ariana embalaram o movimento nazista antes de sua chegada ao poder e se tornaram políticas de Estado com sua ascensão. Na segunda metade da década de 1930, em nome da "limpeza social" e da ordem, iniciou-se a utilização do trabalho escravo dos elementos classificados pelos nazistas como "associais" (mendigos, prostitutas, dependentes químicos e alcoólatras), além, é claro, de judeus e ciganos. Já em tempos de guerra, essa ideologia racista justificou a conquista territorial do Leste Europeu, a escravização dos povos locais e a eliminação das "raças" inferiores.

Em uma sociedade atomizada, marcada pelas crises do pós-guerra e pela desesperança, o nazismo encontrou terreno fértil. Nesse ambiente, os indivíduos se sentiam perdidos, isolados, e buscavam migalhas emocionais que lhes dessem algum sentido de pertencimento e um norte para seguir. O surgimento de lideranças carismáticas em contextos como esse é comum, e Hitler é possivelmente o principal exemplo da história. A propaganda e o discurso, aliados à violência e ao ódio, garantiram o apoio que levou os nazistas ao poder, dando ares de legitimidade à escolha de Hitler como chanceler. Quando isso ocorreu, a procura pela filiação ao NSDAP atingiu níveis estratosféricos. A onda de ingressos em 1933 fez com que o partido saltasse de cerca de 700 mil filiados para 2,5 milhões. Para manterem o controle, alegando a necessidade de conter a entrada de "oportunistas" e "aproveitadores", os líderes do partido suspenderam novas inscrições (com exceções para membros proeminentes da sociedade que demonstrassem interesse e que acrescentassem certo valor simbólico ao partido) e passaram a valorizar os membros mais antigos, seus "camaradas". Além disso, o partido fez alterações que permitiram solidificar o princípio da autoridade inquestionável de Hitler, excluindo (e eliminando) os elementos que poderiam, de alguma forma, lançar contrapontos ou críticas à autoridade hitlerista. A SA, o grupo paramilitar nazista que passaria a atuar como uma espécie de polícia política, passou de cerca de 400 mil membros para mais de 2 milhões. O sucesso desse grupo acabaria criando desconfiança em Hitler e também no Exército, que temia o crescimento de um braço armado do partido no território nacional. Com a conivência do sistema judiciário alemão (que já iniciara seu "ajuste" aos novos tempos), Hitler promoveu um expurgo da SA, em junho de 1934, na ocasião que ficou conhecida como Noite dos Longos Punhais, assassinando seus principais líderes – entre eles Röhm, o chefe dos camisas marrons (como eram conhecidos os membros uniformizados da SA). A um só tempo, eliminou um potencial rival na disputa pelo poder no interior do partido e no comando nacional e ganhou a confiança da cúpula do Exército, que interpretou a ação como um sinal de paz da parte do líder nazista.

Pouco mais de um mês depois da Noite dos Longos Punhais, em 1º de agosto, o presidente Hindenburg morreu, deixando vaga a cadeira presidencial. Em poucas horas, os nazistas anunciaram uma lei que combinava as funções de chanceler com aquelas da presidência. Hitler se tornou, assim, oficialmente, o Führer da Alemanha.

Uma vez no poder, como se vê, o nazismo não dispensou a ideologia e a violência, mas sim refinou sua tática e passou a empregar o dinheiro do Estado para garantir sua eficácia. Hitler transformou a SS, criada para ser sua guarda pessoal, em força nacional, e junto com a Gestapo (a Polícia Secreta) passou a manter o país em constante vigilância, elevando o terror à peça fundamental da administração do regime totalitário. A filósofa Hannah Arendt percebeu no regime nazista elementos inéditos na história: o terror é a essência do governo, mas ele, por sua natureza caótica, não consegue promover a ação por si mesmo, assim, a ideologia é necessária. No caso do nazismo, a ideologia nacionalista e racista se tornou *leitmotiv* do regime, e a violência o seu meio permanente.

Em um ambiente sufocado pela violência e pelo ódio, o NSDAP não encontrou barreiras. Implementou políticas públicas que geraram emprego, aumentaram a infraestrutura do país (algumas das realizações do regime nazista que são mais lembradas por aqueles que pretendem relativizar os podres da ditadura são as Autobahns, as autoestradas alemãs admiradas no mundo inteiro) e reconstruíram o Exército. Assim, ganhou apoio de boa parte da população e deu condições à Alemanha para enfrentar as potências democráticas no campo diplomático. É impossível hoje fazermos uma projeção do real apoio popular que os nazistas atingiram nos primeiros anos de seu governo, uma vez que dados confiáveis para uma ideia acerca desse tema (resultados eleitorais) não existem, já que eleições foram suspensas e todos os demais partidos foram colocados na ilegalidade. Entretanto, a recuperação da moral da população ocorreu pelo restabelecimento do país no grande jogo diplomático e pela gradual melhoria da situação econômica (impulsionada, entre outros, através de um maciço programa de incentivo estatal à infraestrutura do país, de incentivo à indústria, e de leis que estabeleciam um campo de trabalho prioritariamente masculino, com incentivos às mulheres para abandonarem seus empregos, casarem-se, terem filhos e deixarem seus postos de trabalho em favor dos homens). Essas novidades garantiram o apoio de muitos alemães ao regime nazista nesses primeiros anos, assim como também, por algum tempo, o benefício da dúvida por outra parcela da população.

198 | Os alemães

Mas ainda que, nessa época inicial, tenham alcançado o apoio e/ou a tolerância de boa parte da população, os nazistas chegaram a enfrentar dificuldades nada desprezíveis em muitos segmentos. Problemas com as colheitas de 1934, com os preços dos produtos agrícolas e com leis impopulares específicas para o meio rural (como a que impunha que as terras fossem herdadas por uma única pessoa, por exemplo) dificultaram o domínio ideológico do NSDAP. Entre os trabalhadores urbanos, em particular os fabris, as constantes demandas por maior produção ou por aumento na carga de trabalho provocaram manifestações de dissenso. As igrejas tiveram momentos de resistência aberta ao regime, em especial em relação ao programa de eutanásia de deficientes físicos ou intelectuais. Além disso, a perseguição aos judeus estava longe de ser uma unanimidade, e os antigos partidos de esquerda, o social-democrata e o comunista, exerciam uma resistência constante no interior do Reich. A *Volksgemeinschaft* ("comunidade do povo") não era homogênea como a propaganda nazista fazia crer. Contudo, o regime nazista conseguiu manter um domínio quase absoluto, baseado no terror, na repressão, na propaganda e contando com a condescendência de muitos. É necessário sublinhar que, entre a colaboração militante e a resistência aberta, existia uma grande variedade de posicionamentos possíveis para os indivíduos, com o dissenso, a indiferença ou a permissividade, e eles variavam de acordo com o contexto. Entretanto, o terror e a violência do regime diminuíam sensivelmente qualquer possibilidade de manifestação contrária a ele.

Em 1936, para testar seu poder internacional e aumentar seu prestígio interno, Hitler ordenou a ocupação militar da Renânia, que estava desmilitarizada desde o Tratado de Versalhes. A intenção era ver o quão fortemente as potências ocidentais, em particular a França, iriam responder a essa "provocação diplomática". O Exército alemão ainda não possuía qualquer possibilidade de manter uma nova guerra, mas, para sua sorte, o confronto não ocorreu. A política empregada pelos demais países foi a do apaziguamento, elevando a moral e a autoconfiança dos alemães.

O crescimento militar, aliado ao crescimento econômico, recolocou a Alemanha no primeiro plano da diplomacia europeia. A aliança com a Itália fascista tornou possível a criação de uma frente conjunta que colocou os interesses nacionalistas e expansionistas dos dois países na agenda mundial.

É conhecida a forma como o caminho para a Segunda Guerra Mundial foi pavimentado. Em 1936, a Alemanha ofereceu apoio às tropas de Franco na Guerra Civil Espanhola, que se tornaria um campo de testes para os nazistas em muitos sentidos. O principal marco dessa ação alemã em terras espanholas foi o bombardeio empreendido na cidade de Guernica pela

Sombra sobre a Europa: o Terceiro Reich | 199

A *Anschluss* foi levada a cabo em março de 1938, contrariando o Tratado de Versalhes. Na ocasião, Hitler e o Exército nazista foram saudados entusiasticamente pelos austríacos por onde passaram, tanto na capital Viena, onde o ditador discursou para milhares (imagem ao lado), como em cidades menores, como Oberwart (imagem inferior).

200 | Os alemães

Legião Condor, esquadrão composto por alguns dos aviões mais representativos da Lufwaffe (a Força Aérea alemã), como o caça Messerschmitt 109 e o bombardeiro de mergulho Junker 87 Stuka. A cidade foi destruída na ação (tornou-se símbolo dos horrores e da violência da guerra moderna e inspirou o quadro homônimo de Pablo Picasso).

Após o Partido Nazista austríaco desestabilizar, por meio da violência, a política nacional e assassinar o chanceler austrofascista Engelbert Dollfuss, um movimento pela anexação da Áustria pela Alemanha ganhou força, e isso finalmente ocorreu em 1938, no que ficou conhecido como *Anschluss* ("anexação"). Essa anexação foi vivenciada dos dois lados da fronteira como uma unificação natural dos dois países, atrasada em duas décadas. Isso porque, após o final da Primeira Guerra Mundial e a dissolução do Império Austro-húngaro, um grupo influente de austríacos, guiado pelas ideias de "nação cultural" e pangermanismo (união de todos os povos germânicos), buscou a fundação do Estado da Áustria Alemã, que seria parte de uma república alemã. Essa nova disposição foi bloqueada pelos países vencedores do conflito, que obrigaram a Áustria a se manter um país independente, separado de todo o império que antes o cercava e alimentava sua economia. A Áustria, claro, caiu em uma grave crise econômica, da qual se levantou apenas lentamente, quase na exata medida em que a Alemanha caía em uma espiral hiperinflacionária. O escritor Stefan Zweig, que viveu os anos 1920 em Salzburg, cidade austríaca próxima da fronteira com a Alemanha, descreve em sua autobiografia (*O mundo de ontem*, 1942) essa dinâmica a partir das viagens em busca de cerveja barata que os cidadãos dos dois países promoviam. Enquanto a economia austríaca se encontrava em frangalhos, os alemães atravessavam a fronteira para beber; quando o ápice da crise atingiu a Alemanha, foi a vez de os austríacos visitarem os bares do país vizinho. Os dois povos compartilharam experiências traumáticas nos anos do entreguerras. E compartilhavam ideias e língua. A anexação foi, para muitos alemães e austríacos, uma espécie de catarse para aqueles anos.

Na sequência, foi a Tchecoslováquia que se tornou alvo dos alemães. Com a justificativa de poder melhor cuidar dos interesses da população alemã que se encontrava na região, Hitler ameaçou com a guerra e conseguiu, com isso, convencer as potências europeias a não reagirem contra a anexação de territórios tchecos ocupados por alemães. Essas potências acreditaram que, ao ceder mais uma vez, evitavam uma guerra generalizada, apaziguando os ânimos do líder nazista. Em setembro de 1938, foi celebrado o Pacto de Munique, pelo qual as regiões dos Sudetos passariam à administração alemã e Hitler se comprometia a parar de fazer reivindicações territoriais.

Mas já no início de 1939 os alemães invadiram o resto da Tchecoslováquia, transformaram a República Tcheca no "Protetorado da Boêmia e Morávia" e transformaram a Eslováquia em Estado vassalo da Alemanha.

O Pacto de Munique não durou seis meses. Ficou claro que a política de harmonização da Europa não surtiria mais efeitos. Quando Hitler tentou novamente forçar o caminho para seus avanços imperialistas e reclamou a região de Danzig, na Polônia, Inglaterra e França se opuseram. O ditador alemão, vendo que dessa vez não venceria no grito, preparou-se para a guerra. A essa altura, já contava com o exército mais moderno do continente e gozava de alta popularidade e amplo suporte interno entre os alemães. Ninguém o pararia naquele momento, apenas poucos "detalhes" pareciam separá-lo de uma conquista avassaladora.

A SEGUNDA GUERRA MUNDIAL

Um desses "detalhes" ficava no leste e respondia pelo nome de União Soviética. O Estado nascido da Revolução Bolchevique de 1917, na Rússia, era a manifestação de um dos principais inimigos anunciados dos nazistas: o marxismo. Basta lembrar do Eixo formado por Alemanha, Itália e Japão a partir de um tratado chamado "Anticomintern", assinado em 1936 (Japão) e 1937 (Itália), através do qual os países se comprometiam a lutar juntos contra a ameaça comunista.

Mussolini e Hitler guardavam visões político-ideológicas algo distintas. A Itália fascista, por exemplo, focava seus esforços na ideia de um Estado corporativo, o que seria abandonado pelos nazistas já em 1934. Já o antissemitismo, inerente ao nazismo, seria adotado pelos italianos apenas em 1938.

Adolf Hitler and Benito Mussolini in Munich, Germany, National Archives, 1940

202 | Os alemães

Apesar disso, a Alemanha buscou uma aproximação com os soviéticos para garantir sua neutralidade no conflito que se avizinhava. As potências ocidentais, particularmente a Inglaterra, por sua vez tentaram garantir a participação da URSS na contenção dos alemães. Em vão. Em 23 de agosto de 1939, a Alemanha e a União Soviética celebraram um acordo batizado com o nome dos ministros do Exterior dos dois países, Ribbentrop-Molotov. Pelo pacto, a União Soviética se manteria neutra no conflito europeu. Por outro lado, tinha reconhecida pelos alemães sua primazia sobre os territórios do leste da Polônia, Finlândia, Estônia e Letônia, os quais poderiam ser requeridos militarmente pelos soviéticos sem interferência da Alemanha. Em troca, todo o resto do território da Polônia e a Lituânia seria reconhecido como zonas de interesse alemãs. Dessa forma, Hitler conseguiu neutralizar uma das principais potências europeias, ficando mais sossegado para promover a guerra.

Em 1º de setembro de 1939, tanques alemães invadiram a Polônia. Em uma demonstração de seu poderio e da eficácia da tática de ataque e mobilização que ficou conhecida como *Blitzkrieg* ("guerra relâmpago"), a Alemanha impôs uma derrota completa aos poloneses em pouco mais de um mês. No dia 3 de setembro, a Inglaterra e a França declararam guerra em apoio à Polônia, mas seus exércitos ainda não estavam totalmente mobilizados quando chegou a notícia da capitulação polonesa. A Blitzkrieg ainda faria muitas vítimas na primeira metade da guerra. A fim de evitar a extensa linha de defesa plantada pela França na fronteira com a Alemanha, a conhecida Linha Maginot, os alemães optaram por um "desvio" pelos territórios dos países vizinhos. Foi assim que Dinamarca, Noruega (os dois países nórdicos eram de interesse dos alemães para se evitar um bloqueio continental por parte da Inglaterra), Bélgica, Holanda e Luxemburgo caíram rapidamente frente aos ataques alemães. A França, o principal alvo do ataque da Wehrmacht (Forças Armadas) a oeste, veio em seguida.

Antes da invasão da França, entretanto, um acontecimento marcou decisivamente os rumos da guerra. Entre maio e junho de 1940, tropas aliadas ficaram presas na região de Dunquerque, no norte da França. Cerca de 400 mil soldados da Inglaterra, França, Holanda, Bélgica e Polônia foram cercados pelas tropas alemãs, e as perspectivas de sobrevivência eram bastante baixas. Uma delicada operação de evacuação foi organizada, conseguindo salvar mais de 300 mil soldados. Os alemães, apesar de terem uma grande vantagem estratégica na ocasião, não arriscaram expor sua artilharia e optaram por preservá-la para o ataque final à França. Isso deu aos Aliados o tempo e o espaço necessários para conseguir transportar as tropas para a Inglaterra. Com a

Sombra sobre a Europa: o Terceiro Reich | 203

Soldaten der deutschen Wehrmacht an der Stadtgrenze von Warschau, Ende September 1939. Wojskowa Agencja Fotograficzna, 1939

A invasão alemã da Polônia, em setembro de 1939, marca o início da Segunda Guerra Mundial. Em pouco tempo outros países europeus foram tomados, entre eles, a Noruega, em abril de 1940. Lá, cerca de 15 mil noruegueses se voluntariaram para lutar ao lado dos alemães. O cartaz à direita era de uma campanha de recrutamento.

Wolfmann (CC BY-SA 4.0)

204 | Os alemães

decisão de resguardar a artilharia, a Luftwaffe foi liberada para atacar as tropas, mas sofreu a resistência da Força Aérea Real (RAF), a aviação inglesa, e ficou longe de aniquilar os inimigos. A proximidade da vitória alemã frente aos franceses seria motivação suficiente para evitar o confronto nas praias. E foi isso que se deu. Os tanques alemães se voltaram ao sul e partiram em direção a Paris.

A vitória foi rápida mais uma vez, e a marcha das tropas alemãs na capital francesa é uma das imagens mais marcantes do conflito. O país foi dividido em dois: a França ocupada, com sede em Paris, tomaria toda a costa atlântica francesa e ficaria sob administração direta alemã; e a França de Vichy, que manteve a costa mediterrânea e ficou sob a batuta do marechal Pétain, em um governo que seria conivente e subalterno em muitos aspectos aos nazistas.

Com a França fora da guerra, as atenções dos alemães se voltaram à Inglaterra. Entretanto, pelo fato de a Inglaterra ser uma ilha, a Blitzkrieg não teria como ser empregada, ao menos sem a garantia de um desembarque seguro no sul da ilha. Foi por essa razão que a Alemanha deu início a um sistemático ataque aéreo, visando ao controle aéreo total do Canal da Mancha e à desestabilização dos ingleses pela ruína de sua infraestrutura e pela queda de sua moral. Os bombardeios alemães destruíram portos, aeroportos e atingiram Londres. Apesar de toda a destruição que provocou, a Luftwaffe não conseguiu a hegemonia dos ares, adiando todos os planos de invasão.

Com o fracasso na ilha, Hitler se voltou novamente para o leste. Do seu ponto de vista, era chegada a hora de confrontar os soviéticos, o que poderia lhe render, além da vitória simbólica "contra os comunistas", uma vasta extensão de terra e de recursos para sustentar a continuidade da guerra. Entretanto, uma pergunta feita com frequência é: por que Hitler invadiu a União Soviética tendo ainda o *front* aberto no Ocidente? Por que se arriscou dessa forma? Uma gravação secreta na qual Hitler conversa com Mannerheim, comandante militar finlandês, em 1942, dá pistas das razões para a invasão: na verdade, o ditador alemão não tinha ideia da força dos exércitos soviéticos, especialmente em termos de números e infraestrutura, e foi surpreendido com a resistência empregada. A invasão alemã tinha como propósito aproveitar a relativa fragilidade da URSS naquele momento, em 1941, esperando vencer com uma guerra relâmpago contra ela antes que os planos de desenvolvimento empreendidos por Stalin surtissem efeito. Os alemães não imaginavam a extensão dos avanços soviéticos em termos bélicos até então, e acabaram sendo pegos de surpresa. A resistência encontrada atrasou o cronograma alemão, que já havia sofrido modificações pelo desvio dos exércitos para invadir a Grécia e apoiar a Itália com problemas naquele *front*.

A Operação Barbarossa, como foi chamada a invasão da URSS em junho de 1941, marcou a virada definitiva na guerra. Sofrendo com a falta de preparo para enfrentar o clima do inverno russo, o Exército alemão passou a ter baixas significativas conforme avançava no território soviético não só pela forte resistência que enfrentava, mas também pelas complicações físicas geradas pelo frio nos soldados. A Batalha de Stalingrado foi o verdadeiro ponto de inflexão da guerra, quando os exércitos alemães perderam sua aura de invencibilidade e a moral dos soldados despencou. Apenas nessa batalha, entre mortos, desaparecidos e feridos, os alemães somaram mais de 700 mil perdas. Nas mesmas condições, as baixas soviéticas ultrapassaram 1,1 milhão.

A reviravolta militar no *front* oriental e a entrada dos Estados Unidos na guerra depois do ataque japonês à base naval de Pearl Harbor (seguida da declaração de guerra da Alemanha aos Estados Unidos) levaram à derrocada alemã na guerra. Quilômetro por quilômetro os exércitos nazistas se retiraram da União Soviética, que passou a integrar de forma plena o time dos Aliados. Já do lado ocidental, os avanços ingleses e norte-americanos no norte da África e na Itália (onde o Brasil também atuou, após declarar guerra à Alemanha em 1942) pareciam insuficientes para apoiar os soviéticos rumo à vitória final sobre os alemães. Foi então organizada uma invasão ao continente europeu através da Normandia, operação que ficou conhecida como Dia D. Através dela, mais de 150 mil soldados entraram na França e abriram um novo flanco de combate contra os nazistas. No momento em que os alemães não conseguiram rechaçar as forças aliadas nas praias normandas, sua sorte foi selada.

Os ataques aéreos dos Aliados às cidades alemãs se intensificam, destruindo muitas delas, e as ações das resistências espalhadas em todo o território ocupado pelos nazistas ganharam um novo fôlego, gerando inclusive aquele famoso atentado contra Hitler, organizado por elementos da alta cúpula militar alemã, um grupo que ficaria conhecido como Círculo de Stauffenberg. Junto do Rosa Branca, um grupo de estudantes que espalhava em Munique panfletos contra o regime (acabariam pegos em 1943 e executados por suas ações), o Círculo de Stauffenberg é tido como principal grupo alemão organizado contra Hitler sem vínculo com partidos na clandestinidade, como o SPD e o KPD. O nome deriva do militar que carregou as malas com explosivos e as posicionou ao lado do ditador para que explodissem du-

206 | Os alemães

rante uma reunião estratégica. Uma das cargas explosivas falhou e a outra encontrou uma barreira na mesa onde Hitler analisava os planos de guerra. Como resultado, o Führer teve apenas ferimentos leves, e iniciou imediatamente uma caçada aos conspiradores. Todos acabaram mortos, alguns induzidos a cometer suicídio, outros executados com requintes de crueldade.

A truculência do regime na repressão interna e todo o esforço para conter os avanços dos exércitos aliados não surtiram o efeito esperado pela cúpula nazista. Em fevereiro de 1945, os soldados alemães combatiam apenas em seu próprio território, tendo sido expulsos de quase todos os países anteriormente ocupados. Em abril, os soviéticos entraram em Berlim, e no dia 30 desse mês Hitler se suicidou em seu *bunker* na capital alemã. O comando do país passou ao almirante Karl Dönitz, que ficou responsável por assinar a rendição.

O fim da Segunda Guerra Mundial foi seguido de uma reformulação completa do mundo. As duas principais potências vitoriosas, Estados Unidos e União Soviética, dividiriam o mundo em dois blocos, iniciando um conflito ideológico que ficaria conhecido como Guerra Fria (veja o capítulo "Guerra Fria: um mundo na Alemanha"). Criminosos de guerra alemães foram levados a julgamento, em um ato pioneiro na história, e os resultados do Tribunal de Nuremberg deram um novo parâmetro ao Direito internacional ao propor a ideia de "crimes contra a humanidade", um conceito que guia ainda hoje os tribunais internacionais e a opinião pública quando julgam ou analisam regimes repressores, militaristas e autoritários, eventos e ações de guerra ou políticas de limpeza étnica. Nesse sentido, Nuremberg pode ser visto como uma pedra fundamental para os Direitos Humanos na contemporaneidade. Da mesma forma, o Holocausto se tornou uma espécie de parâmetro informal para crimes contra povos, é tomado como um "trauma de nascimento" de uma nova era e, perante o mundo, os alemães ficam marcados para sempre como perpetradores desse crime.

Nas décadas seguintes à Segunda Guerra, os nazistas se tornam possivelmente a representação mais utilizada para retratar alemães na cultura popular e o nazismo se torna um dos assuntos mais lidos e comentados no mundo. A imagem dos inimigos alemães em contraposição aos "mocinhos" aliados que venceram a guerra ganha espaço no pós-guerra (algo que só iria mudar lentamente, assim como lenta seria a reflexão sobre o tema em todo o mundo e a autorresponsabilização dos alemães diante do genocídio).

Sombra sobre a Europa: o Terceiro Reich | 207

A Igreja Memorial Imperador Guilherme, em Berlim, mantém uma torre semidestruída que resistiu de pé aos bombardeios de 1945. Uma capela foi construída ao seu lado no começo dos anos 1960. Na imagem, é possível ver ambas.

208 | Os alemães

Ao fim da guerra, o controle territorial da Alemanha seria dividido entre Inglaterra, França, EUA e URSS, e Berlim viria a se tornar um dos principais centros da Guerra Fria. Mas, para além de todas as consequências geopolíticas, as sombras do nazismo marcariam na memória os horrores dos campos de extermínio, frutos diretos do antissemitismo eliminacionista, coração da ideologia nazista. Depois de Auschwitz, nada mais seria como antes.

* * *

Dizem que em seu *bunker*, nos últimos dias da guerra, Hitler se tornou um fantasma de si mesmo. Alternando acessos de fúria com pesarosos momentos de reflexão, o líder nazista tinha então pouco controle sobre suas ações e sobre o país. Ao descobrir que Göring, o comandante da Luftwaffe, havia se prontificado a negociar a rendição dos alemães com os Aliados, Hitler o destituiu imediatamente de todos os cargos e títulos – inclusive o de "Maior Caçador do Reich", um dos maiores afagos no ego que Göring havia recebido na vida. Entregue a superstições e mitologias, esperou até o fim pelo milagre que o salvaria, como aquele que salvara Frederico II, quando a imperatriz Isabel, da Rússia, veio a falecer no momento da derrota da Prússia, colocando um armistício no colo de Frederico. A morte de Franklin Roosevelt animou Hitler: este poderia ser o milagre esperado. Mas logo ficou claro que era uma esperança vã. Os Aliados nunca o procuraram para uma aliança contra os soviéticos, como ele chegou a acreditar que poderia acontecer. Afinal, Hitler não era mais "o menor dos males", como ele acreditava. O nazismo havia se tornado o inimigo a ser derrotado, e seu fim viria da aliança das democracias ocidentais com os soviéticos, uma situação que, segundo sua visão de mundo, era extremamente "antinatural".

Hitler, em sua loucura, pautou sua vida pública na ideia de uma "seleção natural das raças", na lei do mais forte, na inexorabilidade da natureza que colocava "raças humanas" em confronto para resultar na sobrevivência apenas da mais apta – o que, para os nazistas, claro, seria a ariana. Daí suas ordens, desde Stalingrado, proibindo capitulações ou negociações. O mais forte deveria sobressair, o mais fraco, perecer. O final, entretanto, contrariou qualquer perspectiva dos alemães. A "raça ariana", aquela que ergueria um Reich de mil anos, sucumbira. O fim de Hitler poderia servir de alegoria para toda a experiência nazista na Alemanha: um delírio, guiado pelo racismo, pelo nacionalismo e pela paranoia, que resultou em um tiro na cabeça.

HOLOCAUSTO – NADA SERÁ COMO ANTES

Nada foi como antes, nem para a Alemanha, nem para o mundo. Na memória e na História, paira uma sombra eterna. Essa sombra não está lá por terem sido os judeus as grandes vítimas, apesar de o antissemitismo ter sido seu principal motor – foram perseguidos e mortos também ciganos, homossexuais, testemunhas de Jeová e negros. Se pensarmos em termos mais abrangentes, não nos limitando aos espaços dos campos de extermínio, a lista dos caçados, torturados e mortos aumenta bastante. A surpresa que o fenômeno do genocídio perpetrado pelos alemães nos causa também não reside exatamente nos números, apesar de monstruosos – somente entre os judeus, foram cerca de 6 milhões de vítimas –, pois, no século XX, tivemos outros casos de morticínios (genocídios, gulags, bombas atômicas...) que habituaram nossos ouvidos e olhos às notícias e imagens da violência em grande escala. O Holocausto permanece um tópico essencial e chocante para nosso tempo por ter sido promovido no centro da dita "civilização ocidental", em um dos países mais "desenvolvidos" do Ocidente, por um dos povos considerados mais "cultos" e "avançados" na época, em um episódio de ódio racial provocado por uma paranoia. Além disso, esse genocídio específico foi estruturado de forma única, envolvendo técnicas e tecnologias modernas voltadas para o assassinato em escala industrial, e registrado de forma sistemática.

Mesmo com todo o horror, todas as evidências materiais desse genocídio e a pesquisa exaustiva que historiadores realizam sobre o tema há décadas, ele ainda consegue levantar debates apaixonados e fomentar reflexões necessárias. Os próprios termos utilizados para designar o evento são objetos de debate e de ponderações. *Holocausto* e *Shoah* são tomados como sinônimos, designam o mesmo acontecimento histórico, mas têm origens próprias e se relacionam com percepções e sentimentos distintos. "Holocausto", o termo mais usado, deriva da palavra grega "*holókaustos*", que se traduziria por "queimado", mas foi usado por toda a Era Cristã como sinônimo de

210 | Os alemães

sacrifício. Jesus Cristo, nessa tradição, teria sido "dado em holocausto pela remissão dos pecados do mundo". O termo também foi, como aponta o filósofo italiano Giorgio Agamben, bastante utilizado na literatura cristã para ridicularizar os judeus e pagãos por seus sacrifícios de animais, considerados "inúteis holocaustos" pelos cristãos. O termo "holocausto", assim, carrega consigo originalmente um peso religioso, como se os sacrificados servissem a um propósito "nobre", ou tivesse o genocídio alguma origem ou justificativa superior. Seu uso corrente por décadas, entretanto, o fez perder completamente qualquer rastro desse sentido, evocando apenas os horrores cometidos nos campos. Usar o termo "Holocausto", hoje, não é necessariamente um ato desdenhoso ou desrespeitoso; pode-se dizer que uma ressignificação completa já ocorreu.

Já o termo "*Shoah*" é utilizado, na tradição judaica, para designar destruições, catástrofes e devastações, sendo usado para se referir ao genocídio pela imprensa em hebraico ainda na década de 1940. Em iídiche, língua de grande parte dos judeus alemães e europeus, o termo usado é "*Khurbm*". A destruição à qual a *Shoah* se refere também não escapa de vínculos com uma tradição religiosa, sendo frequentemente relacionada a uma origem divina, uma punição dos céus. Obviamente não foi o caso desse genocídio – ele teve origens e execução bastante mundanas. Seu uso, entretanto, demonstra o assombro e a perplexidade que o genocídio perpetrado pelos nazistas causa, ainda hoje, ao observador.

Como produto dos homens, portanto, a *Shoah* tem origem entre os homens. Tem materialidade e historicidade. Envolve também ideias e imagens. Ela contém narrativas, testemunhos e documentos, e está marcada como uma chaga na memória. Ela é, portanto, explicável, apesar de seus horrores estarem muito além da compreensão.

BASES DO ANTISSEMITISMO NAZISTA

O antissemitismo, é evidente, não foi uma invenção dos nazistas. Durante séculos, a visão propagada pela Igreja Católica de que os judeus seriam os traidores e assassinos de Cristo e de que teriam, dessa forma, negado a condição messiânica de Jesus, foi usada como justificativa para promover uma perseguição contínua, mas não sistemática, a esse povo. Essa construção imaginária, entretanto, não foi imediatamente concebida, nem tampouco imediatamente incorporada pela cristandade.

No decorrer do Império Romano, nos primeiros séculos após a execução de Jesus, os judeus não sofreram perseguições abertas ou um repúdio massivo por parte da população. Segundo escritores contemporâneos, como Tácito, Horácio ou Sêneca, as diferenças entre os judeus e os cidadãos "comuns" do Império eram visíveis por alguns de seus costumes, como o de guardar os sábados ou praticar a circuncisão. Eram não apenas tolerados no Império, como tinham a possibilidade de se tornar cidadãos integrais, o que permitia, por exemplo, trabalhar na estrutura burocrática, ter cargos políticos ou militares. Mesmo na província da Judeia, os judeus eram perseguidos apenas quando se levantavam contra o poder central, organizavam boicotes ou entravam em confronto com o governo regional nomeado por Roma.

Entretanto, já nos séculos III e IV, clérigos e escritores passam a identificar os judeus como o povo responsável pelo assassinato do "deus vivo". Com a oficialização do cristianismo em Roma, no século IV esta religião passou a influenciar as ações jurídicas e administrativas do Império. Assim sendo, a ideia de "povo deicida", assassino do deus vivo, passou a encontrar ecos na "corte" imperial e, dessa forma, nos atos administrativos, que desembocaram na perseguição dos judeus. Eles passaram a sofrer várias restrições legais, como a proibição de legar heranças, testemunhar em tribunais ou se casar com não judeus, além de serem afastados de qualquer posição oficial. "Eles tornaram-se, com efeito, cidadãos de segunda classe. Mas, apesar disso, tinham a permissão de praticar sua religião", descreve Jeffrey Richards em seu livro, *Sexo, desvio e danação*.

Durante toda a Idade Média, os judeus foram levados a se especializar como comerciantes. A fragmentação do poder nesse período e a dificuldade de transitar entre as regiões com dirigentes que se hostilizavam geraram a necessidade de comerciantes que estivessem dispostos a caminhar entre os diversos reinos existentes, levando consigo bens que se fizessem necessários. Muitos judeus assumiram a lacuna criada pela ligação com a terra que o sistema feudal estabeleceu, iniciando a construção da imagem estereotipada e largamente difundida do judeu comerciante. Proprietários de terra, camponeses e artesãos se mantinham presos à terra ou à cidade onde viviam, deixando aos comerciantes a tarefa de abastecer os locais com o que não fosse lá produzido. Como resultado, comerciantes judeus enriqueciam, mas nem com isso ganharam poder ou tiveram a vida facilitada. As atividades ligadas ao comércio e às finanças eram malditas pela Igreja. Nada como serem exercidas – e relacionadas – a um povo apontado pela mesma Igreja como deicida. Assim, mesmo diante da necessidade do comércio e das atividades exercidas pelos judeus na Idade Média, as perseguições contra eles não deixam de ocorrer, apoiadas que eram pelas imagens antissemitas propagadas pelos cristãos.

212 | Os alemães

Já na Baixa Idade Média e no início da Modernidade, a perseguição aos judeus se institucionalizou através da Inquisição. Difundiram-se crenças absurdas sobre o comportamento de judeus com relação aos cristãos. Boatos de que eles profanavam hóstias (através da perfuração com pregos e alfinetes, buscando provar que Cristo não estaria ali) e assassinavam crianças cristãs colaboraram para o imaginário negativo por parte da cristandade. O século XVI assistiu a iniciativas para isolar os judeus do restante da população por meio da criação de guetos e restrições à sua circulação (a segregação já era incentivada desde 1179, quando o Concílio de Latrão declarou que qualquer cristão que vivesse com judeus seria imediatamente excomungado). Pioneiro, em 1516, o Estado Veneziano estabeleceu que os judeus ficassem apartados em um gueto. A partir de então, os guetos judaicos passaram a dar uma dimensão espacial ao preconceito.

A intensidade das crenças antissemitas só viria a diminuir no final do século XVIII, com o início do período contemporâneo, quando a valorização da razão fez com que a Igreja perdesse terreno no imaginário europeu onde outrora ela era hegemônica.

A crescente laicização do Estado-nação na Europa culminou, no século XIX, com a concessão da igualdade de direitos para judeus em relação aos demais cidadãos, num processo que seguiu a iniciativa francesa de emancipação no ano de 1792. Entretanto, como explica Hannah Arendt, "esconde contradições profundas e fatais a evidente incoerência do fato de que os judeus receberam a cidadania dos governos que, no decorrer dos séculos, haviam feito da nacionalidade um pré-requisito da cidadania, e da homogeneidade de população a principal característica da estrutura política". Tal contradição não passou despercebida por ideólogos de direita e por setores mais ortodoxos da população cristã, que viram na presença judaica no Estado uma afronta ao "princípio de nacionalidade". Esses grupos passaram a divulgar a imagem de "um Estado (judeu) dentro do Estado (nacional)", ou seja, afirmavam que o grupo social dos judeus era fechado e autocentrado, como uma sociedade exclusiva e voltada ao próprio interesse e não ao da sociedade nacional como um todo.

Quando alguns judeus passaram a figurar na elite administrativa estatal (resultado da influência que o capital em mãos de judeus adquiria na dinâmica mercadológica mundial e do investimento educacional que os mais abastados haviam promovido em suas famílias), o antissemitismo se agravou ainda mais em boa parte da população europeia. A presença judaica passou a ser percebida como uma ameaça direta aos cidadãos não judeus por significar a usurpação de cargos governamentais que caberiam a esses indivíduos. Com a defesa de ideias como essas, o antissemitismo

Holocausto – nada será como antes | 213

Gravura do século XIX representando a perseguição aos judeus pela Inquisição espanhola. Na imagem, agentes inquisitoriais carregam os bens dos judeus enquanto o perseguido olha para os cristãos com sua família, aparentemente morta, em seus braços.

Die Gartenlaube, gravura, 1880

renasceu no âmago da mentalidade europeia, preparando o terreno para manifestações cada vez mais violentas. *Pogrons* (a perseguição violenta, generalizada e episódica aos judeus) e agressões passam a ser observados em vários países da Europa. O famoso Caso Dreyfus escancarou a força do antissemitismo em apresentar bodes expiatórios fáceis para a população. E a circulação de ideias de cunho antissemita foi atingindo níveis cada vez maiores, aliando velhos preconceitos a um verniz cientificista e darwinista em moda na época.

214 | Os alemães

A facilidade de difusão dessas ideias, aliada a uma percepção ilusória da "onipresença do judeu" nas sociedades europeias entre os séculos XIX e XX, leva à construção de inúmeras teorias conspiratórias envolvendo "os judeus e seu desejo de dominar o mundo" das mais diferentes formas. As crises que se seguem nesse período promovem o terreno ideal para as explicações fáceis que as teorias da conspiração podem fornecer àqueles que, atropelados pelos acontecimentos, não conseguem encontrar justificativas para sua situação difícil. "A culpa é sempre dos outros", não pode ser do acaso e – a mais impensável das possibilidades – da própria pessoa. Também não pode ser dos governantes, das autoridades... Sem dúvida, um dos maiores, se não o maior exemplo desse processo pode ser reconhecido na Alemanha da primeira metade do século passado. Naquele contexto, o trauma e a grave crise generalizada que seguiram ao final da Primeira Guerra Mundial criaram as condições necessárias para que os indivíduos se tornassem suscetíveis a discursos e imagens explicativas redutoras e buscassem justificativas para sua situação em supostos complôs e conspirações, além de extravasarem suas frustrações através de violências de todo tipo.

A ligação fantasiosa dos judeus com as sombras da conspiração, ao reforçar a paranoia, reforçou também a percepção desse grupo como "o outro", como *outsider*. Sua aceitação nos círculos das elites, em virtude de fortuna ou de talento artístico ou intelectual, acabaria promovendo a percepção da separação entre um mundo gentio e um mundo judaico, uma vez que foi por sua especificidade judaica, pelo reforço da diferença, que uma camada culta judaica havia sido aceita e integrada. Pode-se dizer mesmo, seguindo Hannah Arendt, que foi o "exotismo" de sua origem, de suas ideias e de sua produção que havia permitido ao judeu entrar no "teatro das elites", no palco, sob os holofotes, sendo apontado e destacado.

Revistas e jornais dedicados à temática da "peculiaridade" e da "conspiração judaica" proliferaram nos meios mais conservadores e extremistas, e algumas estratégias discursivas e imagens negativas começaram a se popularizar nesses ambientes. Digna de nota nesse sentido é a popularização do relato fantasioso de uma reunião dos "líderes mundiais dos judeus" que tramavam secretamente a dominação do mundo. Essa narrativa já circulava na Alemanha desde o século XIX. Em 1868, foi publicado um romance de enorme sucesso chamado *Biarritz*, que tratava dessa suposta reunião. A "conspiração mundial dos judeus" é denunciada em suas páginas em uma cena que se passa no cemitério de Praga, onde um grão-mestre judeu ensina a seus subordinados, os representantes das doze tribos de Israel, como passar os "gentios" (não judeus) para

Holocausto – nada será como antes | 215

trás, como mentir e enganar para que o domínio mundial chegasse finalmente às mãos dos judeus. Esse episódio que nunca ocorreu passou a povoar o imaginário da época.

Alguns anos mais tarde, essa mesma história foi reutilizada em um documento falso fabricado pela polícia secreta do czar Nicolau II, da Rússia, conhecido como "Protocolos dos sábios de Sião", apresentado como um relatório dessa reunião conspiratória. Com isso, o imaginário contra os judeus foi reavivado, possivelmente com objetivos políticos bem específicos na Rússia. O documento falso, contudo, não ficou restrito ao território russo, foi traduzido para diversas línguas e passou a circular no mundo inteiro como se fosse verdadeiro (até mesmo no Brasil, divulgado pelo integralista antissemita Gustavo Barroso), alimentando um cenário paranoico em todos os ambientes estremecidos ou voltados a uma política violenta e persecutória. A narrativa dos protocolos acabava se adequando muito bem a qualquer forma de denuncismo, e, sendo os judeus o bode expiatório por excelência em diversos países europeus, é compreensível que ele tenha sido trazido à tona inúmeras vezes. Vários foram os nazistas que optaram pelo caminho fácil da justificativa pronta que os "Protocolos dos sábios de Sião" forneciam para seus atos de violência.

A narrativa do "complô judaico" tomou as páginas de jornais e revistas como se baseada em fatos verídicos e explicação para questões cotidianas: o desemprego, a miséria, as lutas políticas e, no período final da guerra, a derrota iminente da Alemanha podiam ser creditadas aos judeus – eram tudo parte de uma imensa conspiração. Além disso, uma iconografia própria do antissemitismo foi reavivada, resgatando imagens que caracterizavam o judeu como um elemento grotesco, com traços como nariz adunco, queixo e testa pequenos, pés grandes e chatos, pelos no corpo etc. O produto mais acabado dessa tendência era o jornal *Der Stürmer*, produzido em Nuremberg e um dos principais veículos da mídia nazista. Fundado em 1923, o jornal trazia em suas páginas "denúncias" e "matérias" que atacavam os judeus com charges e caricaturas marcantes estampando suas primeiras páginas. Com o tempo, conforme a popularidade desses desenhos crescia, foram criados novos espaços para as ilustrações no jornal. Ele se tornou central na propaganda nazista ao trazer para o campo público da República de Weimar a representação racista do judeu, apresentando agora com imagens onde antes existiam apenas palavras. Quando o Partido Nazista ascendeu ao poder e passou a controlar a produção cultural do país, as imagens popularizadas pelo *Stürmer* serviram de base para filmes antissemitas, como *O eterno judeu* (1940) e *O judeu Süss* (1940). A importância do jornal na estrutura propagandística nazista, reconhecida

216 | Os alemães

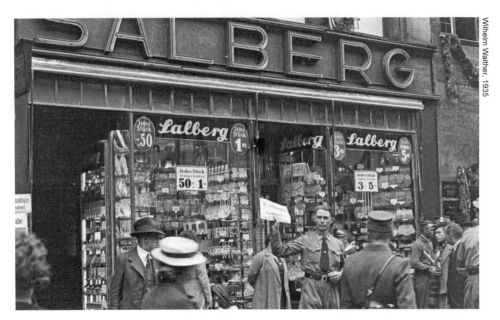

Partidário nazista vende exemplares do jornal antissemita *Der Stürmer*. Parte inseparável do movimento nazista, a propaganda antissemita ganhou proporções ainda maiores durante o Terceiro Reich, como também um caráter oficial.

pelo próprio Hitler, é comprovada pela sua manutenção até o fim da guerra. O ditador garantia que não faltasse papel para a impressão do *Stürmer*, mesmo com a economia de guerra exigindo cortes severos de gastos. (Ao fim da guerra, o fundador e redator-chefe do jornal, Julius Streicher, seria julgado no Tribunal de Nuremberg e condenado à morte por seu papel na condução do país em direção à *Shoah* – sendo explicitamente apontado como caluniador número um dos judeus – e, assim, por crimes contra a humanidade.)

As narrativas antissemitas povoaram a política interna alemã já na época da República de Weimar, que viu surgir em seu seio três forças partidárias e ideológicas principais: a socialdemocracia, a esquerda comunista e a direita fascista, liderada pelo Partido Nazista e calcada na herança da ideologia *völkish*. Os ideais *völkish* estavam, portanto, no centro do discurso nazista, e o racismo e antissemitismo a eles associados se tornaram a mola propulsora que levou os nazistas ao centro da política nacional.

Ao chegar ao poder, eles passaram a pôr em prática o discurso virulento e abertamente segregacionista que os havia levado até lá. Naquele ano de 1933, os judeus na Alemanha eram cerca de 500 mil, uma porção pequena entre os mais de 67 milhões habitantes do país. Mas a imagem dessa minoria como um "bacilo" no corpo nacional selara seu destino: tudo de errado na Alemanha, segundo o discurso nazista, estava ligado aos judeus, e apenas a sua extirpação da sociedade traria novamente a paz aos alemães. Assim, já em 7 de abril de 1933, pouco mais de dois meses após a ascensão de Hitler à chancelaria, foi decretada a Lei do Serviço Público, pela qual foram afastados dos órgãos governamentais todos os "não arianos". No final do mesmo ano, os judeus, todos eles, começaram a ser retirados dos trabalhos ligados à educação, ao entretenimento, ao jornalismo e ao mercado financeiro. A "comprovação da ascendência ariana" passou a ser exigida para o exercício de diversas profissões e, mais tarde, também para frequentar determinados locais públicos.

Em fevereiro de 1934, a "ascendência ariana" passou a ser necessária para o alistamento no Exército. Em setembro de 1935 foram anunciadas as Leis de Nuremberg, que visavam à redução dos espaços de socialização para os judeus e a maior observância da "restrição genética" aos não arianos, impondo punições severas para qualquer aproximação dos arianos com "outras raças", chegando mesmo a especificar, na terceira lei, que jovens alemãs abaixo de 45 anos não podiam ser admitidas como empregadas em casas de judeus – para os nazistas, o perigo de "contaminação do sangue" da alemã em uma situação como essa

As Leis de Nuremberg criaram um Estado racial, com separação legal entre ciganos, negros, judeus e arianos. A ascendência das pessoas era determinada tendo como guia o esquema ao lado.

seria muito grande. A primeira dessas leis, a Lei de Cidadania do Reich, condicionava a certidão de "cidadão alemão" à apresentação do comprovante de "ascendência ariana" do indivíduo. Classificados agora como "não cidadãos", os judeus foram privados de diversos direitos, entre eles o de se apresentar como alemães quando no exterior. A segunda, a Lei da Proteção do Sangue e Honra Alemães, proibia terminantemente, sob punição de cárcere, qualquer alemão de se casar ou mesmo ter relações sexuais com judeus.

Os sentimentos de ódio racial eclodiram em manifestações brutais na noite de 9 de novembro de 1938, conhecida como *Kristallnacht* ("Noite dos cristais", em alusão aos cacos de vidro caídos pelas calçadas do país inteiro, resultados do vandalismo contra casas e estabelecimentos pertencentes a judeus). Organizada secretamente pelo governo, a Kristallnacht resultou em centenas de lojas e sinagogas incendiadas, saqueadas e depredadas. Foi, em muitos sentidos, um teste para o regime nazista, já plenamente estabelecido e com o Terror operando como modulador da sociedade. Com base nessa noite, verificou-se que o eventual antagonismo a esse tipo de ação não seria um empecilho relevante ao regime. O passo seguinte seria a "emigração forçada"; judeus foram pressionados a deixarem o território do Reich, e muitos o fizeram, partindo para lugares tão distintos como a Palestina, a França ou os Estados Unidos. Mas muitos judeus tiveram dificuldade em achar

A exclusão pública dos não arianos era incentivada e garantida pelo Estado. Na foto, um soldado da SS guardando uma placa que indica uma loja de propriedade de judeus, alertando aos alemães para não comprarem nesse estabelecimento.

Holocausto – nada será como antes | 219

países que os recebessem. Houve ainda aqueles que optaram por ficar, confrontando os nazistas e lutando pelo direito de manter a vida que haviam construído no país.

Para estes, o início da guerra traria ainda mais pressões, terror psicológico e violência. Judeus da Alemanha passaram a ter seus bens confiscados pelo Estado (para "auxiliar nos esforços de guerra") e ser enviados para campos de trabalho forçado ou alocados como trabalhadores escravos nas indústrias. Aos poucos, as cidades alemãs iam sendo declaradas *Judenfreie* ("livres de judeus"); as prefeituras e polícias locais corriam para alcançar esse *status* e contribuir com a "limpeza do Reich".

O sentido eliminacionista das políticas antissemitas ficava cada dia mais evidente. O início da virada na guerra e o começo do recuo nazista na União Soviética colocaram a alta cúpula alemã em alerta. Os líderes nazistas julgaram ser necessário apressar o que chamavam de *Endlösung* ("Solução Final") para a *Judenfrage* ("Questão Judaica"), ou seja, passaram a orquestrar o Holocausto.

A ORGANIZAÇÃO

A violência e o eliminacionismo direcionados a uma "purificação da raça" foram elementos constituintes da visão de mundo e das ações nazistas desde sua chegada ao poder. Jamais houve dúvidas sobre a seriedade de suas intenções, ainda que houvesse muita gente disposta a relevar episódios de agressões ou a fazer vistas grossas à perda de liberdade, aos desmandos jurídicos ou às violações dos direitos humanos.

Assim, quando chegou a hora de implantar a Solução Final, muito já havia ocorrido no Terceiro Reich em nome da "raça". Os nazistas já haviam criado o programa *Lebensborn* ("fonte da vida"), para multiplicar o número de crianças geradas sob o signo da "pureza racial". Casas de amparo às mães solteiras de crianças "arianas", orfanatos e um programa de adoção eram algumas das medidas centrais do *Lebensborn*, que também incluía uma rede de sequestros nos territórios ocupados de crianças classificadas como "arianas". Haviam passado também pela implementação da Aktion T4, um programa de eutanásia voltado principalmente aos alemães com deficiência intelectual. (O T4 contou com uma ativa resistência das igrejas alemãs, que causaram a diminuição drástica do programa até sua suspensão, em 1941, fazendo pouco mais de 70 mil vítimas.)

Mas no início de 1942, os planos envolviam algo ainda maior e mais macabro. Evidências apontam que, já em julho do ano anterior, as primeiras ordens para um planejamento

220 | Os alemães

do genocídio foram dadas. No final de 1941, Hitler ordenou a implementação imediata do extermínio. O encarregado do planejamento foi Reinhard Heydrich, oficial de alto escalão da SS conhecido por sua ambição carreirista e também por uma impiedosa brutalidade. A violência de seus métodos o legaram a alcunha de "Besta loira" e de "Açougueiro de Praga", cidade na qual ele viria a morrer vítima de um atentado promovido pela Resistência local, em 1942. Em retaliação à morte do SS, cinco dias depois os nazistas promoveram um massacre na cidade tcheca de Lidice, e quinze dias mais tarde, na de Lezaky. Ambas foram incendiadas e tiveram todas as suas construções botadas abaixo. A população adulta dessas cidades foi praticamente dizimada, algumas crianças foram poupadas, enviadas para campos de extermínio ou para o programa Lebensborn. (Lidice seria reconstruída depois da guerra; já Lezaky permanece em ruínas, como um memorial).

Junto de Heydrich na organização da Solução Final estava Adolf Eichmann, oficial da SS encarregado da organização do transporte dos judeus dos guetos e campos de concentração para os campos de extermínio. Ambos estiveram presentes na reunião que marcaria o ponto de partida para o genocídio, conhecida como Conferência de Wannsee, realizada em uma casa situada nas proximidades do lago de Wannsee, nos arredores de Berlim. (O local é hoje um museu que reúne uma exposição sobre o encontro.) Nele, além de Heydrich e Eichmann, estavam presentes outros 13 membros do alto escalão do aparelho burocrático nazista e da SS, todos de algum modo implicados nas decisões sobre o genocídio industrializado que estava para ser posto em marcha. O grupo diminuto demonstra a centralização das decisões sobre o tema e também a disposição em manter esse assunto restrito ao menor número de pessoas possível.

Diante de um prospecto da situação dos judeus da Europa naquele início de 1942, foi estipulado que algumas regiões receberiam prioridade na eliminação dos judeus de seus territórios. Assim sendo, o extermínio começaria pela Alemanha, República Tcheca e Áustria. Outras regiões europeias viriam em seguida. O transporte de todos os prisioneiros, por si só uma operação intrincada e problemática, seria realizado em direção ao Leste, para o território da Polônia, onde governava o advogado Hans Frank. (Frank é também conhecido hoje, além de sua participação na *Shoah*, pelas memórias de infância de seu filho, o jornalista Niklas Frank. As reflexões de Niklas sobre o papel de seu pai no genocídio e no regime nazista são frequentemente confrontadas com aquelas realizadas por filhos de outros líderes nazistas, como no livro *Tu carregas meu nome*, de Stephan e Norbert Lebert, e no documentário *What our Fathers did: a Nazi Legacy*, de David Evans). A questão central é que Niklas Frank é um dos principais críticos do papel que seu pai teve no regime nazista, enquanto outros filhos de nazistas proeminentes são mais comedidos e defendem seus pais de diferentes formas; alguns reproduzem a fórmula de que "apenas seguiam ordens", outros chegam mesmo a defender as decisões dos pais nazistas como corretas.

O passo seguinte da organização seria estabelecer quem exatamente deveria ser "transportado", ou seja, quem seria considerado "judeu" e quem seria considerado "ariano". As Leis de Nuremberg não eram de grande ajuda nesse sentido, uma vez que, desconsiderando aqueles que eram 100% judeus ou que tivesse três quartos de sua ascendência judaica (ou seja, três avós), todos os outros casos de proporção familiar e sanguínea eram bastante dúbios. Considerando todas as alternativas, ficou decidido que o casamento teria um peso importante na classificação dos deportáveis. Assim, aqueles que tivessem 50% de ascendência judaica (dois avós) seriam considerados judeus a não ser que fossem casados com arianos e tivessem tido filhos. Também para o caso de pessoas com 25% de ascendência judaica (um avô ou avó), o determinante seria o casamento. Se fosse casado com um judeu ou uma judia, seria considerado judeu e estaria classificado para o envio para os campos. Claro, todas as regras estariam suspensas caso o alvo da deportação tivesse um salvo-conduto, um certificado fornecido por algum órgão estatal que garantisse a sua manutenção no solo do Reich.

A mentalidade que permitiria o empreendimento do genocídio estava arquitetada dentro dessa estrutura jurídica, impregnada com a propaganda antissemita divulgada pelos nazistas por anos e sustentada pelo aparato repressor e pelo terror físico e psicológico. Era a estrutura física, a logística, que se buscava agora. E ela seria baseada em um tripé de espaços que entrariam para a História como monumentos de vergonha e de barbárie: os guetos, os campos de concentração e os campos de trabalho e extermínio.

OS CAMPOS

Um dos três espaços centrais na máquina da morte nazista, os guetos eram formas centenárias de segregação dos judeus europeus que foram retomadas pelos nazistas como entrepostos para a reorganização dos judeus antes de sua distribuição e envio para os campos de extermínio. Muitas vezes, a estadia no gueto era um período de "testes", para verificar a aptidão dos indivíduos para trabalhos pesados e/ou agrícolas.

Cidades como Cracóvia, Viena-Leopoldstadt, Pinsk, Minsk, Lodz, Slonin e centenas de outras tiveram seus guetos com dezenas de milhares de judeus encarcerados em muros, separados da vida na cidade dos "gentios". Uma estrutura administrativa própria era formada dentro desses espaços em torno de um conselho judaico, que também operava como uma ponte entre os nazistas e a vida interna no gueto. Essa vida isolada funcionava, em muitos casos, como uma cortina, criando a ilusão de que o espaço dos guetos, ainda que em péssimas condições sanitárias e com privações de toda natureza, fornecia uma proteção em relação às perseguições e à brutalidade da vida exterior. Essa impressão era reforçada com a repressão imediata e extrema de qualquer manifestação de resistência no seu interior. Era como se os guetos fossem uma "concessão aos judeus", a dádiva de uma vida precária. As constantes transferências de judeus dos guetos para os campos de extermínio eram justificadas como "manobras de realocação", o que não causava estranheza àqueles que já se encontravam nos campos, visto que novos judeus chegavam constantemente. A população dos guetos, entretanto, diminuía, seguindo a lógica da extinção. Muitas vezes, quando as pessoas entendiam o que estava acontecendo, não havia tempo para mais nada.

Resistências, entretanto, ocorreram. Em Slonin, após algumas levas de transporte para campos e após ocorrerem assassinatos em massa como forma de intimidação, a população se insurgiu. A retaliação dos alemães foi brutal, com a destruição do gueto e a morte de mais de 20 mil judeus. O gueto de Pinsk também conheceu a resistência dos judeus em outubro de 1942. Após os nazistas retirarem mais de 3 mil judeus para serem assassinados nas montanhas ao redor da cidade, os remanescentes do local decidiram revidar e montaram uma operação de recepção aos alemães com armas de fogo e bombas caseiras. Os resistentes, contudo, foram massacrados. A população foi liquidada, deixando um total de mais de 26 mil vítimas.

Entre todos os guetos do período, entretanto, o de Varsóvia ganha destaque pela magnitude da resistência que se verificou no local. Em seus muros haviam sido encarcerados mais de 400 mil judeus, e a grandeza desse número fazia com que a fiscalização por parte dos alemães fosse extremamente complicada. Redes clandestinas e um mercado negro puderam se estabelecer em Varsóvia de forma muito mais desenvolvida do que em outros guetos, e a comunicação, educação e cultura ainda encontravam meios de operarem em seus muros. Foram essas redes que possibilitaram a organização de uma forte resistência armada no interior do gueto, que se insurgiu contra os alemães em 1943. Foram quatro semanas de combates durante as quais os resistentes conseguiram assumir o controle e rechaçar as investidas alemãs, ganhando o apoio da resistência polonesa do lado de fora dos muros. Mas, por fim, a superioridade bélica dos alemães e o isolamento do gueto levaram à derrota dos judeus. O local foi praticamente todo incendiado, e a população sofreu um grande número de baixas. Nos meses que se seguiram ao levante, milhares foram ainda transportados para os campos de extermínio.

Os campos de concentração e extermínio constituem um dos episódios mais infames da história. Em território alemão e fora dele, milhões tiveram suas vidas ceifadas. Nas imagens, prisioneiros dos campos de Sachsenhausen, em 1938, e de Buchenwald, em 1945.

Para além dos guetos, os campos são os centros em torno dos quais a *Shoah* é perpetrada. No aparato nazista, eles se dividem em duas categorias: os *Konzentrationslager* ("campos de concentração") e os *Vernichtungslager* ("campos de extermínio"). A diferença é clara: os campos de concentração recebiam prisioneiros antes de serem decididos seus destinos, enquanto os campos de extermínio tinham a função primária de

224 | Os alemães

promover o genocídio. Campos de concentração existiam mesmo no território alemão; o primeiro deles foi Dachau, nas proximidades de Munique, para onde prisioneiros políticos de primeira hora – e claro, judeus – eram enviados. Seguiram as construções dos campos de Oranienburg, na região de Berlim, Sachsenhausen, onde milhares de prisioneiros soviéticos foram fuzilados, e Buchenwald, nas proximidades de Weimar. Dezenas de milhares morreram nesses campos, em geral vítimas das más condições, das doenças ou da violência da repressão. Um caso especial nesse grupo dos campos de concentração era Theresienstadt, localizado na República Tcheca. Esse campo foi tomado como um modelo pela propaganda nazista, e para lá foram enviados alguns prisioneiros idosos, presos políticos e, principalmente, pessoas de algum renome. Visitas de representantes internacionais foram feitas a Theresienstadt para comprovar o "bom tratamento" dado aos prisioneiros nazistas. Mesmo assim, cerca de 30 mil pereceram no campo, seja pelas condições insalubres, seja pelos maus-tratos vivenciados.

Já entre os campos de extermínio, encontramos alguns dos nomes mais aterradores da história. Chelmno, Belzec, Auschwitz, Sobibor, Majdanek e Treblinka formam o círculo na Polônia de campos da morte, o destino último de milhões de perseguidos pelo regime nazista. Mesmo com todo o empenho técnico e a produção industrial de cadáveres, fosse através da fome, das doenças, dos maus-tratos, das execuções sumárias ou das câmaras de gás, os campos de extermínio foram apenas uma das peças da máquina nazista de matar, ainda que a mais chocante. Neles, foram mortos aos milhões judeus de praticamente todos os países europeus, mas também eslavos, negros, homossexuais, testemunhas de Jeová, ciganos e opositores do regime. Não havia restrição de idade ou de gênero – basta lembrar que uma das vítimas dos campos mais lembrada é Anne Frank, uma adolescente que foi presa com sua família depois de viver escondida em um sótão na Holanda e que deixou para trás um diário, hoje um dos documentos mais difundidos do período e que demonstra a barbárie da perseguição e a humanidade das vítimas.

Os campos de extermínio são considerados, por alguns pesquisadores, a essência última do regime totalitário nazista. Neles o terror não encontra limites, a sociedade se dilui completamente, os indivíduos são atomizados e seus corpos disponibilizados ao regime por completo. Não há reflexão, cultura ou identidade no campo: apenas a sobrevivência, do momento da chegada do prisioneiro ao campo até a sua morte, o que pode ocorrer minutos depois do desembarque do trem ou levar meses, anos (a não ser para os que tiveram a sorte de sobreviver até o fim da guerra). Apesar da aparência disciplinada que se procura dar ao campo, desde a numeração que marca a pele dos presos até a formação para a caminhada, da condução para as fábricas e campos até o toque de alvorecer, apesar de todas essas regras e regulações, é o ar do caos e da arbitrariedade que se respira. A arbitrariedade da violência gratuita. Uma palavra errada ou um lugar errado podem ser fatais. As reuniões nas praças centrais do campo, as avaliações dos detentos, as seleções. As imagens dos prisioneiros seguindo em fila para as câmaras de gás, nus e resignados.

Essa ordenação no caos que caracteriza o cotidiano no campo, entretanto, estava sujeita a ser perturbada em alguns momentos. (Mesmo no ambiente mais estéril, onde a energia parece ser drenada a cada instante, é possível que nasça a coragem e a resolução para a resistência.) Sobibor é o caso mais emblemático. O número de vítimas desse campo não é possível de ser precisado, pois todos os documentos a ele referentes foram destruídos. Relatórios de transportes e depoimentos, entretanto, permitem que os números sejam avaliados entre 150 mil e 200 mil. Mas, em meio aos procedimentos padrão do campo, em outubro de 1943, a ordenação no caos foi interrompida por um levante, seguido de uma fuga em massa. Os procedimentos foram cuidadosamente estudados pelos prisioneiros por dias: desde a quantidade de soldados em guarda até os horários cronometrados de suas rondas foram anotados para garantir a maior probabilidade de sucesso para a empreitada. Houve tiroteio, confusão, 12 soldados da SS foram mortos. Os nazistas partiram em busca dos mais de 350 prisioneiros que haviam conseguido fugir e lograram recapturar vários deles. A fuga, entretanto, levou os nazistas a reconsiderar as instalações. Assassinaram todos os prisioneiros que ainda restavam em Sobibor e colocaram o campo abaixo, destruindo todos os registros que nele se encontravam. (Seriam as poucas dezenas de sobreviventes que ajudariam a reconstruir parte da memória desse campo, com o apoio de pesquisas arqueológicas que remontam sua estrutura.)

Mas se Sobibor foi destruído pelos próprios nazistas, Auschwitz não só foi mantido até o final da guerra como foi o campo com maior número de vítimas: mais de 1,1 milhão. Auschwitz foi um complexo monstruoso construído em três partes: um campo de concentração, um campo de trabalho e um campo de extermínio (*Birkenau*). As câmaras de gás e os crematórios instalados para fazer os corpos desaparecerem (as valas coletivas costumavam ser as soluções mais correntes nos campos) compunham uma estrutura industrial única voltada para a morte, mesmo quando comparada aos outros campos. Apesar dos números chocantes de Auschwitz, o campo não extinguiu seu rastro de destruição após a abertura de seus portões. Continuou matando mesmo depois de liberado. Primo Levi, em seu livro *A trégua*, fala dos dias imediatos póslibertação do campo, quando, na enfermaria, conheceu um menino que lutava pela sobrevivência. Deu a ele o nome de Hurbinek:

Hurbinek era um nada, um filho da morte, um filho de Auschwitz. Aparentava 3 anos aproximadamente, ninguém sabia nada a seu respeito, não sabia falar e não tinha nome: aquele curioso nome, Hurbinek, fora-lhe atribuído por nós [...]. Hurbinek, que tinha 3 anos e que nascera talvez em Auschwitz e que não vira jamais uma árvore; Hurbinek, que combatera como um homem, até o último suspiro, para conquistar a entrada no mundo dos homens, do qual uma força bestial o teria impedido; Hurbinek, o que não tinha nome, cujo minúsculo antebraço fora marcado mesmo assim pela tatuagem de Auschwitz; Hurbinek morreu nos primeiros dias de março de 1945, liberto, mas não redimido. Nada resta dele: seu testemunho se dá por meio de minhas palavras.

Em 1987, 43 anos depois da libertação do campo, o mesmo Primo Levi cometeu suicídio, ao se jogar no vão da escada do prédio onde morava. Juntou-se a Hurbinek. Foi mais uma vítima de Auschwitz, uma vítima de suas lembranças.

MEMÓRIAS E HISTÓRIAS

A materialidade do genocídio ainda choca aqueles que visitam seus espaços, que vão observar com seus próprios olhos os locais e os objetos que faziam parte das máquinas da morte. Trens, alojamentos e fornos são certamente o que de mais concreto podemos ver, ainda hoje, de toda a estrutura montada para promover a morte em escala industrial. Mas alguns dos resquícios mais impactantes são os objetos pessoais deixados pelos mortos. O filósofo Günther Anders, em seu livro *Besuch im Hades* [Visita ao Hades], reflete sobre o que viu nos campos:

> [...] mesmo os mortos ainda estão lá de alguma forma. Mas o que vimos é meramente o seu não ser. Porém, na forma de coisas que permanecem lá. Na forma de suas malas, suas montanhas de malas, de seus óculos, suas montanhas de óculos, de seus cabelos, suas montanhas de cabelos, de seus sapatos, suas montanhas de sapatos. O que vimos, portanto, é que nossas coisas, quando elas ainda podem ser utilizadas, são indultadas; nós, em contrapartida, não. E ter visto isso é muito pior do que se você tivesse visto cadáveres.

As pilhas de sapatos e de cabelos que Günther Anders descreve não são meros objetos, mas vestígios da industrialização da morte, da objetificação de corpos e da desumanização de indivíduos. Antes de levá-los para o abate, retira-se tudo que pode ser aproveitado – sapatos, cabelos, dentes com obturações de ouro... O que fica é o que é útil; o que se vai pelas chaminés, é o que se quer esquecer.

Holocausto – nada será como antes | 227

As *Stolpersteine* (acima) são pequenas placas fixadas no chão com os dados de vítimas dos nazistas. Há milhares espalhadas por 22 países, sendo o maior memorial descentralizado do mundo. Já *A rampa* é um monumento de Eva R. Nele, em Kassel, que relembra os deportados nas ferrovias do Holocausto.

Os relatos dos sobreviventes, como os de Primo Levi, são as imagens mais próximas que temos do cotidiano dos campos, de seus horrores, daquela ordenação caótica e de sua massacrante materialidade. A conservação dos campos como memoriais e museus, como preservação do espaço do genocídio para que nunca mais se esqueça e que nunca mais se repita é uma atitude historicamente correta, mas que só atinge sua plenitude quando em conjunção com esses relatos, com o trabalho de historiadores profissionais que resgatam sua memória e nos levam à reflexão.

Os espaços de memória, como os próprios campos abertos à visitação, como os memoriais do Holocausto – talvez o principal seja aquele que se situa no coração de Berlim, marcando em concreto a capital de onde as ordens para a execução do genocídio saíram –, os museus do Holocausto pelo mundo – um deles se encontra

228 | Os alemães

em Curitiba, em uma iniciativa fundamental para trazer para nós os relatos e a experiência dos sobreviventes que vieram para o Brasil, mostrando como o país também fez parte dessa história, e que seu papel foi muito além da deportação de Olga Benário para ser assassinada pelos nazistas –, todos esses locais nos dão uma dimensão da enormidade do evento da *Shoah*.

Manifestações e projetos específicos, como exposições, murais e documentários são parte do cotidiano alemão de hoje, voltados para uma educação constante das novas gerações. Na Alemanha também se destaca uma iniciativa do artista Gunter Demnig conhecida como *Stolpersteine* [Pedras do tropeço], que consiste na instalação de pequenas placas metálicas com os dados das vítimas do genocídio, como nome, data de morte e campo onde foi assassinado, em frente às antigas casas onde viviam. Mais que uma ação documentária, a ideia tem um fundo performático. Cada vez que alguém se abaixa para poder ler as inscrições na placa, faz imediatamente uma deferência às vítimas.

O Yad Vashem, em Israel, o principal centro de memória do genocídio, nos dá também a possibilidade de pensar na justiça e na humanidade, independentemente de origens, nacionalidades e credos. Nele, os "justos entre as nações" – aqueles que correram riscos para salvar judeus da máquina da morte nazista mesmo sem serem judeus – são homenageados. São aqueles, enfim, que viram nas vítimas a humanidade que os nazistas tentaram, com tanto afinco, tirar.

A *Shoah*, em sua especificidade, não é um tema apenas alemão. Ela o é, é claro, na medida em que foi perpetrada por um regime nascido e implantado na Alemanha, liderado por alemães e conduzido, em essência, por alemães. Ela o é também na medida em que o Tribunal que se seguiu à guerra, o Tribunal de Nuremberg, julgou alguns dos envolvidos no genocídio, considerou-o um agravante e um crime contra a humanidade, e foi conduzido com o objetivo de dar aos alemães uma imagem de justiça sendo feita não sobre eles, mas para eles. A *Shoah* é também uma questão mundial, um marco da História. Ela inaugura um novo tempo, como um trauma de nascimento. Ela dá novos parâmetros para o bem e o mal, para a violência, para o humano e o inumano; fornece um novo começo para a narrativa da humanidade, dá elementos para repensarmos e refletirmos sobre a história de nosso tempo.

* * *

Quando Hannah Arendt assistiu, em 1961, ao julgamento de Adolf Eichmann, a questão das responsabilidades pelo genocídio de milhões de judeus era levantada mais uma vez. Durante o julgamento, a teórica observou o funcionário burocrata que fora responsável pelo transporte dos prisioneiros até os campos de extermínio e chegou à conclusão de que as faculdades da reflexão e do julgamento entravam em suspensão diante da mediocridade do funcionário e da força da autoridade que o guiava, levando qualquer decisão sobre certo ou errado para o campo do sofismo. Considerando suas ações "naturais" por se tratarem de "atos de Estado", o julgado se declarava "inocente, tendo apenas cumprido ordens que lhe foram dadas e agido de acordo com o interesse nacional". Diante da capacidade de Eichmann de se desvincular da responsabilidade pelas atrocidades e evitar qualquer reflexão sobre seus atos, Hannah Arendt cunhou a expressão "banalidade do mal", descrevendo o estado geral da humanidade diante de expressões perceptíveis de maldade e considerá-las normais ou parte do jogo. A capacidade de se isolar de reflexões e julgamentos morais, de evitar os efeitos da empatia por uma "necessidade maior"; é aqui que reside o âmago da banalidade apontada por Arendt.

As pesquisas e o constante reforço sobre a memória da *Shoah*, a luta contra o negacionismo e as argumentações que flexibilizam ou relativizam os horrores do genocídio industrial não podem ficar restritas a um olhar sobre o passado. Elas precisam fomentar uma reflexão constante sobre nossas próprias ações, sobre nosso meio e sobre as consequências de nossos atos. É preciso procurar as engrenagens da banalidade em nossos governos, nas empresas, nas universidades e em todos os ambientes políticos e sociais. É preciso desenvolver uma consciência reflexiva que reconheça as consequências de cada ato, de cada decisão tomada sobre a sociedade e sobre os indivíduos. A empatia e a responsabilidade social, o reconhecimento do outro, são nortes a serem buscados. As engrenagens continuam girando; é preciso, portanto, reconhecer os Eichmanns de nossos tempos.

GUERRA FRIA: UM MUNDO NA ALEMANHA

O fim da Segunda Guerra Mundial, do domínio totalitário nazista, e a exposição dos horrores da *Shoah* para o mundo deixaram marcas indeléveis na memória e na identidade alemãs. No pós-guerra, entretanto, esses elementos se mesclam com o imaginário e a geopolítica da Guerra Fria, resultando em um povo literalmente dividido, traumatizado e com o espírito fraturado.

Os dois países que nascem no território alemão nos anos seguintes à guerra, a Alemanha Oriental (República Democrática Alemã) e Alemanha Ocidental (República Federal Alemã), interpretam esse passado recente de formas distintas. Do lado oriental, onde a influência ideológica da União Soviética se estabelece, o nazismo e tudo dele decorrente passam a ser vistos oficialmente como um desdobramento evidente da crise do capitalismo: diante da incapacidade de evolução, e desesperada com a iminência da perda de controle sobre o sistema político, a burguesia teria aberto espaço para uma ditadura sangrenta, numa tentativa de conter os descontentamentos e a possível revolução conduzida pelos trabalhadores nos anos 1930. Já do lado ocidental, onde a ideologia dominante está ligada às democracias liberais, um dos modelos explicativos mais influentes é a Teoria do *Sonderweg* ("caminho específico"). Segundo essa linha, a Alemanha teria seguido uma trajetória histórica diferente das outras democracias do Ocidente, retardando uma adequação aos valores democráticos em razão da recusa da classe dominante e intelectual em romper com estruturas tradicionais, como o militarismo e o nacionalismo centralizador, em favor de uma política democrática, liberal e mais maleável. Um descompasso histórico que, em sua inflexibilidade, teria levado o autoritarismo a seu ponto mais extremo. O trauma dessa experiência revelaria a necessidade de adequação e de evolução.

Ambas as explicações são espelhos de seu tempo. Nos dois casos, narrativas são construídas para mostrar como forças exteriores estavam lá para salvar a Alemanha de si mesma. Na narrativa oriental, o inimigo evidente continuava ali, no país vizinho, sendo alimentado

232 | Os alemães

pelo sistema capitalista. Era essencialmente uma narrativa denuncista, que identificava um inimigo a ser vencido. Já a Teoria do *Sonderweg,* ao comparar as experiências históricas da Alemanha com as dos países considerados democráticos, apontava diferenças entre elas, mostrando que o que ocorrera com os alemães estava fora da "normalidade", do padrão naturalmente superior das democracias. Assim, era possível conduzir o país a um caminho melhor – o que seria feito, finalmente, com a Alemanha Ocidental. Uma narrativa exaltadora, portanto. As diferenças entre as narrativas oriental e ocidental (além, claro, das experiências políticas distintas e regimes econômicos opostos) terão implicações tremendas na concepção de história de ambos os países, no modo como passarão a escrever a História e em suas identidades nacional-históricas a partir de então.

O modo distinto como os dois lados lidaram com o passado nazista é apenas um aspecto da separação da Alemanha. Dois projetos se apresentaram, dois caminhos foram tomados. O povo alemão se tornou o exemplo mais acabado da bipolaridade da Guerra Fria. Por 40 anos o mundo conviveria com duas Alemanhas, dois países que falavam a mesma língua, tinham o mesmo passado, mas viviam em dois mundos completamente diferentes.

DOIS PAÍSES E UM MURO

Após a vitória soviética na Batalha de Stalingrado, a guerra tomou novo rumo e a vitória dos Aliados começou a se desenhar. Com isso, tiveram lugar as primeiras conversas entre os três líderes da coalisão, Roosevelt, Churchill e Stalin, a respeito do futuro. Documentos diplomáticos mostram os desenvolvimentos dessas tratativas, as mudanças de posições e de voz. As negociações pelas zonas de influência das potências no pós-guerra são particularmente interessantes. A União Soviética, quando firmados os primeiros acordos, reivindicava que sua zona de influência chegasse aos limites dos tratados que havia firmado com os nazistas, ou seja, a leste do rio Vístula, abrangendo Letônia, Lituânia, Estônia e parte da Polônia. Churchill teria recusado, afirmando ter um compromisso inabalável com o povo polonês. As decisões sobre as zonas de influência foram adiadas, sendo retomadas de forma definitiva apenas em 1945, na Conferência de Yalta. Ali, a posição da União Soviética era outra. Sendo ela a grande responsável pela derrota nazista, com os exércitos avançando no interior do território alemão e vindo a ser o primeiro dos países aliados a chegar em Berlim e hastear sua bandeira, ela dava as cartas nas negociações. Já não reivindicava parte da Polônia, mas toda ela e um terço da Alemanha.

Guerra Fria: um mundo na Alemanha | 233

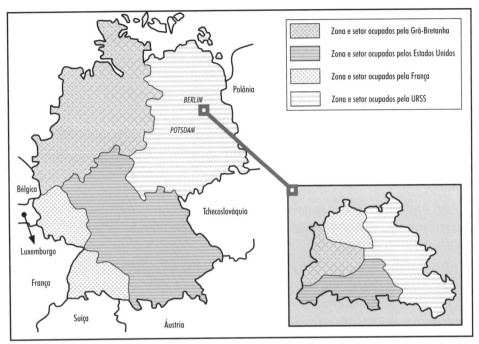

Divisão geopolítica da Alemanha após a Segunda Guerra, com o território partilhado entre os Aliados. No detalhe, a divisão de Berlim. As relações entre o bloco ocidental e o oriental se tornaram insustentáveis e o país acabou se transformando em dois: a República Democrática Alemã e a República Federativa Alemã.

Em Yalta, foram estabelecidas as zonas de influência de cada potência, e o propósito era um trabalho conjunto e colaborativo entre os países. Não só a estabilidade internacional estava em jogo, mas também os processos de julgamento de criminosos nazistas e de reconstrução da Europa. Logo ficou evidente, entretanto, a dificuldade das potências ocidentais entrarem em acordo com a URSS; uma divisão em dois blocos foi, gradativamente, se estabelecendo. A cada dia, a cada declaração, aumentava a distância entre os países e seus objetivos.

Em 1946, Winston Churchill, já fora do gabinete de primeiro-ministro, proferiu um discurso que simbolizaria o início da Guerra Fria. Nele, o inglês apontou a divisão entre dois blocos e revelou que uma "cortina de ferro" havia descido no centro da Europa. Nos países do Leste, a ascensão dos partidos comunistas ao posto de principais forças políticas já era evidente, um prenúncio dos governos autoritários que estavam por vir.

234 | Os alemães

Em 1947, diante do Congresso dos Estados Unidos, o presidente Truman lançou as bases da Doutrina Truman, cujo objetivo era deter os avanços do comunismo no mundo.

A Alemanha, é claro, se tornou o palco por excelência dessa disputa pelo poder. Nos anos seguintes, ocorreu a divisão completa do país em duas partes, uma ocidental, pautada pelo capitalismo, e outra oriental, sob um regime econômico socialista. Cada uma dessas partes se tornaria um país distinto. Em 23 de maio de 1949, foi fundada a República Federal Alemã (RFA), capitalista, com capital em Bonn e eleições gerais para o novo Bundestag (Parlamento). Como resposta, alguns meses mais tarde, em 7 de outubro, foi criada a República Democrática Alemã (RDA), socialista, tendo Berlim como capital. A divisão estava agora estabelecida de modo oficial e permanente, e duas Alemanhas ficaram sob formas de governo e de economias distintas: uma democracia capitalista e uma ditadura, controlada pelo Partido Comunista.

Por algum tempo, os deslocamentos populacionais entre um país e outro eram frequentes. Mas já em 1952 as políticas para o estabelecimento do regime socialista endureceram na Alemanha Oriental, causando uma fuga maciça de pessoas da RDA em direção à RFA. Como resposta, o governo da RDA passou a criar obstáculos à passagem de pessoas do lado oriental para o ocidental. Em 1956, seguindo a repressão na Hungria contra as tentativas de reforma do sistema, a Alemanha Oriental aumentou ainda mais o controle das fronteiras e as restrições à imigração.

Existia ainda o problema de Berlim. A cidade permanecia dividida entre o regime oriental (que havia escolhido justamente sua parcela da cidade como capital da RDA) e as potências aliadas. A solução encontrada pelos orientais para a questão administrativa foi o estabelecimento de uma fronteira ao redor do espaço ocidental e a subsequente construção de um muro fortemente vigiado que atravessava a cidade, impossibilitando a passagem de um lado ao outro. A rapidez com que esse muro foi construído, de um dia para o outro (mais precisamente na noite entre 12 e 13 de agosto de 1961), dividiu famílias berlinenses, afastou amigos, apartou vizinhos.

A nova realidade de restrições para o trânsito entre os dois territórios incomodou muitos alemães. Desde os primeiros acordos de divisão, havia sido estabelecido que os soviéticos (e assim, posteriormente, a RDA) teriam que garantir o acesso dos ocidentais a Berlim. Estradas e rotas fluviais extremamente controladas foram criadas para permitir o trânsito dos ocidentais, bem como rotas aéreas específicas para seus aviões no território da Alemanha Oriental. Contudo, conforme diminuíam os diálogos entre os dois lados, a vigilância sobre as fronteiras se tornava mais violenta. Todas as fronteiras estavam sendo observadas, mas as rotas aéreas que partiam de Berlim ocidental estavam livres da ação da polícia da RDA, e os aviões da PanAm, da British Airways e da Air France podiam viajar para o ocidente. Isso fez com que a cidade se tornasse o principal destino daqueles dispostos a arriscar a vida atravessando a cortina de ferro. Isso também fez com que a fronteira entre Berlim Ocidental e Oriental fosse cada vez mais vigiada. Assim, tentando chegar a Berlim Ocidental, centenas acabaram perdendo a vida – uma das facetas mais sombrias da Guerra Fria na Europa.

Em 1963, Kennedy visita Berlim e discursa para cerca de 450 mil pessoas diante do Portão de Brandemburgo. Abaixo, o presidente em carreata com Willy Brandt, então prefeito de Berlim ocidental, e Adenauer, chanceler da Alemanha Ocidental.

As reações negativas à construção do muro não tardaram. Líderes ocidentais visitaram a cidade, multiplicaram-se as declarações internacionais condenando a decisão dos soviéticos e dos alemães orientais de dividir definitivamente os berlinenses. Berlim se tornou a cidade mais visada do mundo, e permaneceria assim por toda a Guerra Fria. Os orientais passaram a investir nela com orgulho (a construção de uma grande antena de TV na cidade foi muito festejada na RDA, um forte símbolo político que demonstrava os avanços e a força dos comunistas). Para os ocidentais, Berlim Ocidental se tornou o bastião da liberdade em meio a um país controlado por um regime inimigo e autoritário. A passagem

236 | Os alemães

do presidente estadunidense John Kennedy em junho de 1963 é lembrada como um dos marcos da Guerra Fria, uma demonstração de força e de união do bloco ocidental. Em seu discurso, Kennedy conclamou os povos ocidentais a se juntarem aos alemães de Berlim na luta pela liberdade. O trecho mais famoso de sua fala marcava o tom daquele momento:

> Dois mil anos atrás, a frase mais orgulhosa era *civis Romanus sum* ("sou cidadão romano"). Hoje, no mundo da liberdade, a frase mais orgulhosa é *Ich bin ein Berliner* ("eu sou berlinense").

OCIDENTE: TERRA DE MILAGRES

A divisão da Alemanha em dois países completamente diferentes levou cada um deles a uma posição algo esquizofrênica. Por um lado, ambos se abriam ao exterior, a RFA para o Ocidente e a RDA para o Oriente. E ambos desenvolveram uma posição de dependência para com seus "patrocinadores", a União Soviética e os Estados Unidos, e se alinharam política, econômica e culturalmente a cada bloco. Com o tempo, como um reflexo próprio do período, cresceu a desconfiança entre os dois países. Especialmente até a década de 1970, o jogo da espionagem era jogado por ambos, e Berlim se tornou o centro de operações de inteligência da Guerra Fria. Por outro lado, tomou conta dos habitantes das duas Alemanhas um sentimento de renascimento a partir das cinzas da Segunda Guerra e do processo de *Entnazifizierung* ("desnazificação") implantado pelas quatro potências vencedoras da guerra, com desdobramentos sobre a imprensa, a cultura, a memória e o espaço urbano.

Apesar das primeiras ações conjuntas, como os julgamentos dos criminosos de guerra, acordos sobre os destinos de cada uma das zonas ocupadas pareciam impossíveis de serem atingidos em razão das divergências de objetivos e de prioridades de cada lado. A constituição de dois Estados distintos acabou sendo inevitável. A condução de políticas próprias moldou cada um dos países de acordo com as matrizes ideológicas impostas a cada lado, separando, assim, os alemães não só fisicamente, mas também de forma emocional.

Nesse contexto, a Alemanha Ocidental foi reerguida pelos estímulos econômicos dos Estados Unidos, um reflexo da Doutrina Truman e seu objetivo de conter qualquer avanço soviético. Nos anos que se seguiram à guerra, a Alemanha Ocidental recebeu quase 1,5 bilhão de dólares destinados à sua reconstrução através do chamado Plano Marshall,

As Olimpíadas de Munique, em 1972, tiveram como principal interesse apresentar uma Alemanha distante do passado nazista, aberta e respeitosa às diferenças. Acima, o complexo olímpico em vista aérea e, ao lado, a piscina olímpica, em uso até hoje.

238 | Os alemães

dedicado ao reerguimento da Europa Ocidental. Os Estados Unidos sabiam que de nada adiantaria ter um continente arrasado em sua esfera de influência; além de vulnerável à propaganda soviética, uma Europa em crise seria um ponto fraco em sua estratégia de contenção do comunismo e um péssimo mercado consumidor. Portanto, a Alemanha Ocidental tinha um papel central para os americanos como vitrine para o mundo. Sem contar que ela seria a primeira barreira em um eventual confronto militar com os russos.

Além do Plano Marshall, muito mais foi feito. Em 1953, por exemplo, um acordo entre Alemanha Ocidental e França, Inglaterra e Estados Unidos, conhecido como Acordo de Londres, concedeu condições especiais para o pagamento das dívidas de guerra alemãs, tanto da Primeira quando da Segunda Guerra, além de facilitar empréstimos e financiamentos para a reconstrução do país e a recuperação de sua economia. Alguns desses débitos, inclusive, poderiam ser pagos apenas após a reunificação da Alemanha (como de fato ocorreria, tendo sido finalizados em 2010), tamanha a confiança dos ocidentais em sua "vitória" na disputa econômico-ideológica com os comunistas. Com os investimentos e as facilidades, além do intenso trabalho dos alemães, a Alemanha Ocidental conseguiria se reerguer.

O país procurou basear sua nova identidade em um tripé. O primeiro elemento foi o afastamento do passado nazista (por décadas, um tabu), o que não significa que tenha havido uma reflexão profunda sobre esse período (isso levaria ainda muito tempo para ser iniciado, tendo ocorrido apenas após a reunificação, em 1989). O segundo ponto: a sua inserção no "Ocidente", o que pressupunha um alinhamento automático com os princípios da democracia, liberdade e capitalismo. Nesse processo, a Alemanha Ocidental fez alguns esforços grandes, como, por exemplo, sediar em Munique as Olimpíadas de 1972. O evento buscava comprovar que a Alemanha estava completamente inserida na dinâmica mundial, em particular alinhada com o bloco ocidental, seguindo a lógica de que eventos de grande porte, como Olimpíadas e Copas do Mundo, são uma espécie de propaganda dos países anfitriões. Em 1972, os Jogos Olímpicos foram vistos como uma chance de melhorar a imagem do país (a memória da Segunda Guerra e do Holocausto era ainda muito recente) e de demonstrar o sucesso da política de recuperação que os Aliados haviam formulado para a Alemanha Ocidental sob os princípios da democracia e do capitalismo. Os jogos, entretanto, acabaram sendo marcados pelo terrorismo e não trouxeram os resultados esperados pelos alemães em termos de *marketing* político.

Terror nas Olimpíadas de Munique

Na madrugada do dia 5 de setembro, os alojamentos da delegação israelense foram tomados por militantes armados da organização terrorista palestina Setembro Negro sob o pretexto de um ato de protesto contra o fato de o Comitê Olímpico Internacional ter ignorado as reivindicações para que os palestinos fossem reconhecidos como uma nação e, assim, pudessem participar dos jogos. A ação violenta contra os atletas israelenses deixou evidente, entretanto, que o alvo principal do grupo era Israel (os terroristas não atacaram outras nacionalidades, tiveram contato com atletas norte-americanos – que os ajudaram a pular o muro na vila olímpica pensando que eles eram competidores voltando dos bares de Munique – e passaram por dormitórios de outras delegações até chegar, especificamente, nos israelenses). Como nessa época havia um alinhamento quase automático do terrorismo internacional com os palestinos, o atentado acabou envolvendo diferentes grupos terroristas em uma forma de "solidariedade da luta", inclusive um grupo alemão de extrema-esquerda. Na invasão dos alojamentos, alguns atletas foram assassinados, enquanto outros foram tomados como reféns. Entre as exigências dos terroristas estava a libertação de 234 presos palestinos e de Andreas Baader e Ulrich Meinhof, líderes do grupo Rote Armee Fraktion (RAF), guerrilha alemã que alegava lutar contra o imperialismo e o capitalismo na Alemanha Ocidental por meio de táticas terroristas, como explosões de bombas, atentados e sequestros, utilizados como supostos "contrapontos à violência capitalista". No episódio, o governo israelense teve negado pelos alemães seus pedidos de envolvimento militar ou de inteligência, ficando toda a operação antiterrorista nas mãos do governo alemão. As tratativas com os terroristas foram frustradas, e, depois de uma aproximação dos policiais, os terroristas levantaram o tom, exigindo a retirada das forças alemãs do local e a entrega de aeronaves para sua fuga. Os alemães fingiram concordar, mas tentaram uma emboscada. Ao final da ação, muito mal planejada e executada, três terroristas foram presos, enquanto cinco terroristas, onze reféns israelenses e um policial alemão acabaram mortos.

O evento teve ainda desdobramentos. Em 29 de outubro, um novo grupo de terroristas palestinos, simpatizantes do Setembro Negro, sequestrou um avião da empresa alemã Lufthansa. Sua principal exigência foi a libertação dos três terroristas sobreviventes do atentado de Munique. Dessa vez, o governo alemão cedeu, e os três foram encaminhados para a Líbia, onde foram recebidos como heróis. Já os fundadores e principais membros da RAF, que haviam sido presos em maio de 1972, decidiram cometer suicídio coletivo depois de terem sido condenados, em abril de 1977, à prisão perpétua, no final de um longo processo jurídico.

O terceiro elemento fundador da identidade dos alemães ocidentais tem sua base no reconhecimento de dois "milagres" produzidos por seu país: o "milagre econômico" e o "milagre de Berna".

Aos olhos dos alemães, a recuperação econômica pareceu extraordinária. Na sequência da guerra, a economia do país se encontrava mais uma vez em frangalhos e o marco alemão perdera quase todo seu valor. A população estava sem poder de

240 | Os alemães

compra e o mercado negro prosperava no país em ruínas. A situação era tão alarmante que as potências aliadas haviam colocado a reforma econômica em primeiro lugar na agenda dos problemas estruturais a serem resolvidos. Mas era impossível estabelecer um consenso entre ocidentais e orientais sobre os caminhos econômicos da Alemanha. Assim, em 1948, os países ocidentais implementaram unilateralmente uma reforma monetária no território por eles controlado, fortalecendo o marco ocidental. Com isso, causaram uma fuga de capital do lado oriental e despertaram a fúria dos soviéticos, que se viram obrigados a apressar uma reforma monetária em seu território também.

A recuperação da Alemanha Ocidental não viria de imediato, e a população passaria por alguns anos de provação. Mas com a Guerra da Coreia, em 1950, a economia foi reaquecida e a Alemanha Ocidental acabou finalmente inserida no mercado mundial. A ponta de lança desse crescimento seria certamente a indústria automobilística, especialmente a Volkswagen, que se tornaria sinônimo de carro confiável e de preço justo. O modelo conhecido no Brasil como Fusca (*Käfer*, na Alemanha) adentrou as ruas do mundo como diplomata não oficial do país, um carro projetado no período nazista e que acabou ganhando a simpatia mundial, servindo também para diminuir a pressão negativa da memória histórica sobre os alemães. Na esteira do Fusca, a Kombi e o Passat conquistariam inúmeros consumidores nas décadas seguintes (tendo ainda hoje uma legião de fãs). O sucesso da indústria alemã ocidental transformou o país: o poder de compra da população cresceu e seu mercado consumidor robusto financiou, por meio dos impostos, um Estado de bem-estar social que passou a ser, por muitos anos, modelo para o mundo. Além disso, o Estado de bem-estar social alemão ocidental servia como contraposição ao regime socialista que se erguia ao lado, com uma mensagem clara: os ocidentais buscavam (e pareciam poder) ter o melhor dos dois mundos, o capitalista e o socialista, com conquistas econômicas, mas também com sólidas políticas sociais.

Com o sucesso econômico e o alinhamento ideológico e estratégico com as potências ocidentais (a Alemanha Ocidental ingressou na Organização do Tratado do Atlântico Norte – Otan –, em 1955, e a partir de então faria parte da linha de defesa contra o avanço do comunismo no mundo), a autoimagem dos alemães ocidentais melhorou muito. Eles já conseguiam uma resposta satisfatória para a pergunta: "quem somos nós nesse mundo cada vez mais louco?". Mas ainda que seu país estivesse se desenvolvendo na economia e reconstruindo sua sociedade, a questão identitária permanecia problemática para os alemães ocidentais no que dizia respeito ao orgulho nacional: como expressar alegria pelos feitos do país quando o nacionalismo havia levado os alemães à pior ca-

Guerra Fria: um mundo na Alemanha | 241

A indústria automobilística era uma das marcas fortes da Alemanha Ocidental. O Fusca e a Kombi se tornaram dois embaixadores informais do país no pós-guerra, vendendo a imagem de uma nação organizada e eficiente. Hoje, essa marca se estende a todo o país e companhias como a Porsche são referências mundiais. Ao lado, um monumento na sede da empresa, em Stuttgart.

tástrofe de sua história ainda poucos anos antes? O nacionalismo exacerbado e a busca de uma "superioridade" alemã, em qualquer campo, não podiam render bons frutos, como mostravam as feridas ainda abertas da derrota na guerra. Era preciso aprender a lidar com os sentimentos, era necessário reaprender a ter orgulho de ser alemão. Isso começou a acontecer com o "segundo milagre", que ficou conhecido como o *Wunder von Bern* ("milagre de Berna"). Ele ocorreu na Copa do Mundo da Suíça, em 1954, menos de uma década após o final da Segunda Guerra Mundial. Os alemães do Ocidente começavam a se reorganizar a partir dos escombros da guerra, voltando a ter em

242 | Os alemães

seu cotidiano atividades não diretamente ligadas à reconstrução do país. Mas, ainda que materialmente sua situação estivesse melhorando, a sombra do período nazista pairava sobre suas cabeças. O espírito nacional estava completamente quebrado, e qualquer manifestação de nacionalismo ou de patriotismo era vista com maus olhos.

Os jogadores alemães chegaram ao torneio desacreditados, sem nomes badalados e tidos como coadjuvantes da Copa, um time inferior. Os favoritos eram os húngaros e os uruguaios. E de fato, na primeira fase da Copa, o time da Hungria aplicou uma sonora goleada de 8 a 3 sobre os alemães ocidentais, que, prevendo a derrota, jogaram com um time misto. Contudo, mesmo com o placar inicial desfavorável, a Alemanha Ocidental seguiu no campeonato após vencer a Turquia. Iugoslávia e Áustria foram os adversários derrotados das fases seguintes, e a cada vitória do time alemão os ânimos nacionais despertavam. O jogo final, novamente contra a Hungria, era aguardado pelos alemães com uma mistura de ansiedade e medo. O mundo dava como certa a vitória de Puskas e companhia, o auge de uma geração de futebolistas húngaros sem paralelo na história. Com seis minutos de jogo, Puskas abre o marcador, e, com oito, Czibor aumenta a vantagem da Hungria. A Alemanha, entretanto, se recupera, e com um gol aos 11 e outro aos 18 minutos consegue empatar o jogo, equilibrando a partida. No segundo tempo, a Hungria lança ataques seguidos contra o gol alemão, um mais perigoso que o outro. Os alemães, entretanto, mantêm uma disciplina tática notável, e a segurança da defesa impulsiona sua confiança. Conforme a partida caminha para o final, os ânimos alemães aumentam, até que, aos 39 minutos, os alemães roubam a bola, avançam pelo flanco esquerdo, lançam para a área e a defesa húngara tira de cabeça para a entrada da área. Ali, a bola encontra Helmut Rahn, que a domina, entra com ela novamente na área, puxa para a perna esquerda, driblando a marcação, e chuta no canto direito baixo do goleiro Grosics: 3x2! Os húngaros reiniciam o jogo como os senhores do futebol mundial que eram naquele momento, ou ao menos até poucos segundos antes daquele momento. Aos 41 minutos, a bola encontra Puskas na pequena área, pela esquerda, e ele chuta para dentro da meta alemã. Mas o que seria o gol de empate é anulado, pois o então maior jogador do mundo estava impedido. Nos minutos finais, o goleiro alemão faz ainda uma grande defesa, completando "o milagre de Berna". A Alemanha havia virado o jogo, em campo e na História: o orgulho nacional foi celebrado sem culpas pela primeira vez em anos, e a imagem do país começou a mudar no mundo. Uma dádiva dos deuses do futebol.

Mas nem o futebol é capaz de mudar tanto um país (nós brasileiros sabemos bem disso). As feridas dos alemães começavam, sim, a cicatrizar, mas os traumas continuavam profundos demais no espírito nacional. Isso ficou evidente anos mais tarde, quando as revoltas estudantis dos anos 1960 colocaram em xeque certa sublimação do passado que já se operava no país. Para além do inconformismo e da busca por reformas estruturais que guiaram o movimento em todo o mundo, as manifestações estudantis na Alemanha tinham ainda um caráter contestatório próprio, uma confrontação de consciências geracionais que levariam a vários rompimentos na estrutura familiar tradicional alemã. Nas universidades, era comum encontrar pichações que evidenciavam a "fratura da memória". Uma das mais recorrentes pedia para o leitor assinalar seu nazista preferido entre as seguintes opções: a) Hitler; b) Goebbels; c) Himmler; d) papai. Mais do que uma piada, manifestações como essas no espaço público chamavam à reflexão os jovens: será possível reconstruir um país sem apontar para suas falhas, sem denunciar seus erros e seus crimes, sem passar a limpo a lista de criminosos, sem, enfim, aceitar a responsabilidade por seu passado? A geração de 68 acreditava que não.

Em nome da manutenção da ordem, o Estado resolveu reprimir violentamente os movimentos estudantis, revelando o lado autoritário da democracia ocidental. A chama do movimento diminuiu, mas a mensagem estava dada.

Nas décadas seguintes, conforme essa geração ascendia, cresciam também as discussões e reflexões sobre o passado alemão. A geração dos jovens alemães de 68 recolocou os problemas do passado nacional na pauta e os enfrentou. Após a reunificação na década de 1990, essa perspectiva já estaria completamente madura, tornando-se política nacional (ver capítulo "Depois da Queda"). Isso não quer dizer que a Alemanha tenha saído do divã. Traumas requerem um trabalho constante, e dificilmente são completamente superados. Os alemães, ao menos, parecem ter entendido isso e se dispõem a continuar o processo de compreensão de seu passado. E "compreender" é bem diferente de "perdoar".

ORIENTE: TERRA DE STASI

Se no Ocidente o objetivo era criar, a partir de uma Alemanha forte, um obstáculo ao comunismo e uma vitrine do capitalismo que seduzisse o Oriente, do lado oriental o objetivo era exatamente o contrário. A República Democrática da Alemanha (RDA, ou DDR, em alemão) foi desenvolvida para se tornar um modelo do comunismo atrelado à União Soviética. Ela se propunha um bastião da luta contra o imperialismo e as desgraças do capitalismo. Essa ideia fazia parte do próprio mito fundador da RDA:

244 | Os alemães

o combate aos fascistas, capitalistas e imperialistas era a justificativa primordial da existência do Estado da Alemanha Oriental. Para esse combate, era necessário criar um novo Estado, uma nova nação alemã, uma nova cultura. Um espírito ideologicamente alinhado a essa diretriz era a principal característica exigida da população.

Como a própria existência da RDA estava intimamente ligada à Guerra Fria e seu imaginário de combate constante e suspeição permanente, não estranha que ela tenha se formado em torno de um aparato autoritário baseado no governo de um partido único (o Sozialistische Einheitspartei Deutschlands – SED –, ou Partido Socialista da Unidade da Alemanha) e na ação da Polícia Secreta (*Staatssicherheitsdienst* – Stasi –, ou Serviço Estatal de Segurança). O SED resultara de uma união dos antigos partidos social-democrata (SPD) e comunista (KPD) da Alemanha, união forçada pelas exigências de resistência ativa contra o nazismo – e por isso mesmo a luta antifascista pela liberdade fez parte de uma das narrativas fundadoras da RDA. A elite do novo partido – e por consequência do novo regime –, como era de se esperar, surgiu da militância mais ferrenha, entre aqueles que pegaram em armas contra os nazistas e que, muitas vezes, passaram períodos na URSS sendo treinados nas estratégias bolcheviques de conflito e de administração. Dois dos maiores exemplos da liderança da chamada República Democrática, Erich Mielke (chefe da Stasi de 1957 a 1989) e Erich Honecker (primeiro-secretário do comitê central do SED de 1971 a 1989) passaram por esse processo. Ambos estudaram na Escola Lenin, de Moscou, fundada em 1926 com o propósito de formar os agentes e os líderes dos Partidos Comunistas do mundo.

A estreita ligação do SED com a URSS estava não apenas na formação de seus líderes, mas também na política interna e externa. A Alemanha Oriental se tornaria a vitrine do "socialismo real", o país apontado pela URSS como exemplo de seu espaço de influência. Ela cumpria assim um propósito no xadrez da Guerra Fria, e, apesar de gozar de certa autonomia, as opiniões de Moscou sempre tiveram enorme peso em sua política interna. Afinal, como em todos os países da Europa Oriental naquele período do pós-guerra, eram os tanques soviéticos que estavam sempre a postos para reprimir os protestos mais violentos que porventura surgissem. Em suma, a relação entre os regimes da Alemanha Oriental e da União Soviética era extremamente íntima, como retrata o grafite do artista russo Dmitri Wrubel, feito no muro de Berlim e em exposição ainda hoje na East Side Gallery, na capital alemã.

A Stasi, por sua vez, operava como um agente de repressão, por um lado, e de vigilância e regulação da sociedade, por outro, objetivos que eram alcançados pelo constrangimento e pela produção de um ambiente de permanente suspeição. Seu instru-

No bloco oriental, parte do cerimonial diplomático envolvia o "beijo de irmãos", símbolo da solidariedade entre os países comunistas. A cena de um beijo entre os líderes Brejnev, soviético, e Erich Honecker, da Alemanha Oriental, foi transformada em um painel no muro de Berlim na East Side Gallery. Abaixo da imagem, lê-se "Meu Deus, me ajude a sobreviver a esse amor letal".

mental de espionagem e seu alcance repressivo agiam diretamente contra os potenciais "desviantes". Milhões de alemães orientais foram vigiados, perseguidos e atacados pela Stasi. Milhares de vidas alemãs foram destruídas pela ação da polícia secreta. Espionagem contra a própria população, prisões políticas e tortura física e psicológica constituíam alguns dos expedientes rotineiros da Stasi. (Hoje, algumas de suas bases de operação, como a prisão de Berlin-Höhenschönhausen ou a de Bautzen, tornaram-se memoriais em homenagem a suas vítimas. Os números da Stasi são realmente assustadores e mostram que a RDA era praticamente uma terra de espiões. Para um país de pouco mais de 17 milhões de cidadãos, o serviço contava com pouco menos de 100 mil funcionários. Os arquivos que sobreviveram ao final do regime apontam ainda que, se considerarmos o total de espiões e informantes recrutados e/ou coagidos a colaborar, é possível deduzir que a Stasi tinha um em cada 6,5 alemães orientais trabalhando para ela.) O medo e a desconfiança se tornaram os sentimentos-padrão dos cidadãos da RDA.

246 | Os alemães

A simples existência da Stasi fazia com que os cidadãos "comuns" sempre se mostrassem em público adeptos do regime, uma vez que as pessoas nunca sabiam se estavam sendo vigiadas ou não. Esse alinhamento, entretanto, podia ser apenas de fachada, uma espécie de teatro cívico encenado pelos alemães orientais para garantir a própria sobrevivência. Todos os cidadãos sabiam qual a forma de comportamento desejado em público pelo regime, e ela se tornava automatizada, ainda que na vida privada a dinâmica pudesse ser outra. Mesmo temerosos, havia quem fosse capaz de grandes ou pequenas transgressões. Em seu livro de memórias sobre os tempos da RDA, *Wir angepassten*, o jornalista e ativista Roland Jahn conta, por exemplo, que era comum as famílias assistirem aos programas da ARD ou da ZDF, redes de televisão da Alemanha Ocidental, embora isso fosse proibido pelo regime. As ondas de rádio e de TV não conheciam fronteiras – com exceção, claro, do "Vale dos desinformados", onde Dresden está situada (ver capítulo "Cidades e imagens"). Mas, ainda que os alemães na RDA conhecessem os programas ocidentais, ninguém os comentava. Roland Jahn se recorda que, em uma aula de Arte no colégio, o professor Schmidtke perguntou inadvertidamente aos alunos se eles tinham visto o *Tagesschau* (programa de variedades da ARD) sobre uma determinada exposição de arte. Os estudantes ficaram congelados. Na descrição do autor:

> Um silêncio de morte se seguiu, e ninguém sabia o que falar. Será que Schmidtke queria testar os alunos? Será que era uma armadilha? Ou será que ele tinha realmente se traído? Schmidtke havia quebrado o código, e ninguém sabia como reagir a isso. O espanto da classe, o longo silêncio, todos os vários pensamentos que habitavam a sala e que ninguém ousava expressar. Um silêncio eloquente; isso era típico da RDA.

Uma recusa em se alinhar aos hábitos e à cultura propostos pela classe dirigente da Alemanha Oriental chamaria a atenção das autoridades, tornando o cidadão um alvo da Stasi. Então, o mais prudente era não participar ativamente e de forma intensa da vida pública do país para não correr o risco de cair em desgraça por conta dos jogos políticos. O segredo, assim, era participar sem se integrar, se ajustar sem se destacar, ou seja, ficar fora da política e, na medida do possível, do raio de ação do Estado.

No processo de "ajuste" da população à nova realidade política, era necessário que as pessoas tomassem parte em alguns órgãos ou grupos político-sociais que promoviam a ideologia do regime. Uma dessas organizações era a Juventude Livre Alemã, uma espécie de movimento escoteiro controlado pelo Estado que visava complementar a educação ideológica dos jovens da RDA e discipliná-los de acordo com a visão de mundo hegemônica na Alemanha Oriental. A Juventude Livre Alemã tinha várias subdivisões, entre as quais a Organização de Pioneiros, voltada a crianças de 6 a 14 anos, que ensinava seus membros, por exemplo, o que significava "ser um bom cidadão da RDA":

1. Nós, jovens pioneiros, amamos nossa República Democrática Alemã;
2. Nós, jovens pioneiros, amamos nossos pais;
3. Nós, jovens pioneiros, amamos a paz;
4. Nós, jovens pioneiros, mantemos laços de amizade com as crianças da União Soviética e de todos os países;
5. Nós, jovens pioneiros, somos estudiosos, ordeiros e disciplinados;
6. Nós, jovens pioneiros, respeitamos todas as pessoas trabalhadoras e colaboramos diligentemente;
7. Nós, jovens pioneiros, somos bons amigos e nos ajudamos;
8. Nós, jovens pioneiros, cantamos e dançamos, brincamos e somos criativos;
9. Nós, jovens pioneiros, praticamos esportes e mantemos nosso corpo saudável;
10. Nós, jovens pioneiros, vestimos com orgulho nosso lenço azul (parte do uniforme dos pioneiros).

As organizações juvenis não eram apenas uma forma de tentar manter as crianças conformadas, ideologicamente alinhadas e disciplinadas; serviam também para mantê-las ocupadas e vigiadas para além do período escolar. Isso era uma necessidade no país, uma vez que os adultos eram obrigados por lei a estarem empregados e não podiam cuidar das crianças. Por se autodenominar uma "república de trabalhadores", fazia parte da própria justificativa para existência do regime vigente a ideia de que todos os indivíduos da sociedade deveriam ter um emprego. Para tanto, esse princípio estava registrado na constituição da RDA, não como um direito, mas como um dever passível de punições:

> Todo aquele que ameaçar a vida coletiva social dos cidadãos ou a ordem pública ao se abster de uma ocupação regular ainda que capaz de trabalhar, ou qualquer indivíduo que se prostitua ou que se preste a outras formas impróprias de ganho, pode ser punido com provação, prisão, trabalho reabilitativo ou prisão domiciliar por até dois anos.

248 | Os alemães

Oficialmente, a Alemanha Oriental apresentava números expressivos, sempre com taxas de emprego superiores a 95% para ambos os sexos. Isso não era um reflexo, entretanto, da disponibilidade de trabalho. Pesquisas mostram que essa era, na verdade, uma "taxa de ocupação", pois sempre que o sistema não conseguia absorver o trabalhador – seja por excesso de mão de obra, seja por falta de matéria-prima ou qualquer outra falha –, o indivíduo seria redirecionado para o trabalho social ou partidário, como auxiliar nas organizações para a juventude, de esportes etc. Eventuais recusas, claro, recairiam na lei contra os seres "associais", ou seja, contra aqueles que "se recusavam a trabalhar".

Com a maioria dos adultos fora de casa o dia inteiro, uma grande estrutura educacional foi configurada na RDA. Creches em tempo integral para crianças até

Em sentido horário, museu da Stasi, prédios na bulevar Karl Marx Allee e teatro Volksbühne: heranças da arquitetura soviética da antiga Alemanha Oriental.

Guerra Fria: um mundo na Alemanha | 249

3 anos garantiam aos pais a possibilidade de trabalhar pelo país. Dos 3 aos 6 anos, as crianças tinham garantido o jardim de infância e, a partir dos 6, ingressavam nas Escolas Politécnicas, onde ficavam até os 16. Depois dessa idade, uma série de fatores iria contribuir para a decisão sobre se o jovem faria algum curso técnico "para servir à economia do país" ou ingressaria em uma universidade. A entrada no mundo acadêmico era determinada não só pelas notas acima da média, mas também pelas aptidões demonstradas na escola, pela não participação do indivíduo em atividades consideradas "nocivas ao regime" (desde protestos até o pertencimento a uma comunidade religiosa) e por sua atuação "positiva" na vida política e social do país – e para isso a inserção em organizações como os Pioneiros ou a Juventude Livre Alemã serviam como parâmetro.

Contudo, o sucesso dessas organizações era muito maior entre as crianças, pois os jovens, ao se aproximar da vida adulta, passavam a vê-las como uma obrigação enfadonha, especialmente quando confrontada com as atividades e diversões dos jovens ocidentais. Nas ondas do rádio e da TV, a juventude da Alemanha Oriental sentia-se atraída pelo *rock 'n' roll*, as calças jeans e a liberdade de expressão que pareciam fazer a felicidade dos seus vizinhos do Ocidente. Discos de bandas ocidentais eram contrabandeados e ouvidos às escondidas pelos jovens, o que foi objeto de preocupação real para o regime em alguns momentos. Para se contrapor ao rock, por exemplo, a RDA desenvolveu e incentivou um ritmo musical e uma dança própria, o *lipsi*. Visualmente, o *lipsi* lembrava uma valsa performática, com trejeitos de chá-chá-chá. Nos ouvidos, soava meloso e monótono. É claro que os jovens não aderiram e, quando obrigados, acabavam dançando o *lipsi* de má vontade ou com jocosidade. Por fim, no final da década de 1960 e princípio da década de 1970, a ditadura da RDA acabou afrouxando o combate ao rock, reprimindo apenas exposições muito evidentes de seu consumo. Ele passou a ser encarado como uma transgressão catártica, tolerado em pequenas doses, especialmente se fosse curtido em segredo.

As atividades culturais e de lazer na Alemanha Oriental, entretanto, não se restringiam a ver TV ou ouvir rock escondido da Stasi. Existia uma variedade de opções disponíveis aos trabalhadores, especialmente nas grandes cidades. Os fãs de futebol, por exemplo, podiam acompanhar as partidas do Dynamo Dresden ou do FC Union Berlin. Cinema, teatro e literatura estavam também à disposição, ainda que permanentemente sob censura do regime. Também era possível viajar nas férias, seja para o interior da RDA, seja para os demais países do bloco comunista (as viagens para o bloco capitalista eram proibidas). Existia até mesmo um "mercado de luxo" na Alemanha Oriental, ainda que algumas vezes faltassem produtos básicos e de primeira necessidade nas prateleiras dos

250 | Os alemães

mercados. Ainda que os orientais não pudessem atravessar a fronteira e visitar a Alemanha Ocidental, os amigos e parentes que viviam no ocidente e podiam visitar a RDA contavam sobre a vida capitalista e até mesmo contrabandeavam produtos ocidentais para o lado oriental. Esse mercado surgiu com uma dupla finalidade: diminuir o anseio da população pelos produtos ocidentais e dar uma utilidade para o dinheiro excedente no país. Isso porque a população trabalhadora na Alemanha Oriental recebia um salário médio mais que suficiente para manter uma vida tranquila (em 1970, o salário médio era de 792 marcos, em 1980, de 1.280 marcos), mas não tinha muita possibilidade de gastar como quisesse devido à parca oferta de produtos. Para que o dinheiro não ficasse guardado "debaixo do colchão", o governo promoveu a abertura de lojas de roupas e cosméticos de luxo (as *Exquisit*) em 1962, e de comidas finas e *delicatessen* (as *Delikat*), em 1966, que vendiam produtos ocidentais. Os preços nessas lojas eram, claro, astronômicos, mas a possibilidade de adquirir algo diferente daquilo que os mercados locais ofertavam fazia com que os alemães orientais gastassem bastante nessas lojas.

Mas entre os produtos básicos, não eram apenas os alimentícios que faltavam com frequência; nos hospitais e clínicas do país, materiais básicos como seringas ou gaze tinham problemas eventuais de reposição – a área de saúde estava sujeita, afinal, às dificuldades da indústria nacional. O sistema de saúde da RDA, entretanto, chegou a ganhar proeminência internacional com a qualidade dos seus médicos e enfermeiros, além de pesquisas de ponta na área. A despeito da escassez de aparelhos mais modernos e da produção irregular de determinados medicamentos, a área de saúde da RDA desenvolveu um eficaz sistema profilático, que contava com exames regulares efetuados nas escolas, nas creches e nas grandes fábricas, visitas anuais de dentistas nas escolas e campanhas regulares de vacinação. Entretanto, apesar de essas medidas auxiliarem na prevenção e no controle de determinadas doenças, elas não ajudavam muito a aumentar a longevidade dos alemães orientais. Já na década de 1980, a expectativa de vida das alemãs orientais era de 75 anos e dos alemães de 69. Em média, três anos menos que de seus vizinhos ocidentais. Especialistas apontam que a explicação para isso reside principalmente na alimentação dos orientais, que mantinham uma dieta com pouco legume e verdura e muita gordura e açúcar. Isso tudo regado a muito álcool: em média, o alemão oriental bebia, na década de 1980, 23 garrafas de vinho, licor ou aguardente por ano (três vezes mais do que na década de 1950), além de 143 litros de cerveja. As explicações para esse consumo alcoólico variam: alguns argumentam que a monotonia e o medo constante faziam com que os alemães orientais bebessem para suportar a realidade do "socialismo real", uma atitude que seria até incentivada pela

Stasi, para conter revoltas; outros apontam que garrafas de vinho e aguardente eram os presentes mais acessíveis e práticos, além de artigos de luxo relativo, servindo como objetos centrais naquilo que teria se tornado uma sociabilidade centrada no álcool.

Hoje, as lembranças dos tempos da RDA abarcam visões conflitantes. É fato que a vigilância e a intensa repressão perpetradas pelo regime comunista produziram cidadãos que viviam com medo, já que qualquer pessoa podia ser um potencial espião do governo e o confronto militar com a RFA parecia estar próximo. As notícias das torturas, das mortes nas prisões, das escutas, das deportações para a Alemanha Ocidental, da adoção dos filhos dos "inimigos do Estado" por famílias leais (ocorreram muitos casos de filhos de alemães considerados nocivos ao regime que foram separados dos pais – que, por sua vez, eram presos ou mesmo extraditados para a Alemanha Ocidental – e entregues para adoção para famílias alinhadas ideologicamente, casos que ainda hoje são investigados), enfim, dos variados crimes cometidos pelo regime contra os seus cidadãos corriam rápido, freando qualquer resistência. Não era fácil viver sob um regime ditatorial em meio a uma cultura da paranoia a serviço dos interesses – e sob a proteção – da URSS.

Mas, passados muito anos desde a queda do muro, frustrações com promessas não realizadas da reunificação – um mundo mais livre e diversificado, no qual o sucesso financeiro alcançaria os alemães orientais e os ofertaria uma vida de luxo e riqueza impossível de se imaginar na RDA – tendem a amaciar as memórias individuais, fazendo com que algumas pessoas voltem a defender os tempos do comunismo e até preguem a volta da separação da Alemanha. Argumentam alguns: "A Stasi só perseguia quem fazia por onde". "A ditadura só era prejudicial a quem não andava na linha", apontam outros. "Na RDA, pelo menos, todos tínhamos empregos". Para alguns indivíduos, a Alemanha Oriental é uma lembrança confortável, de um tempo seguro, longe do caos da modernidade. É a sedução da nostalgia por um passado que não foi, da memória seletiva alimentada por uma cegueira histórica e por um mascarado sentimento de impotência.

1989: QUEDA DO MURO

Em 1952, Stalin enviara aos líderes das potências ocidentais algumas ofertas para negociar uma reunificação da Alemanha. Preocupava o líder soviético o fato de nunca ter sido assinado um tratado de paz com os alemães após a Segunda Guerra Mundial – afinal, não existia mais uma Alemanha com a qual as questões políticas pudessem ser negociadas. As Alemanhas permaneciam, sem essa assinatura, uma fenda diplomática aberta, capaz de arrastar para si todo o mundo uma vez que um cessar-fogo, sem o

252 | Os alemães

estabelecimento de um acordo de paz e o reconhecimento de um Estado alemão, não garantia estabilidade, e qualquer desentendimento entre as potências ou mesmo uma guerra civil alemã poderia desencadear uma nova guerra mundial. As negociações, entretanto, falharam (o tratado só seria assinado muito mais tarde, em 1990). Mas por que, afinal, não havia sido possível chegar a um acordo?

Um dos pontos determinantes para isso foi a desconfiança do Ocidente frente à proposta de Stalin. Os líderes ocidentais pensaram que poderia ser um estratagema do soviético para favorecer interesses que eles não conseguiam compreender muito bem. Talvez uma forma de fazê-los baixar a guarda para que fossem pegos desprevenidos. As condições que Stalin colocava pareciam-lhes bastante estranhas: exigia como prioridade a assinatura de um tratado de paz com os alemães; exigia também que a reunificação da Alemanha resultasse em um país neutro proibido de assinar acordos diplomáticos ou militares que o colocassem contra qualquer um dos quatro gigantes. Em contrapartida, aceitava que o país fosse uma democracia pluripartidária, com eleições livres inspecionadas pelos Aliados e com todas as liberdades garantidas. Como Stalin não era tido como confiável pelos ocidentais, não foi atendido, e os alemães tiveram que esperar mais 35 anos pela reunificação.

Alguns historiadores explicam a negativa do Ocidente pela possível crença de que, naquele momento, em uma Alemanha unificada e neutra, os comunistas poderiam sair vitoriosos nas urnas, comprometendo o futuro do capitalismo no país e em seus vizinhos. Outros pensam que uma Alemanha neutra tiraria dos ocidentais sua principal vitrine, um futuro membro da Otan, além de sua ponta de lança para eventuais confrontos militares com a URSS. Há ainda a questão das eleições, que, do ponto de vista dos Aliados ocidentais, deveriam ocorrer antes da assinatura de qualquer tratado e não depois, como queria Stalin. O então chanceler da Alemanha Ocidental, Konrad Adenauer, é apontado ainda como principal articulador do fracasso da reunificação nos anos 1950, já que se negava a reconhecer a legitimidade de existência da RDA – e, assim, de estabelecer negociações com seus dirigentes. Para ele, apenas uma Alemanha era legítima (a deles, claro), e a separação do território ocupado pelos soviéticos no pós-guerra em um outro Estado era vista como uma usurpação territorial, além de uma ameaça permanente à Alemanha "capitalista e democrática". Adenauer, um católico conservador, receava também que a união da RFA com a Alemanha Oriental inundasse o país de esquerdistas e protestantes. Seja como for, essa chance dada por Stalin foi a mais sólida para a reunificação até 1989.

No caminho para a queda do muro de Berlim, os dois Estados irmãos cresciam distantes, separados e acreditando-se inimigos mortais em uma guerra que, apesar de

Guerra Fria: um mundo na Alemanha | 253

Vários fragmentos do muro foram preservados em Berlim, e outros, levados para diversas partes do mundo para integrar o acervo de museus. Na capital alemã esses pedaços cumprem tanto um papel de galerias a céu aberto como memoriais da divisão e da reunificação.

254 | Os alemães

ocorrer em seus quintais, não era exatamente deles. Essa situação só começou a mudar, de forma muito lenta, quando os conservadores da União Democrata-Cristã (CDU) deixaram a chancelaria e o social-democrata Willy Brandt assumiu o comando da Alemanha Ocidental em 1969. Brandt, do SPD, passou a implementar uma política de aproximação com o Leste, a chamada *Ostpolitik*. Essa aproximação teve como pano de fundo uma retomada realista da política diplomática em relação à RDA. Após as manifestações populares e as revoltas que se observaram no bloco oriental, que se seguiram à Primavera de Praga, e a forte repressão soviética a todas elas, ficou claro para os alemães ocidentais que a URSS não se permitiria perder o controle desses territórios sem luta. Ao mesmo tempo, entretanto, essas manifestações evidenciaram uma insatisfação da população oriental com seus regimes, especialmente quanto à falta de liberdades e de democracia. O isolamento, concluiu-se, apenas beneficiaria o controle absoluto dos soviéticos e o endurecimento das ditaduras. Partindo dessas observações, o isolamento da RDA deveria ser encerrado para que uma aproximação gradual tivesse lugar e, assim, pouco a pouco, a ditadura oriental fosse minada. Além disso, ainda que mantendo regimes distintos, as duas Alemanhas tinham um grande interesse em comum: a sobrevivência. Era necessário, para garanti-la, evitar que as diferenças entre as duas grandes potências da Guerra Fria, EUA e URSS, escalonassem e se tornassem um confronto bélico. Era consenso que, caso isso ocorresse, a Europa seria o principal campo de batalha, e os territórios da RFA e da RDA se tornariam a trincheira mais disputada de uma guerra nuclear. Esse entendimento guiou as primeiras conversações e os primeiros tratados assinados entre os dois países ocorreram na década de 1970. A partir dessa aproximação, a Alemanha Ocidental passou a reconhecer, já em 1972, a soberania e a legitimidade estatal do país vizinho, mas não a sua legitimidade enquanto nação. Isso significava, na prática, que a RDA passava a ser considerada pelos ocidentais um país genuíno, mas a RFA continuava a ser a única e verdadeira depositária da herança cultural e representante da nação alemã.

Os dois países concordaram, após o reconhecimento mútuo, em se candidatarem a cadeiras na ONU. As candidaturas foram aceitas em 18 de setembro de 1973. Além disso, acordos para a construção de diferentes vias de conexão entre Berlim Ocidental e a RFA e a demarcação e reconhecimento das fronteiras da RDA fizeram da relação entre os países, se não próxima, ao menos respeitosa. Em meio ao clima de permanente apreensão que caracteriza a Guerra Fria, essa era uma grande vitória para as Alemanhas.

Willy Brandt, como mais uma das vítimas da espionagem internacional, teve que renunciar ao cargo de chanceler após a descoberta, em 1974, de que um de seus principais assessores era um colaborador da RDA. Seu sucessor, Helmut Schmidt, deu continuidade à política de aproximação, e mesmo Helmut Kohl, que assumiu o cargo de chanceler em 1982, colocando os conservadores de volta no poder, não a renegou. O caminho para a reunificação parecia distante, mas certo, pois, na expressão de Willy Brandt, "podiam existir dois Estados, mas só existia uma Alemanha".

Em meio a esse processo de reaproximação das duas Alemanhas, o cantor britânico David Bowie, um dos maiores nomes da cena musical internacional, admirado dos dois lados do muro (já que seus discos eram contrabandeados para os jovens do lado oriental), chegou a Berlim em busca de tranquilidade, inspiração e reabilitação. A agenda lotada de *shows* e o vício em cocaína estavam lhe cobrando um preço muito alto, e a cidade alemã parecia ser o lugar ideal para "a limpeza" (nessa época, a droga preferida dos berlinenses era a heroína, que não atraía o cantor). De fato, uma vez na cidade, parece que Bowie se reencontrou e se reinventou. Nesse período, entre 1976 e 1979, gravou três álbuns, um conjunto de obras que ficou conhecido como Trilogia de Berlim (ainda que apenas um dos álbuns tenha sido realmente gravado na cidade), e, entre as faixas, uma pequena pérola se destacava. "Heroes" [Heróis] se tornou uma das músicas mais marcantes da década de 1970, e certamente a mais vinculada à Alemanha. A música, escrita e gravada em um estúdio com vista para o muro de Berlim, trazia uma mensagem de superação, libertação e coragem.

> Eu, eu posso me lembrar
> Em pé, ao lado do muro
> E as armas, disparadas sobre nossas cabeças
> E nós nos beijamos como se nada pudesse cair.
> E a vergonha estava do outro lado.
> Oh, nós podemos vencê-los para sempre
> E então poderíamos ser heróis apenas por um dia.

Bowie e sua música encontraram ressonância no pensamento dos jovens alemães de ambos os lados nos anos 1970 e 1980. No Oeste, a crença de que o povo alemão devia ser unificado nos parâmetros da RFA nunca perdeu seu apelo, e as perspectivas de uma queda ou de um afrouxamento dos regimes socialistas animavam a população (o que também continha, diga-se a verdade, uma ponta de orgulho por "estar do lado vencedor da história"). No Leste, a discrepância entre as economias das duas Alemanhas se tornava ano a ano mais evidente. Para os jovens, perspectivas de melhoras na RDA

256 | Os alemães

pareciam poucas – a impressão era de que eles viviam a vida que seus pais viveram. Isso não se resume a um deslumbre com o Ocidente, com as calças jeans de marca ou com o livre acesso à cultura do pop-rock da qual Bowie era um dos principais ícones. Era uma percepção cada vez maior de que se vivia melhor do outro lado do muro e que no Leste a vida estava estagnada. Qualquer mudança parecia ser possível apenas se vinda do exterior, pois os velhos políticos da RDA estavam interessados apenas na manutenção do sistema, não na sua evolução. Em meados da década de 1980, sopraram ventos de mudança. Na União Soviética, o novo líder Mikhail Gorbachev iniciou, em 1985, as reformas do regime soviético que acabariam por decretar o seu fim. A Perestroika (reestruturação da economia, que se voltava para uma gradual abertura ao capital exterior, o aumento da liberdade das empresas e a diminuição da burocracia) e a Glasnost (maior transparência e liberdade na sociedade, imprensa e política) tiveram desdobramentos quase imediatos em todo o bloco comunista. A RDA, entretanto, lutava para esconder de sua população as transformações, chegando mesmo a censurar publicações soviéticas em seu território – algo impensável até então. Mas a população, claro, acompanhava os desdobramentos dessas mudanças, seja em conversas com amigos e parentes do Ocidente, seja pelos jornais televisivos da Alemanha Ocidental.

Em meio a todas essas mudanças no mundo, em 6 de junho de 1987, um concerto de David Bowie ocorreu exatamente junto ao muro de Berlim. O palco foi posicionado com os fundos para o muro, na altura do prédio do Parlamento (Reichstag), para que as pessoas de Berlim Oriental pudessem ouvir. Milhares de orientais seguiram naquela noite para junto do muro, para acompanhar a performance (em uma entrevista posterior, anos mais tarde, o cantor se lembraria daquele dia como o mais emocionante de sua carreira). Ao tocar "Heroes", Bowie foi capaz de ouvir as vozes que o acompanhavam do outro lado do muro. Emocionado, tinha à sua frente uma multidão de berlinenses ocidentais que iluminavam a escuridão com seus isqueiros acesos. (Quando de sua morte, em 2016, os alemães, reconhecendo sua influência naquela época, homenagearam David Bowie de várias formas – em um desses tributos, a rua onde ele vivera na capital levou seu nome por alguns dias.)

> O Checkpoint Charlie, hoje uma atração turística, era um ponto d
> passagem altamente controlado entre os dois lados do muro, um post
> militar entre a Alemanha Ocidental e a Oriental. Há atualmente u
> museu dedicado aos arquivos e objetos do período, em cuja fachada s
> vê estendida a última bandeira soviétic

Guerra Fria: um mundo na Alemanha | 257

258 | Os alemães

A ideia da reunificação amadurecia, conforme chegavam as notícias da URSS e dos demais países do bloco comunista. A partir de 1988, os soviéticos passaram a aceitar que os países satélites, especialmente os do Leste Europeu, tivessem maior autonomia nas questões internas. Alguns desses países começaram a declarar sua soberania. Em outros, revoluções e revoltas começaram a eclodir, buscando maior liberdade e democracia. Na RDA, o regime tentava travar a mudança, mas ela veio em 1989. A chamada "revolução pacífica", que começou em Leipzig, em setembro daquele ano, e se espalhou pelas principais cidades do país, derrubou o muro após um movimento popular maciço e pacífico, algo poucas vezes visto na História. Milhares de alemães orientais, em um protesto inesperado pelas autoridades, mas que era um reflexo das alterações em todo o Leste, marcharam rumo às embaixadas da Alemanha Ocidental na Tchecoslováquia e na Hungria, buscando vistos e pedindo asilo. Centenas passaram a deixar o país todos os dias rumo aos vizinhos orientais, até que o regime da RDA tomou providências e anunciou que vistos para o Ocidente seriam liberados. Na coletiva de imprensa, transmitida pela TV, um repórter perguntou: quando essa medida entrará em vigor? O porta-voz do SED, confuso e surpreso com a questão, respondeu: "Imediatamente, pelo que eu saiba". Às 20 horas, os portões do muro de Berlim já contavam com uma multidão que exigia sua abertura. Os guardas, confusos pela declaração do porta-voz e pressionados pela população, abriram. O que se viu a partir de então foi uma festa, o começo do fim. Mulheres e homens, jovens e idosos, todos subiam no muro e o colocavam abaixo, abraçavam-se e gritavam. Os alemães tomavam o destino em suas mãos e, como nos versos de Bowie, tornaram-se heróis. Apenas por um dia, e para todo o sempre.

DEPOIS DA QUEDA

Sim, o muro caiu. E a julgar pela quantidade de fragmentos que são vendidos como lembrança para os turistas mais crédulos em Berlim, ele tinha a extensão da Grande Muralha da China. Mas a queda, por si só, não resolveu magicamente o problema da reunificação. Pelo contrário, expôs tensões que estavam acumuladas havia décadas e reavivou feridas e controvérsias de séculos. Em uma história turbulenta, marcada por cicatrizes longas e profundas, é natural que a consciência e a identidade alemãs sejam ainda motivos de questionamentos. Em toda sua trajetória, mas em especial nos últimos séculos, a imagem da Alemanha tem se transformado não apenas entre os europeus, mas na opinião pública mundial e também na cabeça dos próprios alemães.

Nas páginas anteriores vimos como os povos germânicos passaram de "bárbaros" e "incivilizados" a senhores e imperadores; como alemães já foram todos aqueles que falavam alemão, que se sentiam alemães ou que tinham sangue alemão; como a língua, a cultura e o sangue sobressaíram em relação ao espaço geográfico. O delírio racial já conduziu o povo alemão a visões de mundo eugenistas e a genocídios; e a ambição e a imagem de superioridade já os levaram a bancar projetos imperialistas continentais e ultramarinos. A derrota na Segunda Guerra Mundial dividiu o país em dois blocos econômicos e ideológicos, colocando em confronto interno os alemães e despedaçando, mais uma vez, a identidade nacional.

A queda do muro passa a impressão de uma queda muito maior. Parecem cair, de repente, as barreiras culturais, as diferenças políticas, as fronteiras geográficas. Mas, ao mesmo tempo que essa queda demarca o início de uma aparente unidade e de um novo começo para a civilização alemã, ela não ocorreu sem resistências, sem conflitos. E, claro, causou novas feridas. De fato, as imagens que temos na memória ou que encontramos em vídeos da época ou retratadas em documentários, as de jovens quebrando o muro e festejando a reunificação, são apenas algumas das peças de um intrincado mosaico de posições ideológicas, visões de mundo e mesmo vivências cotidianas.

260 | Os alemães

As resistências, entretanto, não chegaram a gerar conflitos violentos. Em muitos sentidos, o fim anunciado da República Democrática Alemã foi assimilado mais facilmente pela população do que por alguns políticos europeus na época. Relatos e declarações do período indicam, por exemplo, que o então líder regional do Partido Social-Democrata e futuro chanceler da Alemanha reunificada, Gerhard Schroeder, julgava uma possível reunificação um ato reacionário e perigoso para o país. Margaret Thatcher também parece não ter gostado das perspectivas que se abriam com a reunificação alemã. Isso porque o "projeto europeu", ligado ao fortalecimento da União Europeia e à unificação da moeda no continente, penderia definitivamente para a liderança da Alemanha, que, reunificada, teria peso econômico, populacional e político para se tornar protagonista na Europa. Para a Dama de Ferro, isso apenas agravaria o que ela julgava ser um complô franco-alemão para impor à Inglaterra os programas sociais que dominavam esses países e, dessa forma, derrubar a economia inglesa (uma imagem um tanto conspiratória, mas que os líderes do *Brexit* de 2016 aplaudiriam de pé). Em Israel, as perspectivas da reunificação também despertaram receios. Ainda em 1989, o então premiê israelense Yitzhak Schamir chegou a declarar que uma Alemanha reunificada poderia se tornar o berço ideal para o renascimento do fascismo na região. Ao final, as desconfianças e os medos foram perdendo qualquer sentido à medida que as negociações ocorriam no modelo que ficou conhecido como 2+4, ou seja, envolvendo não só as duas Alemanhas, mas também as quatro potências que, ao final da Segunda Guerra, haviam ocupado o território alemão (EUA, URSS, França e Inglaterra).

Agitações, incômodos, desconfortos, retórica de resistência; tudo isso pôde ser observado nos meses que se seguiram a novembro de 1989. Mas, à medida que a cortina de ferro era levantada, foi ficando cada vez mais evidente que os dois países – e o mundo – não seriam mais os mesmos, e que um trabalho conjunto entre as duas metades da Alemanha teria de ser levado a cabo. A reunificação, um sonho distante para gerações de alemães orientais e ocidentais, chegou de forma repentina e pacífica, uma surpresa para um povo acostumado a se perguntar quando a Guerra Fria se tornaria quente e quando as Alemanhas seriam dizimadas pelos arsenais nucleares existentes dos dois lados da cortina.

A nova realidade dos países demandava que os dois lados cedessem, fizessem sacrifícios e se pautassem por um princípio de solidariedade que muitos pensaram ser impossível. A reunificação econômica se mostrou extremamente custosa e o apoio para a reconstrução do Leste alcançou uma soma de mais de 150 bilhões de euros. A adoção do marco ocidental pela RDA foi promovida às pressas, impondo um câmbio de dois marcos orientais para um marco ocidental com exceção de salários, aposentadorias e aluguéis, que foram fixados em um por um. A rapidez tinha ainda o propósito de conter o trânsito interno de cidadãos que buscavam, no Oeste, melhores condições de vida. Cerca de 2 milhões de cidadãos orientais partiram rumo ao Ocidente, pouco mais de 13% da população de 14 milhões de habitantes da então RDA. O forte ímpeto migratório que tomou alguns cidadãos lembrava uma antiga piada da Alemanha Oriental sobre dois soldados que faziam a vigília do muro: de repente ouviram um estrondo e perceberam que um pedaço do muro havia caído. O susto fez com que o primeiro soldado olhasse assustado para o segundo, como se tivesse acabado de viver uma experiência de quase morte, e perguntasse: "Já pensou se o muro inteiro caísse?" Ao que o segundo responde calmamente: "Já, sim. Se ele caísse eu subiria na primeira árvore que encontrasse." O primeiro olhou para o camarada sem entender nada: "Subiria numa árvore? Por quê?" – "Para não morrer pisoteado pela multidão que viria correndo para passar para o outro lado."

Os esforços para conter essa "multidão" tiveram êxito relativo: apesar de conseguirem evitar um esvaziamento catastrófico do lado oriental, índices como rendimento e padrão de vida apresentam, ainda hoje, diferenças significativas. Ao final, o planejamento estratégico para a reunificação, conhecido como "Zehn-Punkte-Programm" [Programa dos dez pontos], priorizou manter controlados os ânimos das duas superpotências envolvidas, Estados Unidos e União Soviética. As Alemanhas ainda eram consideradas as principais vitrines de ambos os lados, e a reunificação, nos moldes como se deu, poderia levar os soviéticos a um movimento político-militar mais exaltado.

Mas a reunificação era um fantasma histórico ainda maior para França e Inglaterra. O passado de guerras e agressões entre os três países ainda pesava na política internacional. É por isso que, mesmo após a onda pela unidade ter sido colocada em movimento, algumas conversas diplomáticas buscaram frear os alemães. Gorbatchev, então líder da União Soviética, relatou em entrevistas posteriores que Inglaterra e França chegaram a procurá-lo, sugerindo o fim dos avanços. Suas propostas, entretanto, eram que a União Soviética impusesse seu peso militar e diplomático nas conversações, ameaçasse com uma guerra e impedisse qualquer possibilidade de acabar com a divisão da Alemanha. Apesar de também ter sido, pessoalmente, favorável à continuidade da RDA, Gorbatchev decidiu não comprar a briga sozinho. Sua decisão possibilitou que a reunificação – que, na prática, foi uma incorporação da RDA à RFA – fosse celebrada, finalmente, em 3 de outubro de 1990.

262 | Os alemães

A principal reconstrução a ser empreendida após a queda do muro, entretanto, era mesmo a da identidade alemã. Mais do que investimentos e medidas econômicas, era necessário encontrar pontos em comum que levassem comunistas e capitalistas, orientais e ocidentais a se tornarem, simplesmente, alemães. Era preciso construir o "novo alemão".

SOMOS ALEMÃES

A unificação econômica completou-se quando o Banco Central da Alemanha Ocidental assumiu definitivamente a responsabilidade pela economia oriental. Mas a unidade política e cultural parecia muito mais complicada de ser alcançada. Oficialmente, a RDA foi incorporada à RFA em 3 de outubro de 1990, e seus estados (Saxônia, Alta Saxônia, Brandemburgo, Mecklemburgo-Pomerânia Ocidental e Turíngia) se juntaram aos da Alemanha Ocidental (Schleswig-Holstein, Baixa Saxônia, Renânia do Norte-Vestfália, Hesse, Renânia-Palatinado, Sarre, Baden-Württenberg, Bavária e as cidades-livres, Bremen e Hamburgo) na primeira eleição geral, em 2 de dezembro de 1990.

As suspeitas de que os "socialistas ateus" da região oriental jamais elegeriam políticos de partidos cristãos acabaram se mostrando infundadas. Diante do projeto de reconstrução nacional apresentado pelo então chanceler da Alemanha Ocidental, Helmut Kohl, sua filiação à União Democrata-Cristã parece ter se tornado secundária. Os candidatos da coligação democrata-cristã CDU/CSU atingiram um percentual de 43% dos votos e formaram com os liberais (Freie Demokratische Partei – FDP) o primeiro governo da Alemanha reunificada. Helmut Kohl, dessa forma, foi escolhido chanceler, posto que manteria até 1998. Mas se a unificação política formal se completava com as eleições gerais, inserindo a antiga RDA no sistema democrático liberal da RFA, a unificação cultural seria uma tarefa mais complicada, um empreendimento que prometia levar anos para ser concretizado. Afinal, haviam sido quatro décadas de separação, durante as quais duas culturas cívicas, políticas e sociais completamente diferentes se desenvolveram paralelamente. Para criar uma nova identidade nacional, era necessário pensar em um denominador comum entre as duas nações que haviam surgido nos tempos da Guerra Fria e torná-las novamente uma mesma nação. Enfim, era preciso buscar respostas a uma pergunta que é, também, a principal questão deste livro: o que é, afinal, um alemão? O que faz de uma pessoa alemã? Onde é possível encontrar a essência dos alemães, para além dos clichês que se multiplicam desde sempre?

Da mesma forma que este livro, os dirigentes alemães foram buscar na História as respostas e a inspiração para resolver o dilema. E foi no evento que deu início à divisão alemã que se encontrou a base primeira para uma reaproximação. Pois, é claro, as duas Alemanhas compartilhavam um passado longínquo do qual faziam parte Lutero, Bismarck e Karl Marx, entre tantos outros personagens. Mas mesmo simplesmente recorrer ao passado, ao "legado histórico alemão", apresentava problemas para o processo de reunificação. O primeiro problema é que a época em que viveram esses personagens estava relativamente distante dos alemães dos anos 1990, portanto, sua memória já não tinha tanto apelo. A RFA e a RDA eram produtos contemporâneos, e ainda que seus cidadãos mantivessem alguma relação emocional com esses personagens, essa se dava apenas através dos livros de História. (Eles seriam parte importante, a médio prazo, no processo de reintegração, na caminhada pela redescoberta de uma herança comum, mas eram imagens incapazes de causar uma comoção maior.) O segundo problema é que Lutero, Marx e Bismarck haviam sido vistos de maneiras muito diferentes nas duas Alemanhas.

Lutero, por exemplo, é um caso claro e emblemático. No ano de 1946, 400º aniversário da morte do líder protestante, o país devastado pela Segunda Guerra Mundial refletia em torno do peso dos textos de Lutero no desencadeamento da *Shoah*. Afinal, como já pudemos ver, nos escritos do reformador acerca dos judeus se encontravam elementos primordiais do antissemitismo alemão que seriam repetidos à exaustão pela propaganda nazista. Mas essa reflexão do imediato pós-guerra tomou caminhos diferentes quando o muro se ergueu. No Ocidente, Lutero foi redescoberto não só como "um dos pais da Alemanha moderna", por ter fundado uma nova vertente do cristianismo e ter sido um dos pioneiros da literatura alemã. Para os ocidentais, Lutero se tornou também uma figura simbólica do inconformismo e da luta pela liberdade que pautavam a nação alemã. No Oriente, contudo, a interpretação de Lutero como um dos fundadores da Alemanha também ganhou força, mas de uma forma negativa. De acordo com o ideário da RDA, Lutero era responsável por dar origem a um dos elementos mais nocivos característicos da cultura alemã: a subserviência cega à autoridade e aos poderosos. Isso colocava o pai do protestantismo como ancestral direto do Estado aristocrático e militarista prussiano e, também, do nazismo. Com narrativas tão diferentes e conflitantes, a História parecia não ser, no final do século XX, um caminho seguro para reaproximar os alemães dos dois lados.

Então, foi precisamente no ponto da divisão, na encruzilhada primordial que havia dado origem às duas Alemanhas, que os pensadores favoráveis à reunificação

A reforma de Berlim, em espaços e prédios como a Potsdamer Platz e o Kulturforum, para transformá-la de novo na capital do país foi fundamental para a construção da identidade alemã pós-reunificação.

encontraram o que poderia unir os alemães, dando-lhes uma identidade comum: a experiência da ditadura nazista. Assim, foi esse fato histórico – reconhecido como a causa do afastamento – o escolhido para ser a cola cultural da nova nação alemã.

O primeiro passo nessa direção foi a recuperação da antiga capital do país, Berlim. A cidade havia sido a capital da Alemanha Oriental, mas era de fato a cidade de Bonn – que crescera nos 40 anos de centralização burocrática – a mais importante da RFA. Nesse período Berlim se acinzentara. Nos anos 1990 não era mais a cidade vibrante que havia sido nos anos 1920, mas ainda era simbolicamente "a cidade de todos os alemães" e ainda mantinha a mística da capital. Retomar Berlim como a capital da Alemanha, contudo, não ocorreu sem intenso debate; defensores de Bonn combateram com ênfase essa ideia, mas a balança finalmente pendeu para a antiga capital prussiana. Com isso, foi iniciada uma reforma de Berlim com a intenção de modernizar a cidade e preservar o que restava de sua herança cultural e arquitetônica de antes da guerra. Dessa forma, a capital se tornou um símbolo para todo o país: além de novamente unificada após a queda do muro que a dividira, fundava um novo marco temporal para os alemães: preservando e respeitando o passado, mas também de olho no futuro, desenvolvendo uma arquitetura moderna e arrojada que orgulhasse os alemães.

Na reforma da capital, o Berliner Schloss (na foto acima, em fins do século XIX) foi totalmente reconstruído desde sua destruição na Segunda Guerra. Hoje, o edifício está anexado a um complexo de espaços culturais com museus e o prédio da Filarmônica de Berlim (ao lado). Abaixo, à esquerda, o edifício Marie-Elisabeth-Lüders-Haus, parte do novo complexo do Parlamento.

266 | Os alemães

Alguns dos principais pontos dessa reconstrução – que promete não acabar nunca, fazendo de Berlim um eterno canteiro de obras – merecem destaque. A Potsdamer Platz, um dos locais mais movimentados da agitada vida berlinense na atualidade, estava completamente abandonada depois de ter servido por anos como espaço divisor das duas cidades. A área continuava da mesma forma que estava quando acabou a Segunda Guerra: completamente destruída. Logo após cair o muro, já em julho de 1990, Roger Waters, músico do Pink Floyd, levou seu show *The Wall* para a Potsdamer Platz e reuniu um dos maiores públicos da história do rock: entre 250 mil e 300 mil pessoas foram assistir à performance. Esse grande espaço, nos anos que se seguiram, foi completamente revitalizado. Hoje, ele comporta prédios comerciais modernos, shopping centers, um centro de entretenimento (Sony Center), uma estação de metrô modernizada e integrada com a malha ferroviária interurbana, a Nova Galeria Nacional (dedicada à arte moderna) e o Museu de Arte Europeia (Gemäldegalerie). Essa estrutura arrojada se junta à Filarmônica de Berlim e ao Stage Theater, formando um importante fórum de artes e entretenimento.

Outro projeto digno de menção é o da reconstrução do Berliner Schloss. Após ser seriamente danificado durante a Segunda Guerra Mundial e destruído no período da RDA por ser um símbolo do imperialismo e do militarismo prussiano, o castelo foi reerguido de acordo com uma releitura que seguiu o padrão da nova arquitetura berlinense: sua fachada original em estilo barroco foi mantida, mas a lateral oriental foi modernizada; ela fica voltada à Ilha dos Museus, o complexo de museus no centro da cidade. Hoje, o Berliner Schloss é a união do passado com o moderno, como o são também a própria Ilha dos Museus, o novo Bundestag e sua cúpula de vidro e o Olympiastadion, renovado para a Copa do Mundo de 2006, mas que conserva a arquitetura modernista de inspiração fascista em sua base.

Clichês e diferenças: o alemão e seu lugar no mundo

Essa mescla proposital do antigo com o novo coloca a cidade no centro da experiência de reunificação, tornando-se o palco por excelência do "novo alemão". A conciliação entre as múltiplas temporalidades que se revelam em qualquer passeio pelas grandes cidades alemãs, mas especialmente em Berlim, é também uma conciliação política entre os alemães oriundos da RDA e da RFA. No vocabulário local, os *Ossi* ("alemães orientais") e os *Wessi* ("alemães ocidentais") são "irmãos de pais diferentes". As diferenças fascinam ainda hoje os estudiosos, de historiadores a psicanalistas. A separação durou 40 anos, tempo suficiente para deixar marcas "típicas" de cada lado. É dito que o alemão oriental "típico" é mais preocupado com o social e com a família, portanto, menos individualista; é também menos consumista e costuma ser mais introvertido, tímido até. O contrário ocorre com o "típico" *Wessi*, mais concentrado nos bens materiais, perdulário, focado na carreira e normalmente mais extrovertido – ou ao menos tão extrovertido quanto um alemão pode ser. Os clichês continuam, sempre levando em consideração o passado distinto que os dois países tiveram, ligados a dois sistemas políticos e econômicos diferentes: orientais não conseguem falar inglês direito; ocidentais só pensam em dinheiro; orientais são bregas; ocidentais são arrogantes; ocidentais querem passar as férias nos Estados Unidos, orientais no mar Báltico; ocidentais querem reconstruir o muro para economizar o dinheiro que "doam" aos orientais; orientais querem reconstruir o muro para se manter longe dos ocidentais.

Mas, como sabemos, clichês são normalmente filhos de preconceitos, modelos de figuras nacionais não são uniformes e a tendência é que os anos façam finalmente essas imagens desaparecerem, provavelmente para dar lugar a um híbrido ou a uma nova imagem unificada. Alguns estudos já apontam para uma mescla dos valores nas duas metades, como uma tendência à secularização entre os ocidentais rumando a uma equalização com os *Ossi*, ou ainda, nas gerações mais novas dos orientais, uma preocupação cada vez maior com dinheiro, a carreira e o padrão de vida. Podemos escolher ver nisso um movimento de transição de uma mentalidade pautada pelo "socialismo" para uma visão de mundo mais "capitalista".

De todo modo, as diferenças que ainda podem ser observadas no século XXI demonstram a permanência de um desnível econômico e social entre as duas metades, ainda que tenha diminuído desde os anos 1990. Essa diferença econômica traz também uma discrepância geográfica na atração de imigrantes, principalmente vindos da Europa Oriental e da Turquia. Com exceção de Berlim, onde mais de 25% da população tem um histórico de imigração em sua família (ou seja, são imigrantes ou filhos ou ainda netos de imigrantes), em nenhum dos estados da antiga RDA esse índice chega a 5%. Isso significa que a diversidade populacional no território da antiga Alemanha Oriental é baixa, acompanhando o menor fluxo financeiro. Região menos rica, menos atrativa aos imigrantes.

Um fenômeno controverso surge dessa realidade. A Alemanha pós-reunificação vê crescer o número de extremistas de direita, muitos deles se reconhecendo abertamente como herdeiros da ideologia nazista. O que chama a atenção nesse caso é a rápida organização que esses grupos demonstraram ao promover uma espécie de unificação

268 | Os alemães

paralela das "duas Alemanhas". Os neonazistas que haviam surgido na Alemanha Oriental já no início da década de 1980, quando o sistema comunista começava a apresentar seu desgaste, foram rapidamente integrados nas redes e partidos de extrema-direita que já estavam estabelecidos no Ocidente. Ainda que não alcancem números elevados no conjunto da população, esses elementos são responsáveis por graves crimes de ódio e por disseminar uma ideologia ultranacionalista e discriminatória. Mais do que isso, eles se mostram opositores do sistema democrático alemão no formato que se estabeleceu após a reunificação. Em suma, defendem que a democracia alemã só deveria representar e ser representada por "alemães puros", eliminando das decisões e da participação política todo elemento que possua histórico de imigração na família, em uma união dos conceitos de "democracia" e de *Volksgemeinschaft* dos anos 1930.

No entanto, ainda que o Leste tenha uma população imigrante muito menor que o Oeste, a violência e o ressentimento contra ela estão igualmente presentes. E mesmo que o grupo de extremistas de direita atualmente seja diminuto, é verificável que suas palavras de ordem e suas ideias (em especial as contrárias aos imigrantes) encontram recepção em alguns grupos sociais em momentos de crise econômica, abrindo espaço para partidos e movimentos que se apresentam de forma "mais branda", ou seja, para os chamados "populistas de direita" – partidos que apelam para pautas imediatistas e voltadas a um grupo bastante específico, no caso, os conservadores que se sentem ameaçados pelas mudanças sociais e econômicas pelas quais o mundo tem passado neste século (desde o processo de globalização até o que eles denunciam como uma "ditadura do politicamente correto"). Fortemente baseados em discursos que apelam para o emocional, instigam e se aproveitam do ódio e do medo, por exemplo, quanto aos imigrantes e refugiados que aportam na Alemanha. Movimentos contra o multiculturalismo, contra uma suposta "islamização" da Alemanha e por maior controle dos imigrantes, como o *Pegida*, ou partidos populistas de direita, como o Alternativ für Deutschland (AfD), que conseguiu chegar ao Bundestag depois da eleição de 2017, se alimentam dessas conjunturas. Mas, ao contrário dos extremistas, apelam para o sistema democrático para se fazerem ouvir, buscam se organizar como partido e alcançar poder e legitimidade para implementar as políticas que, acreditam, conteriam as ameaças que estariam colocando a Alemanha em perigo.

É com esse pano de fundo que podemos voltar a uma das características centrais da nova Alemanha reunificada – o seu foco no passado nazista – para continuar a entender seu funcionamento. Esse foco na memória nazista abriu espaço para dois pontos centrais na construção do "novo alemão". O primeiro foi a formulação de uma "democracia militante" como sistema de governo e de participação popular. Isso não significa que os cidadãos militam em seus partidos ou seguem necessariamente uma ideologia política, é claro, mas sim que a própria democracia é fonte de militância. As premissas e os valores democráticos não são passíveis de serem questionados, em uma tentativa de garantir a voz para quaisquer minorias que venham a existir na Alemanha. A dignidade humana e o sistema democrático são valores inalienáveis, e passa a ser responsabilidade de cada alemão zelar pela preservação dos direitos de todo cidadão. Os extremismos políticos e ideológicos são evitados ao máximo: dificilmente se vê alemães comemorando os resultados de uma eleição ou brigando para defender um político ou um partido. Isso, é claro, é um eco direto da terrível experiência com a ditadura nazista. A conscientização sobre as ameaças que o ódio social, a xenofobia e as ideologias ultranacionalistas representam para o sistema democrático ocorre não só no sistema educacional ou a partir de programas específicos do governo, mas também em bases diárias, através dos inúmeros filmes e documentários que as redes televisivas estatais transmitem.

A democracia militante depende da consciência de seus cidadãos sobre os valores da liberdade e da igualdade, mas também – e talvez principalmente – da responsabilidade. Esse é o segundo ponto no qual a memória da ditadura nazista atua na constituição do "novo alemão". A conscientização sobre os terrores do período hitlerista implica uma relação de dupla responsabilidade dos alemães perante o nazismo: a primeira é de que, apesar das novas gerações não carregarem a culpa pelos abusos e atrocidades cometidos por seus antepassados, permanecem responsáveis por eles em termos nacionais, uma vez que a Alemanha é considerada responsável. A segunda é de que os alemães são responsáveis, em termos pessoais, pela não repetição daqueles eventos e, de forma mais ampla, pelo bem-estar da humanidade e do mundo.

A cultura de responsabilidade histórica, política e social se desdobra ainda em outras frentes. A proteção aos animais, por exemplo, é uma delas. Conhecidos como históricos amantes dos *pets*, os alemães fizeram de seu país um dos berços do pensamento pelo reconhecimento da dignidade animal. Schopenhauer, ainda no século XIX, defendia que "quem maltrata os animais, não pode ser boa pessoa". Penalidades contra os maus-tratos já eram aplicadas no Segundo Reich, e no Terceiro Reich foram publicadas as primeiras leis de proteção animal. O ativismo pelos direitos e pela libertação dos animais encontra na Alemanha um consistente engajamento, chegando a ações radicais (como ataques a laboratórios que usam cobaias), passando por demonstrações performáticas. Há mais de 30 milhões de animais de estimação no país. Os cães, por

270 | Os alemães

exemplo, podem ser vistos passeando com seus donos pelas cidades a qualquer hora do dia e da noite. Hoje, o recolhimento das fezes desses animais se tornou regra, mas até pouco tempo atrás era muito grande a possibilidade de sair para um passeio e acabar pisando na "lembrança" deixada por algum cachorro. Para as pessoas não se irritarem muito, criou-se a "sabedoria popular": "pisar na m... é sinal de sorte".

A afeição pelos animais vai muito além dos gatos e cachorros do país. Ainda que a manutenção de zoológicos seja frequentemente questionada, eles continuam a ser uma das atrações mais frequentadas pelos alemães. As histórias de alguns de seus animais se tornam fenômenos midiáticos, e certos bichos se tornam lendas e mesmo símbolos de suas cidades. É o caso da morsa Antje, de Hamburgo, que continua preservada, empalhada no zoológico local para os visitantes mais saudosos. Antje teve uma vida agitada, virou estrela e foi inserida no logo da rede de TV local, a NDR. Após sua morte, foi homenageada: transformou-se em personagem de desenho animado. Outros animais celebridades não tiveram uma vida tão agitada, mas foram igualmente famosos. O leão Marjan, nascido em 1976 em Colônia, é um exemplo. Com 2 anos ele foi presenteado ao zoológico de Kabul, no Afeganistão, onde viveu tranquilamente até o ano de 1993, quando um soldado entrou em sua jaula para demonstrar coragem aos amigos. Marjan o atacou e acabou o matando. O irmão do soldado, como vingança, jogou uma granada na jaula dias depois, que explodiu e feriu gravemente o leão, cegando-o de um olho. Sua situação comoveu os alemães, o bicho nascido em Colônia "era um deles". A Guerra do Afeganistão causou sua morte em 2002, quando o zoológico foi abandonado devido aos confrontos na região. Quando os soldados norte-americanos entraram no zoo, encontraram poucos animais vivos, entre eles Marjan. Mas estava debilitado demais, e sucumbiu dias depois. Sua morte foi noticiada entre os alemães como a de uma celebridade.

A empatia que os alemães sentem pelos animais foi colocada à mostra mais uma vez no caso do urso polar Knut. Nascido em 2006 no zoológico de Berlim, Knut foi o único sobrevivente de uma ninhada de dois ursos. Sua mãe não aceitou os filhotes e seu irmão morreu depois de alguns dias. Knut foi rapidamente separado e passou a ser criado pelos funcionários do zoológico. A cidade logo o abraçou. A relação dos alemães com os animais, já bastante emotiva, foi exponencializada no caso do pequeno urso polar, uma vez que o urso é o símbolo berlinense. A vida de Knut se tornou uma atração quase diária na TV alemã, e as aparições públicas do ursinho eram um acontecimento no zoológico. Não à toa, o suicídio de seu criador, em 2008, e sua morte por afogamento, em 2011, ocuparam por semanas os noticiários locais. A comoção

A preocupação ambiental está muito presente no dia a dia dos alemães. Além do ativismo, expresso em dezenas de manifestações por ano, como no protesto contra o uso de energia nuclear da foto, o uso de bicicletas, a reciclagem, a substituição do plástico pelo vidro são sinais evidentes da consciência ecológica da população em geral.

foi imensa, vigílias foram organizadas e, como Antje, a morsa de Hamburgo, o urso foi homenageado com uma estátua em bronze no zoológico onde viveu. A memória de seus animais celebridades permanece entre os alemães, faz parte de sua cultura, e eles os abraçam como membros da comunidade, cuidam deles como de amigos ou parentes. Sentem-se, portanto, responsáveis também pelos habitantes dos zoológicos.

A luta pelo fim da energia nuclear pode ser apontada como outro reflexo da responsabilização perante o mundo. Pela preservação ambiental e pelo uso de energia renovável ocorrem, por ano, dezenas de protestos e manifestações na Alemanha. O resultado mais contundente dessa mobilização ocorreu em 2010, quando o governo alemão adotou a resolução de substituir as fontes poluentes por renováveis. Espera-se conseguir substituir as fontes de energia gradualmente nos próximos anos, até que mais da metade da energia consumida na Alemanha seja proveniente de usinas eólicas, hidrelétricas e solares. A responsabilidade ambiental é uma das características mais introjetadas na identidade no novo alemão. É comum estrangeiros chegarem ao país e se confundirem com os vários recipientes de lixo no prédio, cada um específico para um material. O sistema de reciclagem alemão é uma das primeiras coisas que são explicadas pelo *Hausmeister*, um misto de zelador, administrador e síndico que existe na grande maioria dos prédios alemães. O não cumprimento da separação perfeita do lixo vai gerar invariavelmente uma enxurrada de advertências e multas – separar o lixo para reciclagem não é uma prática opcional e nem é brincadeira para eles.

Em nome da preservação do planeta, é dada preferência ao uso do vidro frente ao plástico nas embalagens de bebidas e alimentos em todo o país. Água, refrigerante, cerveja, iogurte; para todos esses produtos existe a opção de compra em garrafa pet ou pote de vidro. Mas mesmo para o uso de garrafas pet e latas de alumínio existe um sistema automatizado de recuperação de vasilhames em praticamente todos os mercados das grandes cidades. Os clientes do mercado depositam as garrafas na máquina e recebem um vale com um valor relativo ao vidro e às garrafas pet que entregaram. Esse vale pode ser utilizado para abater o valor em sua próxima compra, direto no caixa.

Tudo isso, pode-se dizer, faz parte de um processo contínuo de aprimoramento desse "novo alemão". É claro que não são todos os alemães que amam animais ou mesmo que acham o processo de reciclagem uma necessidade absoluta. Ainda mais evidente é o ressurgimento de ressentimentos em momentos de crise, que levam à xenofobia e ao populismo na política nacional. Os perigos de uma escalada da direita radical estão sempre presentes, mas, ao menos por enquanto, seus sinais são denunciados e combatidos pela maioria da população. Os alemães *sabem* que ditaduras, muitas vezes, nascem de democracias. Mas a consciência histórica desenvolvida nas décadas após a queda do muro e a ideia bastante disseminada de uma dívida para com a humanidade levam, em certa medida, a um comportamento consciente em relação ao restante do mundo, uma busca constante por uma reabilitação. Isso não significa, contudo, um rebaixamento ou sujeição dos alemães perante outros povos e países, nem mesmo um altruísmo incondicional, mas sim o entendimento de seu lugar no mundo, na história e no presente. O resultado os leva a assumirem seus erros do passado, mas também a responsabilidade pelo futuro. Nesse sentido, temos todos a aprender com os alemães.

SOMOS ALEMÃS

Em meio a todas essas transformações pelas quais vem passando a Alemanha desde a reunificação, as discussões em torno dos direitos das mulheres e do lugar da mulher na sociedade alemã são, apesar de perenes, ainda bastante necessárias. Uma questão sensível, talvez seja aqui que encontremos alguns dos mais controversos pontos de divergência entre os *Wessi* e os *Ossi*. Isso porque a sociedade alemã reunificada contava, no ano de 1990, com uma discrepância aguda entre as mulheres no mercado de trabalho no Leste e no Oeste. Enquanto as mulheres na Alemanha Ocidental com emprego chegavam próximo dos 60%, na Alemanha Oriental esse número beirava os 90%.

Essa diferença tem raízes históricas bem concretas. A luta pela igualdade de direitos das mulheres na Alemanha da primeira metade do século XX seguia de forma bastante similar o roteiro que é verificado nos países ocidentais, especialmente no hemisfério norte. A Primeira Guerra Mundial deu condições para que as reivindicações e as lutas das mulheres na Alemanha ganhassem peso. Com a ocupação de vários postos de trabalho antes exercidos por homens que partiam então para a guerra, as mulheres puderam fazer pressão pelo alargamento de seu espaço na sociedade, a começar pelo direito de voto. Havia décadas que elas participavam da vida política alemã, em especial nas fileiras do Partido Social-Democrata e dos partidos de centro. Mas o direito de voto só veio mesmo com a Revolução de Novembro, em 1918, que convocou uma eleição para a Assembleia Constituinte em 1919 na qual mulheres puderam votar e ser votadas. O clima revolucionário e os novos ares republicanos levaram 37 mulheres ao Congresso entre os 421 membros escolhidos.

As vitórias no campo da política, entretanto, parecem ter arrefecido o ímpeto mais progressista dos movimentos pelas mulheres. Várias são as autoras feministas das décadas de 1960 que irão apontar o vácuo de entusiasmo e de objetivos que tomou conta das mulheres dos anos 1920 e 1930, que já tinham possibilidade maior de trabalhar, estudar, além dos direitos de votar e serem votadas, e acabaram se acomodando. Ou seja, ainda que a igualdade plena entre homens e mulheres não ocorresse, parecia suficiente para essa geração contar com os direitos formais constitucionais. Essa postura acabou abrindo espaço para que movimentos conservadores de direita pregassem políticas reacionárias no campo do comportamento, contando até com o entusiasmo de muitas jovens. A ascensão do nazismo significou o fim da vida política para as mulheres, a eliminação de qualquer possibilidade de tomarem parte das decisões nacionais e, com isso, uma forte pressão para que elas se concentrassem apenas nos afazeres domésticos e matrimoniais. Os incentivos para isso eram vários, como o pagamento de um salário para mulheres casadas que não trabalhassem e um acréscimo para cada filho que viessem a ter. O Terceiro Reich delimitou sua sociedade de forma muito clara: a vida pública e do trabalho pertencia ao homem, a vida privada e caseira

274 | Os alemães

era regida pela mulher. Muitas delas aplaudiram. Essa visão de mundo dominante terá fim em 1945, mas ainda deixaria rastros por algumas décadas.

A divisão entre RDA e RFA representou uma encruzilhada também para as mulheres. O Estado de bem-estar social que se construiu na Alemanha Ocidental, pautado pelos conservadores, também privilegiava a contratação de homens e a formação de famílias patriarcais. A visão disseminada pelo mundo ocidental da vida familiar feliz, aquela em que o pai sai para trabalhar, a mãe cuida da casa com o auxílio do aspirador de pó e da máquina de lavar e os três (ou mais) filhos estudam e brincam nos jardins da casa era inspirada pelo *american way of life*, a matriz do imaginário ocidental nos anos que se seguiram à Segunda Guerra Mundial. Na Alemanha Oriental, contudo, predominava a imagem da mulher engajada na vida econômica e social do país e que exercia papéis diferentes daqueles de secretária, professora e enfermeira, tidos como empregos "típicos de mulher" no Ocidente.

A reunificação, entretanto, deixou evidente que duas dificuldades eram comuns às mulheres dos dois lados do muro: a busca por uma participação política real e a luta pela justiça e igualdade salarial. "Política" não era um assunto considerado apropriado para a "típica alemã" em nenhum dos lados da cortina de ferro, e os salários das mulheres eram defasados em relação aos dos homens de forma universal. Ainda que o acesso das mulheres à educação e ao trabalho fosse menos complicado na Alemanha Oriental, as posições de liderança e de destaque eram, em todas as áreas da economia e da sociedade, vetadas a elas. Nos anos 1990, algumas posições e empregos — como a docência universitária e os cargos executivos e de gerência – eram ainda marcadamente masculinos. Em ambas as Alemanhas, as possibilidades de acesso às cadeiras de ensino superior eram de fato mais limitadas para as mulheres, embora, a partir da década de 1970, a Alemanha Oriental tenha desenvolvido uma política de respeito aos interesses e às demandas das mulheres estudantes no campo da educação superior. Medidas como a criação de creches gratuitas nos *campi* das universidades e de pagamento de adicional por filho nas bolsas de estudo facilitaram a entrada das alemãs orientais na vida acadêmica e, em poucos anos, o percentual de homens e mulheres nas salas de aula se igualou. No Ocidente, onde apenas haviam sido feitas reformas mais tímidas (e somente após a reunificação seguiram um modelo mais próximo daquele da RDA), essa igualdade só seria atingida na década de 2010.

Por todo esse quadro, a reunificação se mostrou uma incógnita para as alemãs. Não sabiam o que esperar, se um reforço do conservadorismo em relação às políticas voltadas a elas ou o progresso, se indiferença em relação às suas demandas ou se elas seriam priorizadas na nova Alemanha. A realidade mostrou as dificuldades de adaptação das políticas pelas mulheres no novo país. Muitos estudiosos chegam a afirmar que as mulheres foram o grupo social que mais perdeu com a reunificação. As políticas favoráveis às mulheres existem, têm se desenvolvido, mas não na rapidez desejada pelas feministas. A questão dos salários iguais, que é hoje central para as alemãs, está longe de ser resolvida. A cultura patriarcal continua arraigada na população e impõe uma morosidade gritante às transformações nas mentalidades cada vez mais necessárias na medida em que de fato cresce a participação das mulheres no mercado de trabalho. Se no ano de 1970 cerca de 45% das mulheres trabalhavam na Alemanha Ocidental, 40 anos depois esse percentual já extrapolava os 75% na mesma região.

Mesmo hoje, as mulheres vivenciam uma grande desigualdade entre a realidade oriental e a ocidental. Enquanto a diferença salarial entre homens e mulheres no Leste gira em torno de 8%, no lado ocidental ela é, em média, de 23%. As razões e justificativas se pautam no desequilíbrio econômico do país: com maior dinheiro no lado ocidental, as empresas tendem a manter maiores (e mais rentáveis) postos de liderança e de organização naquela metade. A questão giraria, então, em torno do alcance feminino a esses postos. Entretanto, mesmo quando empregos de mesmo nível e com a mesma escolaridade são comparados, mulheres tendem a receber menos que os homens. A luta por salários iguais e por acesso a postos de liderança no trabalho é prioridade para as "novas alemãs".

Nos primeiros 25 anos que se seguiram à reunificação, graças às reivindicações feministas, a Alemanha aprovou uma série de políticas para facilitar o acesso das mulheres aos postos mais altos de trabalho, promover a igualdade salarial, proteger a carreira das mulheres e, ao mesmo tempo, incentivar o crescimento familiar: vagas garantidas em creches e jardins de infância para os filhos daquelas que tenham um emprego ou que entrem na universidade, pagamento de pensões de apoio aos pais, entre outras políticas que permitem que mães – e também pais, cada vez mais solicitados nas atividades domésticas – conciliem vida privada e vida profissional.

Essas conquistas das mulheres alemãs vieram através da organização e do engajamento feminino, não só na política partidária, mas também, e principalmente, nas ruas. Os movimentos feministas agiam desde a década de 1950, e cresceram muito nas décadas de 1970 e 1980, especialmente no Oeste, influenciados pelo feminismo norte-americano. No Leste, o pensamento feminista era desenvolvido em torno de imagens-modelo de revolucionárias e militantes socialistas do passado – a ligação com o comunismo ou o socialismo era, claro, uma premissa. Assim, mulheres como

276 | Os alemães

Rosa Luxemburgo e Clara Zetkin, militantes da esquerda revolucionária no início do século XX e membros da Liga Spartaquista, eram cultuadas nos discursos sobre a mulher no campo público da RDA. Mas nos dois lados do muro, as causas defendidas pelas mulheres não estavam centradas apenas em aspectos econômicos de suas vidas, e os movimentos feministas organizados debateram, tomaram parte ativa e protestaram pelos direitos gays, pela paz internacional, contra a repressão policial, o armamento nuclear e também pela reunificação. A queda do muro trouxe novos desafios, e a imagem da "nova mulher alemã" acabou sendo definida também por essa característica de militância ampla, a favor de muitas causas. Há quem diga que "ser alemã" é também "ser militante em tempo integral".

Ser informada e ciente de seus direitos, protestar contra os problemas e lutar para melhorá-los é uma postura verificável na metade feminina da sociedade alemã. Ela convive, entretanto, com outros elementos que moldam a imagem da mulher alemã tanto na própria Alemanha quanto no exterior. No período pós-reunificação, algumas mulheres ganharam destaque como símbolos do país e como modelo para as demais alemãs. Da mesma forma que Marlene Dietrich havia sido a grande figura feminina alemã e um ícone da cultura popular mundial nos tempos do combate ao totalitarismo, nas últimas quatro décadas, outras mulheres se tornaram espelhos para as alemãs, especialmente mais jovens.

Ainda durante o período da divisão, uma figura como a cantora Nina Hagen (a "linda garota de Berlim", nos versos do compositor brasileiro Supla), "madrinha do *punk rock*" (e hoje convertida em subcelebridade) foi uma dessas figuras paradigmáticas. A artista, perseguida e expatriada da RDA, havia chegado ao Ocidente e se tornado um sucesso internacional, além de ícone nas duas Alemanhas. Ela se transformou em modelo por ser uma artista alemã que se inseria em um meio ainda bastante masculino, cantar (com e sobre) a ousadia e a rebeldia, experimentar tudo que pôde – de variações vocais a drogas –, e unir, em si mesma, características das duas Alemanhas.

Após a queda do muro, os modelos e as celebridades femininas se tornaram, de uma forma muito mais direta, imagens para a "nova Alemanha". Pela primeira vez em décadas, a mídia das duas metades estava unificada, expondo os mesmos padrões para jovens e mulheres, vendendo as mesmas imagens estereotipadas e influenciando a formação das novas gerações de mulheres alemãs. Uma aparente unanimidade quando se fala das mulheres mais importantes para a formação da identidade das alemãs

Depois da queda | 277

Portrait von Rosa Luxemburg, anônimo, c. 1895-1905.

Marlene Dietrich, 1904-, George Grantham Bain Collection/Library of Congress

Divulgação

Divulgação

Em sentido horário, Rosa Luxemburgo, Marlene Dietrich, Nina Hagen e Claudia Schiffer: cada uma em sua época e ao seu modo foram ícones alemães para as mulheres do país e do mundo.

278 | Os alemães

naquele momento é Steffi Graf. A tenista conseguiu seu maior feito em 1988, um ano antes da queda do muro. Graf conquistou os quatro torneios do Grand Slam, as principais competições do esporte, vencendo o Australian Open (Austrália), o Roland Garros (França), o torneio de Wimbledon (Inglaterra) e o US Open (Estados Unidos). Além de vencer nesses quatro torneios, também conquistou a medalha de ouro nas Olimpíadas de 1988, em Seul, completando assim o feito inédito de vencer as cinco competições em um mesmo ano, o que foi chamado de Golden Slam. Nos anos que se seguiram, entre 1988 e 1996, Steffi Graf dominou o mundo do tênis e se tornou referência também para as "novas alemãs".

As alemãs do pós-reunificação também puderam se inspirar em duas famosas modelos fotográficas e de passarela: Claudia Schiffer e Heidi Klum. A primeira delas tornou-se "o rosto da Alemanha no exterior" nos anos que se seguem à queda do muro, quando sua carreira teve uma ascensão meteórica, rapidamente se ligando a marcas como Chanel e Louis Vuitton e ao estilista alemão Karl Lagerfeld. Representante alemã de uma geração de *topmodels* hipermediatizada, na qual foi acompanhada de Cindy Crawford, Naomi Campbell, Elle Macpherson, Linda Evangelista e Kate Moss, Claudia Schiffer foi também um símbolo da "vitória estética" da Alemanha Ocidental sobre os orientais. Voltada ao mercado do Ocidente, a indústria da moda e da beleza da RFA impunha um padrão que acabou tomando de assalto a Alemanha Oriental, antes pautada pela estética do realismo soviético e do trabalho industrial. O ideal de beleza ocidental invadiu a RDA na figura de Claudia Schiffer.

Heidi Klum nasceu apenas três anos depois de Claudia Schiffer, mas acabou identificada com uma geração posterior. Após ficar mundialmente famosa como uma *Angel* da marca Victoria's Secret, a topmodel embarcou em uma carreira muito bem-sucedida de apresentadora de programas voltados à moda, comandando o *Project Runway*, nos Estados Unidos – uma competição entre estilistas e na qual a modelo se despede dos eliminados com um *Auf Wiedersehen* ("até logo") –, e o Germany's Next Topmodel, na Alemanha. Essa diversificação midiática de Klum, em primeiro lugar, consolidou a estética alemã ocidental da qual Claudia Schiffer havia se tornado um ícone. Em segundo lugar, abriu espaço para controvérsias entre as feministas no país, onde um grupo defendia a liberdade de atuação e o protagonismo de Klum, que incentivaria em seus programas o sucesso das jovens e a busca de seus objetivos, enquanto outro grupo a criticava, apontando a frivolidade e a estetização exagerada direcionada às jovens alemãs.

O feminismo, em suas diversas linhas, é uma corrente política forte na Alemanha contemporânea. Acima, capa da *Wir Frauen*, publicação feminista existente desde 1982, e, ao lado, cartaz de uma manifestação que engloba tanto a luta das mulheres como a luta antirracista.

As diversas frentes do feminismo na Alemanha encontraram um campo rico para debates na sociedade pós-queda. Com linhas diversas, que vão desde a marxista/materialista até a desconstrutivista, o feminismo na Alemanha reunificada promove tanto discussões internas quanto na sociedade alemã como um todo. A existência de revistas especializadas no tema, como a *Emma* e a *Wir Frauen*, facilita o trânsito de ideias e promove sua circulação de forma independente da grande mídia. A fundadora e organizadora da *Emma*, Alice Schwarzer, uma feminista histórica, tem servido de inspiração a novas gerações de

280 | Os alemães

mulheres, incentivando a formação e o reconhecimento de profissionais da mídia que evidenciem a realidade social e destaquem a participação feminina em sua construção através da promoção do Prêmio Emma de Jornalismo, entregue a cada dois anos.

Mas, para além dos movimentos feministas propriamente ditos, alguns temas e eventos ligados ao universo feminino ganharam a opinião pública alemã de forma avassaladora, como foi o caso do livro *Feuchtgebiet* [Zonas úmidas], de Charlotte Roche, que descreve aberta e explicitamente a relação de uma jovem alemã com seu corpo e sua sexualidade. O livro suscitou debates não apenas sobre sua qualidade ou ousadia, mas sobre o cotidiano da mulher alemã, as diferenças geracionais e a questão da liberdade.

As organizações de mulheres alemãs que promovem discussões e conquistam espaços no mundo social e do trabalho enfrentam, contudo, a oposição constante de grupos e organizações conservadoras contrários às demandas do feminismo em geral. Nesse campo, o partido populista de direita Alternativ für Deutschland (AfD) tem encampado sistematicamente, desde sua fundação, em 2013, uma visão conservadora sobre o papel da mulher na sociedade e uma forte crítica ao feminismo. Com base em dados sobre o (não) crescimento da população nacional, afirmam que a família tradicional alemã foi desestruturada com a modernidade, e exigem a criação de incentivos para o aumento do número de filhos alemães. Segundo eles, isso evitaria a "dominação da Alemanha pelos imigrantes", uma vez que a relativa estabilidade populacional do país desde sua reunificação só é mantida com a entrada de estrangeiros.

As feministas, por sua vez, veem em retóricas como essa uma ameaça indireta às conquistas das mulheres, já que, implicitamente, requerem que elas se dediquem exclusivamente a casa e aos filhos. Nesse cenário, ficou famosa uma propaganda da ala jovem do AfD na qual cinco mulheres (brancas, mas com cabelos diferentes) caminham pela praia de biquíni. As legendas enfatizam: "Igualdade em vez de uniformidade" e "Biquíni em vez de burca". Para as feministas, essa retórica se assemelha àquela da década de 1930, quando a igualdade formal parecia ser suficiente, ainda que desigualdades reais fossem observadas entre os sexos.

Não se pode desvincular essas discordâncias das transformações que sofreu o ambiente político-partidário alemão pós-reunificação. Se a percepção das alemãs no início dos anos 1990 era de que a política era um lugar inóspito para as mulheres, com poucas se aventurando em um campo essencialmente masculino, os anos que se seguiram viram despertar um interesse cada vez maior por parte das alemãs na política e, principalmente, a ascensão de mulheres a posições de destaque real na política nacional. O engajamento partidário cresceu pouco, mas a representatividade feminina no campo da política aumentou a olhos vistos, inclusive entre as lideranças dos partidos nacionais. É sintomático que, desde a reunificação, a Alemanha tenha visto aumentar o número de mulheres ministras, inclusive em áreas tidas como "tradicionalmente masculinas", como Defesa e Justiça. Também se tornou corriqueiro ver mulheres na cúpula decisória e na direção de partidos, como a CDU, o SPD e o AfD. Na "nova Alemanha", a capacidade de mulheres conseguirem equilibrar uma carreira política com uma vida privada e familiar tem servido de inspiração para o engajamento das gerações mais jovens. Isso coloca em evidência uma miríade de personalidades e faz com que as jovens alemãs possam tomar como modelos figuras tão díspares como Manuela Schwesig, do SPD, e Frauke Petry, da AfD, de ideologias e posicionamentos completamente diferentes. A eleição de mulheres para a composição do Bundestag atinge também, desde a reunificação, níveis crescentes, o que demonstra, se não um enorme interesse das alemãs na política, ao menos a ocupação de espaços institucionais e decisórios da nação.

Entretanto, nada é mais sintomático dessa mudança de paradigma do que a ascensão de Angela Merkel ao cargo de chanceler, posto mais alto na estrutura política da Alemanha, em 2005. Após crescer na Alemanha Oriental e ter estudado Física na Universidade Karl-Marx de Leipzig, a futura chanceler trabalhou em institutos e laboratórios de Química e Física teóricas, mantendo certa neutralidade e desinteresse pela política durante os seus primeiros 35 anos de vida – com exceção da associação à Juventude Livre Alemã, a organização para a juventude do regime, e de sua participação na Academia de Ciência, onde foi secretária de propaganda. Foi apenas em 1989, na erosão do regime ditatorial da RDA, que Merkel se engajou na democratização do Leste e na reunificação. Após a queda do muro, filiou-se à CDU, foi eleita para o Bundestag e alçada ao cargo de ministra.

Merkel foi, de certa forma, fruto da ebulição política que tomou grande parte da população naquele ano de 1989. Ela foi, também, um modelo para muitas daquelas mulheres que, ao verem o muro cair, se perguntaram sobre o lugar das mulheres no novo país, sobre as chances de uma mulher sobreviver no mundo masculino da política alemã. Mas ela é, além disso, mais uma prova de que essa é uma nova Alemanha.

Angela Merkel e a política interna e externa: numa área ainda dominada pelos homens, a chanceler representa uma figura de liderança forte perante os alemães e o mundo.

SOMOS EUROPEUS

A imagem da chanceler está também intrinsecamente vinculada a outro dos vértices da identidade dos alemães: a Europa. Não apenas por sua atuação central na organização e condução da União Europeia, mas pela própria centralidade da Alemanha na composição do bloco.

Em duas oportunidades, o papel de Merkel no equilíbrio da União Europeia ganhou proeminência. Na primeira, durante a crise financeira europeia iniciada em 2010, na ressaca da Crise de 2007, quando a bolsa de valores despencou e bancos como o Lehman Brothers quebraram. Na Europa, a onda de bancarrotas teve continuidade, e o governo

Merkel e a política europeia: a Alemanha participa ativamente do processo de unificação da Europa desde o Tratado de Roma, assinado em 1957 pela sua parte ocidental. Na foto, a chanceler alemã em congresso do Partido Popular Europeu.

alemão também teve que socorrer bancos a fim de garantir a estabilidade de sua própria economia e, consequentemente, também do euro. Nesse sentido, a política teve êxito, uma vez que, após o primeiro impacto da crise, a moeda europeia manteve certa estabilidade. Mais problemática foi a desestabilização da economia de países considerados periféricos da União, como Portugal, Espanha, Irlanda e, especialmente, Grécia, em consequência do crescimento da sua dívida pública. Com uma unidade monetária centrada no euro, mas sem regras unificadas de controle fiscal, o desnível das economias no interior do bloco colocou a moeda em perigo. A saída-padrão foi a concessão de empréstimos do Banco Central Europeu aos países mais atingidos pela crise, condicionando as transferências a uma série de requisitos para o reajuste e recuperação de suas economias. Isso levou esses países a uma reformulação de suas estruturas estatais, particularmente nos investimentos sociais e nas estruturas de amparo e bem-estar. Protestos e ameaças de abandono do bloco eclodiram nas ruas europeias, e eles se dirigiam ao triunvirato que tomou a frente nas deliberações dessas políticas de austeridade, a chamada Troika,

284 | Os alemães

composta pela Comissão Europeia, o Banco Central Europeu e o Fundo Monetário Internacional (FMI). O rosto eleito pelos protestos, entretanto, foi o de Angela Merkel, que se tornara uma porta-voz informal das duras imposições. Merkel e os alemães em geral foram identificados como a polícia política e monetária do bloco, o membro centralizador, e não foram poucas as insinuações de que o velho sonho alemão de dominar e controlar a Europa havia finalmente se concretizado.

O enfrentamento da segunda grande crise na qual Merkel se tornou protagonista foi a dos refugiados, iniciada no ano de 2015. Por conta dos conflitos armados e das revoltas eclodidas em alguns países do Oriente Médio e do norte da África, uma onda de indivíduos buscando asilo nos países da Europa chegou ao continente europeu, que não tinha estrutura preparada para recebê-los. O resultado foi uma série de medidas desencontradas, com fechamentos de fronteiras, ameaças de deixar a Comunidade Europeia ou o Acordo Schengen (que permite o livre trânsito entre os países europeus), além do aumento das hostilidades contra imigrantes, particularmente aqueles de origem árabe, em todo o continente. O medo da infiltração de membros do Estado Islâmico entre os refugiados recém-chegados impulsionou partidos e movimentos de direita em toda a Europa, levando a um novo nível o preconceito e o medo de atentados terroristas. Em meio a esse panorama, entretanto, a Alemanha liderada por Merkel adotou uma política diferente daquela dos outros Estados da UE, que, em geral, impuseram um limite ao número de asilos a serem concedidos. Entendendo a crise como um desastre humanitário, a Alemanha abriu unilateralmente suas fronteiras, recebendo uma quantidade massiva de refugiados. Merkel se tornou, desta vez, o rosto da decisão e teve papel central em sua fundamentação. No processo, recebeu inúmeras críticas pessoais, mas manteve a política de receber os necessitados, registrá-los e distribuí-los entre os estados alemães. Em muitos aspectos, essa decisão foi um reflexo da proposição de responsabilidade pelo mundo que a memória alemã construída no pós-Segunda Guerra e reforçada após a reunificação apregoa. Angela Merkel, ao ser identificada como a executora da decisão, tornou-se também uma representante dessa responsabilização pelo próximo em que a Alemanha se propõe a ser um pouso seguro para aqueles que necessitam – uma imagem completamente invertida daquela do passado.

Esses dois episódios nos dão uma ideia da centralidade da Alemanha na fundamentação e na manutenção da União Europeia, bem como da importância que a união tem para os alemães. Por seu peso econômico e político, e mesmo por sua centralidade geográfica no mapa europeu, a função de vértice do bloco recai sobre a Alemanha naturalmente. É ela também a principal beneficiária do peso que a UE exerce na diplomacia e nos acordos econômicos internacionais. Por isso, os esforços empreendidos pelos alemães a favor da manutenção da unidade do bloco e da estabilidade do euro são contínuos, assim como a identificação atual dos alemães com a ideia de pertencimento a uma grande Europa.

Também aqui, nessa aproximação da identidade alemã com uma identidade europeia, os vínculos com o marco zero do final da Segunda Guerra Mundial são evidentes. Primeiro porque o fim do conflito foi o principal gatilho para o início das conversas para a formação do bloco. Ainda que muito se tenha falado nos séculos anteriores sobre a união dos países da Europa e sobre cosmopolitismo, pensado, nesse caso, como uma qualidade eminentemente europeia, as visões sobre a união do continente sempre haviam sido tratadas como utopias distantes, especialmente com a ascensão dos sentimentos nacionalistas por todo o continente. O conflito mundial que findou em 1945 trouxe os europeus à reflexão, e a constatação de que a guerra havia destruído quase completamente a cultura europeia levou-os a alimentar novamente a ideia da união europeia.

Uma das primeiras menções a ela, ainda sob os escombros da guerra e às sombras da tragédia alemã, foi feita em 1946 por Winston Churchill na Universidade de Zurique. Na ocasião, o então primeiro-ministro inglês reconheceu os esforços anteriores pela manutenção da paz na Europa e no mundo, desde a União Pan-Europeia até a Liga das Nações, e lembrou que esses projetos não haviam falhado pela natureza de seus propósitos, mas sim pela covardia e falta de firmeza dos governos europeus. Foi com essa narrativa, e com a imagem de uma Europa destruída, que Churchill lançou o primeiro apelo por um governo federativo do continente, urdindo a reconstrução da "família dos povos europeus". Elemento-chave para essa reconstrução seria a reaproximação de França e Alemanha, pois, apenas a partir dela, seria possível construir uma nova "cultura da convivência". Sim, uma nova cultura da convivência, em que cada indivíduo, cada país se tornasse responsável pelo bem-estar de seu vizinho e não medisse esforços para a manutenção da paz e da liberdade.

Churchill estava certo, como os acontecimentos futuros mostraram. O caminho da União Europeia foi pavimentado em torno de uma parceria entre a França e a Alemanha. Foi em razão de interesses econômicos, na formação de uma Comunidade Europeia do Carvão e do Aço – tratado que garantia a livre circulação desses materiais e que serviu de balão de ensaio para a integração completa – que a Europa teve sua "primeira unificação", ainda em 1951. Esse pontapé inicial "capitalista" leva até hoje muitos céticos a desdenhar dos princípios ideológicos da UE, apontando que o romantismo da integração só durará até que a lua de mel financeira acabe, levando consigo a moeda comum. Pode ser que isso seja verdade, que a integração seja fruto de um arranjo financeiro e que o "relacionamento" acabe quando o dinheiro também acabar. Mas, como já vimos, a Europa passou por crises, por alguns ataques, tem lidado constantemente com o terrorismo (na Alemanha, o atentado com um caminhão em uma feira de Natal, no ano de 2016, ganhou as manchetes do mundo todo e foi o centro de uma grande discussão sobre as políticas de acolhimento de refugiados na Alemanha e sobre o livre trânsito entre os países membros da UE) e tem se mantido firme. Ameaças de dissolução aparecem de tempos em tempos, com os discursos dos partidos nacionalistas e populistas e com os plebiscitos convocados em cada país-membro – um dos quais levou à saída da Grã-Bretanha do bloco em 2016. Mas, ainda assim, o princípio da unidade e da fraternidade entre os países-membros parece ser a cola que ainda garante a manutenção da União.

Esse princípio de uma irmandade europeia é fundamental para compreendermos a posição da Alemanha na União. Mais uma vez, as origens para esse traço do novo cidadão alemão que apoia a união com os demais europeus podem ser traçadas na Segunda Guerra Mundial. Ao elevar a níveis extremos o nacionalismo e a xenofobia, a Alemanha havia tido um papel protagonista na eclosão do conflito marcadamente sangrento tanto em relação às batalhas quanto às ocupações e resistências internas. É compreensível que a guerra e a violência sem precedentes do regime nazista tivessem levado os alemães a acreditarem possuir uma dívida histórica com seus vizinhos. Tal dívida alimenta, por certo, os esforços alemães para a promoção da paz e da coexistência harmoniosa entre os povos.

Esse papel da Alemanha, essa "missão histórica", e a consciência que os alemães têm dela foram expostos de forma cristalina em outro discurso, dessa vez feito pelo ex-chanceler alemão Helmut Schmidt. Em um encontro do Partido Social-Democrata alemão ocorrido em 2011, Schmidt se propôs a falar sobre a União Europeia, e foi muito sincero ao tratar da Alemanha e sua relação com seus vizinhos. Lembrou seus "camaradas" do passado de terror que os alemães compartilham, da marca da desconfiança que o país carrega consigo sob os olhares dos vizinhos. Mas lembrou também que, do ponto de vista realista, os países ao entorno da Alemanha se decidiram pela união para evitar a repetição de séculos de história europeia, na qual a região central – particularmente a Alemanha – foi palco constante de guerras e conflitos. Uma desproporção de poder, seja ele militar, econômico ou diplomático, mostrou-se sempre perigosa. A ideia de uma união de moldes federalistas seria uma estratégia inteligente para evitar novos conflitos ou mesmo a cobiça.

Entretanto, ainda que a fundação da UE se deva ao pragmatismo de uma política de contenção militar, ou de ganhos financeiros, ou ainda de necessidade de sobrevivência da própria Europa, é inegável o efeito ideológico e a conotação emotiva que a formação do bloco e sua conservação exerceram e exercem sobre a população alemã. Entendida como um valor supranacional, cosmopolita e contrário ao nacionalismo e ao racismo, a "europeidade" é reforçada diariamente pelos alemães. É com base nessas premissas que a identidade europeia dos alemães se fortalece. A busca por um ambiente que respeite a diversidade e as diferentes culturas é corroborada por políticas sociais por parte do governo, mas também nas ações cotidianas de grande parte dos cidadãos alemães. Fazer parte da União Europeia é também um imperativo histórico, diante do qual a Alemanha busca demonstrar constantemente sua "reabilitação" diante do passado e se abrir ao multiculturalismo.

Abrir-se ao multiculturalismo significa não apenas desenvolver uma consciência mais cosmopolita e empática, mas também preparar políticas mais inclusivas para receber imigrantes e refugiados em seu território. Um dos pontos mais visíveis das dificuldades que os alemães enfrentam nesse campo é o da educação. As dificuldades começam com a diversidade de modelos educacionais, uma vez que cada estado da federação tem liberdade para gerenciar seus sistemas, desde que sigam diretrizes gerais do governo central. Por lei, as crianças devem permanecer na escola por no mínimo 9 anos, ou seja, até o fim do nível Secundário 1, quando terão por volta de 15 anos. Mas as características do sistema dificultam um pouco a inserção dos imigrantes e refugiados. Até os 5 anos, a criança pode ficar nos jardins de infância, que são pagos – o que impede que grande parte dos filhos de refugiados os frequente. A obrigatoriedade e a gratuidade do ensino começam a partir da primeira série, com crianças na faixa dos 6 anos. Até a quarta série, aos 9 anos, a criança completa a fase chamada de Primário. A partir dos 10 anos, ela inicia o nível Secundário, quando o sistema se divide em três tipos de educação: a Hauptschule e a Realschule, que prepararão os alunos para uma qualificação profissional específica e/ou técnica, e o Gymnasium, que preparará os alunos para o ensino superior. Os alunos são direcionados para cada uma delas de acordo com suas aptidões e, principalmente, seus desempenhos no Primário. Existem, claro, várias discussões sobre essa divisão – que tende a determinar toda a vida do estudante – acontecer em uma idade tão baixa. Mas existem também pouquíssimas indicações de que isso possa ser alterado, uma vez que esse sistema, que vem desde o século XIX, carrega o peso da tradição e de ter formado dessa forma várias gerações de alemães.

Esse nível Secundário é dividido em duas partes: a primeira, até por volta dos 15 anos de idade, e a segunda, o Secundário 2, com duração de mais 3 anos. Após a segunda fase, aqueles que cursaram o Gymnasium fazem uma espécie de vestibular (Abitur) para entrar em uma Universidade (especialização acadêmica) ou em uma Fachhochschule, um Instituto Politécnico (especialização técnica). Isso não quer dizer que um aluno que tenha sido indicado para uma Hauptschule ou uma Realschule aos 10 anos não possa fazer a prova e entrar em uma universidade, mas ele terá que fazer uma espécie de curso de reforço, passando mais alguns anos na escola, para atingir o nível dos ginasiais.

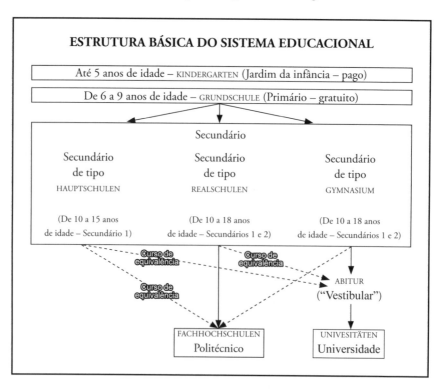

Essa diversidade de caminhos e de estruturas que caracterizam o sistema educacional alemão, aliada à dificuldade própria da língua e de adaptação ao novo ambiente, fazem da recepção das crianças imigrantes e refugiadas um desafio para o governo alemão. A evasão escolar não é incomum entre essas crianças, e quando elas conseguem concluir os estudos normalmente terminam o Hauptschule, e apenas muito raramente o Gymnasium. Algumas iniciativas para integrar de forma mais efetiva esses estudantes ao sistema educacional alemão vão de escolas específicas para os refugiados (com aulas em suas línguas maternas), mentores voluntários designados, até cursos intensivos de alemão voltados para a adequação dos alunos ao sistema educacional do país. E aqui surge mais uma dificuldade: as histórias individuais dos refugiados e imigrantes são muito variadas, com traumas e violências influenciando seus aprendizados. Além disso, o *background* escolar dessa "massa" de crianças e jovens estrangeiros que estão se inserindo no sistema alemão (apenas entre 2015 e 2018 foram mais de 130 mil) está longe de ser uniforme, englobando alunos com anos de educação em seu país natal e outros analfabetos. Tudo isso demanda esforços, nem sempre suficientes ou bem conduzidos, e nem sempre compreendidos também. Mas são tentativas conscientes para a promoção da assimilação desses estrangeiros, refugiados ou imigrantes, que aportam na Alemanha em busca de uma vida melhor ou mesmo de sobrevivência.

Esse ideal europeu de respeito e de convivência com a diversidade é também uma permanente fonte de produções artísticas e culturais. Entre os anos 2006 e 2008, por exemplo, foi produzida uma série televisiva na Alemanha chamada *Türkisch für Anfänger* [Turco para iniciantes], que narrava o dia a dia de uma família constituída por uma viúva alemã, seus dois filhos, um viúvo turco e seus dois filhos. Os conflitos e a busca pela compreensão da cultura do "outro" fizeram do seriado um grande sucesso, também exportado para vários países da Europa. No cinema, as discussões sobre assimilação e multiculturalismo também ganham espaço, com produções como *Almanya* (2011), *Shahada* (2010) e *Kebab Connection* (2005). O tema já foi levantado e despertou reações e reflexões até mesmo em concurso musical, como foi o caso do Eurovision, de 2014. O festival é uma competição tradicional no continente que vem reunindo, desde a década de 1960, competidores de toda a Europa em busca das melhores músicas e dos melhores intérpretes. Em 2014, a representante da Áustria foi a *drag queen* Conchita Wurst, que levantou polêmica já em sua seleção pela composição visual da personagem (Conchita é uma *drag queen* que mantém a barba), por seu nome (em uma tradução apressada, Conchita Wurst significa Conchinha Linguiça, o que carrega óbvia conotação sexual) e pela biografia inventada por seu criador e intérprete, Tom Neuwirth. A história de Conchita seria a de uma imigrante nascida na Colômbia, criada na Alemanha que consegue a classificação para o Eurovision no país vizinho, a Áustria. Durante todo o concurso, Conchita levantou o debate sobre a liberdade de gênero, o acolhimento de imigrantes e a diversidade cultural, que seriam "a vocação da Europa". Quando venceu o concurso, seu discurso seguiu a mesma toada, dedicando o prêmio a todos os que acreditam em um futuro de paz e liberdade, e conclamando: "Vocês sabem quem nós somos, nós somos uma comunidade, e ninguém pode nos parar".

Esse discurso pela pluralidade, pela aceitação e pela integração tem grande receptividade entre os alemães. O cidadão dessa "nova Alemanha" é lembrado sempre do

290 | Os alemães

lugar histórico de seu país nessa comunidade voltada ao cosmopolitismo e à tolerância, entende o protagonismo dos "novos alemães" nessa ideologia da responsabilidade e do reconhecimento do outro. Isso não faz com que o orgulho nacional desapareça, mas ao contrário, dá força para que esse sentimento aflore não mais como a expressão de um individualismo ou de um expansionismo egoísta, mas da autoestima de um ator-chave na composição de uma comunidade mais justa e aberta. O nacionalismo alemão se internacionaliza e se humaniza, alimentando uma utopia que, na própria Alemanha do início do século XX, já fora declarada morta e ultrapassada: o pacifismo cosmopolita.

SOMOS *WELTMEISTER*

Além de formarem uma "nova Alemanha", de se perceberem como europeus, de terem uma identidade consciente, atenta ao passado e responsável com relação ao presente e ao futuro, os alemães também se enxergam e se definem por meio do esporte. E, assim como no Brasil, o futebol é o esporte preferido por lá. Não é a quase unanimidade nacional que observamos aqui, mas mantém uma grande vantagem quando comparado aos outros esportes mais acompanhados e praticados pelos alemães, como o boxe, o esqui e o automobilismo.

Essa paixão alemã pelo futebol está bastante ligada ao clubismo, claro. Nesse campo, o Bayern de Munique reina soberano entre os torcedores, seguido pelo Borussia Dortmund, o Hamburgo, o Schalke 04 e o Borussia Mönchengladbach. O número de torcedores desses times, somado ao número de títulos acumulados por essas equipes, garante a elas o direito de serem chamadas de "gigantes do futebol alemão". A Bundesliga, o principal campeonato nacional, está entre os mais valiosos (em termos de valor de mercado dos jogadores participantes) e é considerado um dos melhores do mundo, mas a baixa rotatividade recente entre os campeões (basta lembrar que entre 2000 e 2015 o Bayern foi campeão dez vezes e o Borussia outras três) leva alguns especialistas a concluírem que o campeonato alemão perde para outros campeonatos em emoção.

Os alemães parecem não concordar com isso, mantendo uma das maiores médias de público do mundo. Em todas as rodadas do campeonato é possível ver multidões de torcedores saindo de suas casas para acompanhar os jogos de seus times, cantando em todo o caminho, abarrotando os trens do metrô ou os ônibus das cidades e fazendo festa dentro e fora do estádio. A concentração para os jogos costuma começar algumas horas antes do apito inicial, e ao redor dos estádios come-se salsicha (normalmente *Bratwurst*, mas algumas variações regionais também fazem sucesso) e bebe-se (muita)

A Allianz Arena, acima, foi uma das sedes da Copa do Mundo de 2006. Com 75 mil lugares, é o segundo maior estádio do país e casa do Bayern de Munique. O estádio Olímpico, ao lado, em foto de um amistoso entre Brasil e Alemanha, foi reformado para o Mundial e sediou a final entre Itália e França.

cerveja. Jogos com maior apelo reúnem facilmente mais de 70 mil torcedores em estádios como o Allianz Arena, de Munique, o Signal Iduna Park, em Dortmund, ou o Olympiastadion, em Berlim, onde as curvas e os assentos atrás dos gols são normalmente reservados aos Ultras, ou seja, aos mais fanáticos. Mas mesmo não sendo um Ultra, um torcedor típico na Alemanha costuma ir ao estádio uniformizado, acompanha os noticiários esportivos e colabora financeiramente com o clube: tem uma carteirinha de sócio, recebe o jornal do time e, com essa associação, tem direito a compras antecipadas de entradas e alguns descontos. Até mesmo a seleção nacional possui uma forma de associação que permite uma identificação mais próxima do torcedor e algumas vantagens na compra de ingressos e materiais esportivos.

Entretanto, a identificação com a seleção nacional é muito mais profunda e complexa, com ligações históricas muito fortes. Essas relações investem a seleção e

292 | Os alemães

o futebol de uma conexão particular com o povo alemão, e mais ainda com o "novo alemão" do pós-queda. Em três ocasiões essa identificação foi reforçada pelo contexto político e social pelo qual a Alemanha atravessava: em 1990, em 2006 e em 2014.

O primeiro deles ocorre menos de um ano após a queda do muro de Berlim, na primeira Copa do Mundo da "nova Alemanha". A união oficial dos dois países viria a ocorrer também no campo futebolístico como resultado da absorção da RDA pela RFA: os títulos e as participações da Alemanha Oriental em torneios internacionais continuaram a ser específicos dos orientais, mas a "nova Alemanha" foi declarada herdeira dos títulos e da história da antiga Alemanha Ocidental.

Mas a Alemanha que entrava em campo na Copa da Itália ainda era a Alemanha Ocidental, bicampeã mundial e uma das favoritas ao título. Apesar de o muro já ter caído e de todo o processo pela união dos dois países estar em curso, a reunificação viria a ser oficializada apenas em 3 outubro de 1990, e a Copa do Mundo ocorreu em junho e julho, quando ainda existiam duas Alemanhas. A Alemanha Oriental, entretanto, não havia se classificado para o torneio mundial. Em 9 de novembro de 1989, o muro de Berlim e as fronteiras entre os dois países caíram, e no dia 15 do mesmo mês ocorreu o jogo decisivo nas eliminatórias para a Copa entre a RDA e a Áustria. Muitos cidadãos orientais tiveram assim a oportunidade de viajar até Viena para acompanhar esse jogo, o que antes teria sido extremamente difícil. Mesmo com a vitória austríaca por 3 a 0 e a eliminação dos alemães, eles puderam acompanhar sua seleção nacional fora em seu último jogo pela eliminatória. (A seleção da Alemanha Oriental continuaria a jogar até setembro de 1990, quando fez sua última partida contra a Bélgica, vencendo por 2 a 0.)

Diante desse cenário, a Alemanha Ocidental que entrou em campo em Milão para a estreia na Copa da Itália era a única representante do país unificado, carregando consigo a torcida e a identificação de ambas as metades. O jogo transcorreu sem grandes sustos para os alemães, que venceram a Iugoslávia por 4 a 1, com gols de jogadores que se tornariam ícones para aquela geração de jovens alemães: Rudi Völler, Jürgen Klinsmann e Lothar Matthäus, que marcou duas vezes. A Alemanha entrava com o peso esportivo de ter chegado a duas finais consecutivas (1982, contra a Itália, e 1986, contra a Argentina) e ter perdido as duas. Entrava também com o peso político de representar uma nova nação, um povo reunido. Mas nenhum desses fatores parecia realmente interferir na concentração dos alemães. Após a fase de grupos, os alemães passaram pela Holanda, outra favorita, Tchecoslováquia e Inglaterra. A cada jogo, alemães dos dois lados podiam falar: "nós vencemos". A reunificação emocional acontecia pouco a pouco, a cada comemoração de gol, a cada fase que era ultrapassada. O coração alemão pulsava chute a chute.

Na final, a seleção alemã pega novamente a Argentina, que contava com Diego Maradona no auge da carreira. Para o confronto, o técnico Franz Beckenbauer montou uma estratégia baseada na marcação individual do camisa 10 argentino feita por Guido Buchwald, defensor e um dos grandes orgulhos da história do VfB Stuttgart. Buchwald foi tão bem no jogo que ganhou um apelido, "Diego", por ter colocado o argentino "no bolso" e levado para casa. A partida foi decidida no final do segundo tempo, com uma cobrança de pênalti de Brehme. O título foi para a Alemanha, agora reunificada, e os gritos de *Wir sind Weltmeister* ("somos campeões mundiais") eram ouvidos, pela primeira vez, nos dois lados de Berlim.

A união das duas seleções ainda renderia mais um capítulo da História. Vinte anos depois da reunificação, em 2010, um time de "lendas da Alemanha Oriental" fez um jogo festivo contra a Alemanha campeã de 1990. Os jornais anunciaram a partida com a manchete *Wir gegen uns* ("nós contra nós"), e a vitória dos orientais por 2 a 1 levou os *Ossi* ao riso catártico: se eles venceram os campeões mundiais, então a Alemanha Oriental podia finalmente (e postumamente) se declarar *Weltmeister* ("campeã do mundo")!

O segundo momento em que a "nova Alemanha" ganhou no futebol mais um ponto marcante para sua identidade foi a Copa do Mundo de 2006, evento que os próprios alemães sediaram. O projeto de se tornarem anfitriões de um dos maiores eventos esportivos do mundo surgiu ainda em 1992, logo depois da reunificação, e foi apresentado oficialmente em 1997. Com o *slogan* "nos vemos no coração da Europa", a candidatura alemã carregava consigo a marca do cosmopolitismo e da ligação europeia com a nova identidade nacional alemã. As cidades que receberiam as partidas, contudo, foram distribuídas de forma desigual entre as duas metades, o que refletiu o cenário futebolístico nacional. (Na *Bundesliga*, as cidades do Leste possuem times com poucos recursos e com pouca força. A exceção é o RB Leipzig, time organizado pela indústria austríaca de energéticos Red Bull e que se ergueu justamente em torno do legado que a Copa deixou para a cidade de Leipzig.) Em Leipzig foi construída uma arena moderna com capacidade para mais de 40 mil torcedores, a única no território da antiga RDA se desconsiderarmos Berlim e seu Olympiastadion, que ficava do lado ocidental do muro.

Além do Olympiastadion (onde o Brasil estrearia na competição vencendo a Croácia) e do Zentralstadion de Leipzig, outras dez cidades receberam novas arenas ou reformas em seus estádios tradicionais e puderam sediar jogos da Copa: Hamburgo, Hanover, Dortmund (em cujo estádio o Brasil goleou o Japão na primeira fase e venceu por 3 a 0 a seleção de Gana, nas oitavas de final), Gelsenkirchen, Colônia, Frankfurt (que assistiria à derrota e eliminação do Brasil frente à França), Kaiserslautern, Nuremberg, Stuttgart e Munique (onde o Brasil venceria a Austrália).

O elenco da seleção local vivia uma reformulação completa. Uma nova geração de jogadores, treinada pelo ídolo de 1990, Jürgen Klinsmann, e liderada pelo artilheiro Miroslav Klose e o meio de campo Michael Ballack, entrava em campo com a responsabilidade de representar os donos da casa. Os resultados, ao final, foram melhores do que o esperado inicialmente: a seleção alemã ficou com o terceiro lugar, atrás da campeã Itália e da vice França.

Mas, se os resultados dentro de campo não levaram à taça, fora de campo a Alemanha encontrou novamente um lugar positivo no mundo. A excelente repercussão do evento e os elogios que jornalistas e visitantes de todas as partes renderam aos alemães devolveram a eles uma autoestima há tempos enfraquecida. O entusiasmo com a nova imagem que o mundo agora fazia da Alemanha e o espírito de unidade e de receptividade que foi a tônica do mundial levaram os alemães a um encantamento raramente observado em terras germânicas, e o período de 30 dias durante os quais transcorreu o campeonato foi carinhosamente chamado de *Sommermärchen* ("conto de fadas de verão"), em alusão direta a duas obras clássicas da literatura mundial, *Sonhos de uma noite de verão*, de William Shakespeare, e, mais explicitamente, *Alemanha: um conto de fadas de inverno*, de Heinrich Heine. Essas referências dão conta da atmosfera que envolveu aquele mês, quando o orgulho nacional era o acolhimento, e a nova Alemanha foi reconhecida e abraçada pelo mundo.

Se 1990 representou a vitória da unidade nacional, 2006 foi a ascensão de uma nova imagem internacional e 2014, um ano de reafirmação para os alemães. A campanha da seleção alemã na Copa do Brasil – sim, de triste lembrança para os brasileiros – foi representativa de uma série de reafirmações. A primeira, mais evidente, no campo futebolístico. A geração que despontava em 2006 estava agora mais experiente e, com uma disciplina tática impressionante, conseguiu se sobrepor a todos os adversários. Já no primeiro jogo, a equipe comandada pelo técnico Joachim Löw aplicou uma goleada humilhante sobre a badalada equipe portuguesa. Sob o sol de Salvador, Cristiano Ronaldo e seus companheiros saíram de campo atordoados com os três gols do atacante Müller e o gol do zagueiro Hummels. Nas oitavas de final, uma vitória difícil por 2 a 1 sobre a Argélia credenciou os alemães a seguirem rumo ao título, tomando um caminho com três ex-campeões mundiais: França, Brasil e Argentina. As três vitórias alemãs foram muito comemoradas no país. Contra a França, um gol de cabeça aos 13 minutos e a tensão de um jogo equilibrado até o último segundo fortaleceram o espírito de equipe. A semifinal contra os donos da casa trouxe a surpresa de uma

Depois da queda | 295

O título mundial de 2014, obtido no Brasil, foi o quarto da seleção masculina de futebol. Na equipe, cinco jogadores com raízes imigrantes, Podolski, Khedira, Özil, Klose e Boateng (os três últimos em destaque nas fotos), representaram uma possível nova face do país: a do multiculturalismo e da diversidade.

goleada histórica e a exaltação de seu estilo de jogo. A final, contra a Argentina de Lionel Messi, coroou um campeonato dos sonhos e recolocou a Alemanha no topo do futebol mundial, 24 anos após o título de 1990. Os alemães se juntavam, assim, à Itália com quatro títulos mundiais, um a menos do que o Brasil.

Mas a maior reafirmação que aquele time de 2014 levou à Alemanha foi em relação à crença na integração e na sociedade multicultural. Entre os jogadores que se destacaram na Copa, cinco tinham histórico de migração e eram fruto de uma sociedade mais aberta aos imigrantes e à miscigenação: Lukas Podolski e Miroslav Klose nasceram ambos na Polônia (conta-se inclusive que, em alguns jogos, conversavam em polonês para discutir jogadas). Sami Khedira, nascido em Stuttgart, é filho de pai tunisiano e de mãe alemã. Da mesma forma, o zagueiro Jérôme Boateng nasceu e cresceu no bairro de Charlottenburg, em Berlim, sendo filho de uma alemã com um ganês. Por fim, um dos motores daquele time, o meio-campista Mesut Özil, nascido em Gelsenkirchen, é filho de um turco com uma alemã. O sucesso daquela seleção e sua identificação total com os "novos alemães" acabaram se tornando um símbolo da nova sociedade multicultural alemã.

A seleção é percebida como um espelho do povo, cada vez mais diverso. Contudo, essa é uma imagem que alguns alemães ainda não aceitam, e por certo é possível ainda ver resistência e preconceito contra o panorama multiétnico e multicultural (e é possível que venha sempre a existir uma minoria que grite contra essa integração). Mas, quando o herói de uma criança alemã é Özil ou Boateng, as diferenças étnicas e culturais somem da equação. Para ela, ambos são alemães, são heróis alemães, são seus ídolos. Pode ser que o típico alemão do futuro, portanto, já não venha a dar tanta importância para o histórico familiar, a cor da pele ou as raízes culturais de seu vizinho. Pode ser que essa "seleção da diversidade", campeã do mundo em 2014, tenha imposto um novo paradigma à "nova Alemanha" ao demonstrar que todos podem ser alemães.

* * *

No início da década de 1960, o filósofo alemão Karl Jaspers, um dos maiores do século XX, foi convidado a apresentar um ciclo de conferências sobre filosofia na TV bávara. Nessa série, que ganhou o título de *Kleine Schule des philosophischen Denkens* [Pequena escola do pensamento filosófico], o autor lia, diante da câmera, textos por ele preparados para iniciar o telespectador nos grandes problemas existenciais. A segunda conferência lidou com a "História e o presente", e em determinado momento ele argumentou:

> Devemos aceitar a culpa de nossos ancestrais, pois somos responsáveis por eles. Não podemos fugir de nossas origens. Somos livres apenas para traçar um futuro que se desenvolve a partir dos elementos de nossa história. [...] Somos responsáveis pelas tarefas que reconhecemos como nossas. Hoje, vemos nosso destino integrado ao destino da humanidade. Nossa missão é encontrar o elo de união entre os homens.

Com essas palavras, Jaspers identificou as bases daquilo que se tornaria um projeto de identidade dos alemães, apoiada no senso de responsabilidade e no respeito ao passado e às lições que ele nos lega. O "novo alemão", fruto dessa busca constante, procura em geral se adequar a essa premissa. Ser alemão é, em essência, lembrar seus mortos.

ALEMANHA E BRASIL

Hans Staden, um viajante alemão que se aventurou por terras brasileiras na primeira metade do século XVI, escreveu em *Meu cativeiro entre os selvagens do Brasil* (1557):

> O feroz *morubixaba* [chefe indígena] tinha diante de si, nesse momento, uma grande cesta de carne humana. Estava comendo uma perna, que levou à minha boca, perguntando se eu gostava. Repeli o horrível assado, dizendo que, se nenhum ser irracional da mesma espécie devora outro, como poderia um homem comer outro homem? Cunhambebe cravou os dentes na carne e respondeu:
>
> – *Jaguára ichê*! [sou uma onça!] Está gostoso!

Hans Staden não foi, provavelmente, o primeiro alemão por aqui – dizem até que um dos cozinheiros de Cabral, na viagem de 1500, vinha de um dos Estados alemães, o que nos faz imaginar o tipo de comida que era servida nas caravelas.

Os filhos de Pindorama, gravura, Theodore de Bry, 1562

Gravura de Theodore de Bry, feita a partir dos relatos de Hans Staden. Os rituais canibais ocorridos em "Pindorama", ou seja, no Brasil, causaram grande sensação em toda a Europa, e Staden ganhou reputação como um dos primeiros grandes viajantes e aventureiros do Novo Mundo.

298 | Os alemães

Mas, se Hans Staden não foi o primeiro alemão em *Terra Brasilis*, ele foi o primeiro a expor para os europeus, em seus escritos, as nossas terras, seus habitantes e seus hábitos. E, claro, deu testemunho do pânico de ser um prisioneiro dos tupinambás, comunidade nativa conhecida por seus rituais antropofágicos consumados com a carne dos prisioneiros. Staden foi capturado quando partiu à caça de um dos índios que ele próprio mantinha cativo. Caiu em uma emboscada nas proximidades de Guarujá (no atual estado de São Paulo), onde ele trabalhava na defesa de um forte português. Os tupinambás o cercaram e flecharam sua perna, levando-o ao chão. Imediatamente, os índios o cercaram e despiram, amarraram e o levaram ao mar.

> Chegando ao mar vi, à distância de uma pedrada, duas canoas que os índios tinham varado em terra para debaixo de uma moita. Rodeavam-nas muitos selvagens, que, quando me avistaram daquele modo conduzido, correram ao nosso encontro, mordendo os braços como a indicar que iam devorar-me.

Foi por muito pouco que Staden sobreviveu. Utilizando-se de estratagemas, aproveitando-se das crenças dos nativos e apoiando-se em sua própria fé, Hans Staden convenceu os indígenas de que era um protegido de seu deus, criou uma imagem de onipotência de si próprio que manteve os dentes dos tupinambás longe de sua carne. Não conseguiu, entretanto, convencê-los a libertá-lo sem que antes alguma forma de pagamento fosse concedida aos nativos. Por meses foi mantido cativo, até que um navio francês atracou nas proximidades. Sua tripulação cedeu alguns utensílios, como espelhos, facas e tesouras, e aceitou encenar com Staden um pedido da família do aventureiro para que ele partisse com eles, tomando alguns dos marinheiros mais parecidos com o alemão e os fazendo passar por seus primos e irmãos. Os índios, ao final, aceitaram sua partida.

Hans Staden – que seria popularizado em nossa cultura ao ter suas aventuras narradas por Dona Benta, no *Sítio do Pica-Pau Amarelo* – inaugura com seus relatos uma relação bilateral ímpar. O contato entre brasileiros e alemães é marcado, pode-se dizer, por uma proximidade à distância. Estranhamento e admiração. Momentos de conflitos e alianças. Dos dois lados do Atlântico, os olhares curiosos se lançam em busca de exotismo e do diferente. Muitas vezes, é no "outro" que encontramos o espelho mais adequado para nos enxergarmos. Isso pode bem ser verdade no caso de brasileiros e alemães.

IMIGRANTES ALEMÃES NO BRASIL

O laço mais estreito entre Alemanha e Brasil, sem dúvida, foi estabelecido pelos imigrantes. Por meio de sua inserção no território e na população do Brasil, os imigrantes alemães ajudaram a trazer a Alemanha mais perto de nós, traduziram sua cultura para o português e contribuíram para o desenvolvimento do nosso país. Isso vai muito além de adaptar o *Streuselkuchen* e transformá-lo em cuca de banana e doce de leite ou cuca de goiabada, ou ainda de introduzir "chope" no vocabulário

Na economia, na arquitetura, nas festas tradicionais, a influência do imigrante alemão no Brasil se faz presente. Acima, cenas da Oktoberfest de Blumenau. Abaixo, portal de entrada da cidade de Pomerode e rua em Joinville, com o característico enxaimel.

300 | Os alemães

brasileiro – ainda que essa palavra não signifique propriamente um tipo de cerveja (*Bier*) em alemão, mas sim uma antiga medida de volume correspondente a pouco menos de meio litro. Também não se resume à Oktoberfest celebrada em Blumenau, a maior festa alemã do Brasil e uma das maiores Oktoberfests do mundo. A contribuição alemã vem principalmente do suor dos imigrantes, com o trabalho duro e diligente nos campos e cidades do país. É inegável que os alemães, como quinto maior grupo de estrangeiros (atrás de italianos, portugueses, espanhóis e japoneses, excetuando-se, claro, o grande número de africanos que foram traficados durante séculos), ajudaram a moldar o país que conhecemos hoje.

Afora casos isolados, que ocorrem desde o século XVI, as grandes ondas migratórias que partiram da Alemanha em direção ao Brasil tiveram início no século XIX, em 1824. Entender um pouco do contexto no qual se desenvolveu esse movimento nos permite compreender as razões da imigração, as motivações dos imigrantes e a natureza dos assentamentos. Ajuda-nos também a compreender o surgimento de mitos ao redor da comunidade teuto-brasileira que são amplamente difundidos ainda hoje.

Na Europa, o século XIX assistia à expansão e consolidação da chamada Revolução Industrial. Nos territórios alemães, em particular, a virada do século XVIII para o XIX viu esse processo ganhar fôlego, especialmente na região mineradora do Ruhr, mas também em Berlim e nas grandes cidades que serviam como pontos de conexão e comunicação, como Hamburgo, Frankfurt e Bremen. O desenvolvimento da indústria nesses centros urbanos atraiu uma massa de mão de obra que se deslocou das pequenas cidades e do campo em busca de oportunidades, uma vez que também a agricultura passava por um processo de modernização, diminuindo as ofertas de trabalho. As transformações advindas da industrialização – muitas vezes nocivas para a população das cidades – já eram observadas na Inglaterra, que era tomada como exemplo por muitos nos territórios alemães. Discussões sobre a preservação da qualidade de vida nas cidades alemãs, a necessidade de seu desafogo populacional e de manter uma cultura alemã ligada a terra e ao sangue tiveram espaço em todo o Oitocentos, levando ao desenvolvimento de políticas migratórias. Aliado a esse cenário, as crises e guerras que atingiram a Alemanha resultaram em deslocamentos e despossessões que ajudaram a impulsionar a imigração para a América entre 1800 e 1960.

Já o Brasil, que possuía então uma indústria insipiente, voltaria suas atenções principalmente para o desenvolvimento da agricultura e do comércio. Foi nessas áreas que os imigrantes alemães incentivados a virem ao Brasil se estabeleceram. A chegada desse povo estava de acordo com os objetivos do governo brasileiro de aumentar a mão de obra no país, ocupar os grandes vazios demográficos que existiam e "embranquecer" a sociedade. Sim, em tempos de proliferação de obtusas teorias eugênicas e racistas, a vinda de europeus tinha também o propósito de "embranquecer" a população do país, o que, acreditavam, aproximaria o Brasil das mais civilizadas nações europeias. A primeira leva de alemães que chegaram de modo oficial para suprir essas demandas veio em 1824 e foi direcionada ao que é hoje a cidade de Nova Friburgo. No mesmo ano, os imigrantes rumaram para a região Sul, iniciando um processo que povoou cidades como São Leopoldo, Lajeado e Teutônia, no Rio Grande do Sul, Blumenau, Mafra, São Pedro de Alcântara, Joinville e Pomerode, em Santa Catarina, e Rio Negro e Marechal Cândido Rondon, no Paraná, entre outras. Claro que a presença alemã não se restringiu a essas cidades, sendo a migração interna um importante desdobramento desse fenômeno; os teuto-brasileiros foram para praticamente todos os cantos do país, mas de forma mais marcada para o Sul e o Sudeste.

A entrada de alemães no Brasil foi um movimento contínuo desde as primeiras levas, mas se intensificou na segunda metade do século XIX, como mostra a tabela:

Entrada de imigrantes alemães no Brasil

PERÍODO	TOTAL
1872-79	14.325
1880-89	18.901
1890-99	17.084
1900-09	13.848
1910-19	25.902
1920-29	75.801
1930-39	27.497
1940-49	6.807
1950-59	16.643
1960-69	5.659

Fonte: SCHÄFFER, Neiva Otero. Os alemães no Rio Grande do Sul: dos números iniciais aos censos demográficos. In: MAUCH, C.; VASCONCELOS, N. (Org.). *Os alemães no sul do Brasil*. Canos: Ulbra, 1994, p. 165. Baseado em números do IBGE.

302 | Os alemães

A história desses imigrantes é extensamente pesquisada por historiadores brasileiros, entre os quais dois se destacam: Giralda Seyferth e René Gertz. Com seus estudos, podemos entender como ocorreu o assentamento dos imigrantes alemães, formando algumas colônias etnicamente homogêneas em espaços mais ou menos isolados. Contudo, nunca houve uma separação absoluta entre as colônias alemãs e o "Brasil real". O contato e a comunicação entre colonos e nativos sempre foram grandes. Além disso, teuto-brasileiros participaram ativamente na vida política brasileira, conectando o cenário nacional e suas realidades regionais.

Entretanto, especialmente nos períodos das duas guerras mundiais, cresceu entre a população brasileira um clima de desconfiança em relação às colônias alemãs. Esse clima foi fomentado por alguns meios de comunicação e por pesquisadores e ensaístas que denunciavam o chamado "perigo alemão", a ideia de que o Brasil, ao abrigar colônias etnicamente homogêneas e isoladas no interior do país, estaria abrigando um grupo de inimigos da nação, que seria mais leal à sua terra de origem (ou seja, à Alemanha) do que ao Brasil. Na verdade, esse "perigo" nunca existiu concretamente.

A preservação da cultura e língua alemãs, entretanto, é uma característica dos imigrantes alemães e suas comunidades. Isso não significou um isolamento social, mas uma valorização de tradições e da cultura alemãs que, de todo modo, acabaram por se mesclar à cultura brasileira.

É verdade que alguns imigrantes chegaram a defender no Brasil a preservação da *Deutschtum* ("germanidade") por meio do isolamento e da interação exclusiva entre alemães. Contudo, essas ideias não tiveram muita repercussão entre a população colona, a não ser nas décadas de 1930 e 1940, ou seja, quando as concepções de superioridade racial do Terceiro Reich tiveram alguma influência sobre os colonos. Por aqui, nessa época, os materiais de propaganda nazista eram abundantes, o engajamento, nem tanto. O Partido Nazista acabou tendo uma influência mais comercial e diplomática, ao estabelecer conexões "afiançadas" pelo partido entre alemães e brasileiros, do que ideológica. Os motivos para teuto-brasileiros se filiarem a essas células do Partido Nazista no Brasil (existem estimativas de que cerca de 3 mil o fizeram) variavam enormemente: interesses comerciais na Alemanha, saudosismo do país natal, ideologia. Mas falar de planos dos nazistas para o Brasil, especialmente em termos de anexação territorial ou invasão, é outra coisa. Não existe qualquer documento que corrobore essa ideia. Como insiste René Gertz, "toda pesquisa histórica séria realizada até hoje concluiu que nunca existiu nas instâncias superiores do governo nazista qualquer projeto de interferência político-militar no Brasil". Achar que tal projeto existia é um desdobramento do mito do "perigo alemão" propagado na antessala do conflito mundial, quando as reivindicações de territórios ocupados por populações germânicas pelo governo nazista levaram à anexação da Áustria e da Tchecoslováquia. Para aqueles que temiam as colônias alemãs (e que, em sua imensa maioria, nunca haviam tido contato com elas), essas anexações revelariam que, em um futuro próximo, o Sul do Brasil poderia ser reivindicado pela Alemanha. As evidências, entretanto, mostram que os planos territoriais nazistas eram essencialmente restritos à Eurásia, com uma ideia de que o Extremo Oriente seria zona de influência japonesa e as Américas, dos Estados Unidos.

A origem dos imigrantes alemães está longe de ser homogênea. Ao longo da história do Brasil, encontramos gente vindo do Volga, da Baváría, da Áustria, da Suábia, da Boêmia e até mesmo da Rússia, da região da Bessarábia. Estes últimos vieram, em geral, fugindo das hostilidades que a Primeira Guerra Mundial gerou entre os russos e seus "teuto-russos", em uma versão do "perigo alemão" regada à vodca. Assim, os diferentes grupos alemães no Brasil tinham distintos dialetos e sotaques, religiões e *backgrounds* políticos. Em suma, não existia *um* imigrante alemão típico.

A forma de assentamento, entretanto, foi bastante similar. Ao chegarem ao país, os grupos alemães tendiam a, além de organizar moradia e trabalho, providenciar uma base da vida social para todos. A igreja (seja ela católica, evangélica, menonita ou luterana) era erguida para prover espaço de culto e de interação, e a escola, para dar educação às crianças. A escola também servia de base para a conservação e transmissão de uma cultura germânica, baseada na língua alemã. Durante o Estado Novo, entre 1937 e 1945, o regime de Getúlio Vargas organizou uma campanha de nacionalização do ensino, que visava à estruturação do currículo desenvolvido nas escolas e à sua homogeneização linguística, baseada, claro, no português. Por não se adequarem ao projeto nacionalista brasileiro, várias escolas alemãs foram fechadas. Outras, entretanto, encontraram formas de resistir e conservaram aspectos culturais alemães à revelia do Estado. Para algumas comunidades, a nacionalização do ensino promovida pelo governo brasileiro foi um processo traumático, violento e autoritário.

Depois da Segunda Guerra, o Brasil entrou no trajeto do que ficou conhecido como "rota dos ratos", a fuga de nazistas para a América Latina, onde governos autoritários lhes garantiriam refúgio. Durante as décadas seguintes, surgiram diversos boatos envolvendo a presença do próprio Hitler no Brasil ou na Argentina – pura

304 | Os alemães

especulação. Mas alguns casos de nazistas no Brasil revelaram que o país, de fato, hospedou criminosos de guerra. O mais famoso é o de Josef Mengele (médico de Auschwitz que desenvolveu experimentos grotescos com os prisioneiros), que, depois de viver muito tempo no país encobrindo sua verdadeira identidade, morreu afogado na cidade de Bertioga, no estado de São Paulo em 1979 sem jamais ter respondido por seus atos. Outro caso famoso é o do austríaco Franz Stangl, que havia sido comandante dos campos de Sobibor e de Treblinka. Depois de chegar ao Brasil em 1951, conseguiu se instalar com a família, foi registrado no consulado da Áustria com seu nome verdadeiro e trabalhou por alguns anos na Volkswagen, no estado de São Paulo. O caçador de nazistas Simon Wiesenthal descobriu seu paradeiro e denunciou sua presença no país. Em 1967, Stangl foi preso pelas autoridades brasileiras e enviado para Düsseldorf, na Alemanha Ocidental, onde foi julgado por seus crimes. O processo teve fim em 1970 e ele foi condenado à prisão perpétua, vindo a morrer seis meses depois de sentenciado, em 1971.

Esses dois casos, além de ilustrarem o papel que o Brasil teve na "rota dos ratos", são exemplares para provocar uma reflexão sobre a questão que o historiador Marcos Guterman levanta em seu livro *Nazistas entre nós*: "existiu algum tipo de justiça para esses nazistas, que acabaram vivendo vidas longas e relativamente tranquilas, sob a proteção dos países hospedeiros?" Seria também o caso de pensarmos sobre que tipo de responsabilidade os governos brasileiros teriam ao receber e manter esses fugitivos (mesmo sabendo que no Brasil eles não eram "visitantes ilustres" como foram na vizinha Argentina) e por recusarem a entrada dos judeus perseguidos pelo regime nazista. É conhecida, no período da Segunda Guerra Mundial e mesmo um pouco depois, as dificuldades impostas aos pedidos de imigração de judeus por parte do Brasil. Diretivas secretas enviadas às embaixadas europeias impunham restrições aos requerimentos dos judeus, com raras exceções. Poucos funcionários da burocracia diplomática brasileira burlaram essas regras e facilitaram a entrada de judeus no país, conseguindo assim salvar centenas da morte (ver capítulo "Holocausto: nada será como antes"). Foi o caso, entre outros, do sociólogo e economista Paul Singer, nascido em Viena e que chegou ao Brasil com 8 anos, em 1940, fugindo da ditadura nazista.

Outra questão da relação entre Brasil e Alemanha frequentemente retomada é a suposta "ligação inata" dos teuto-brasileiros com os grupos chamados genericamente de "neonazistas". Os neonazistas surgiram na Inglaterra da virada da década de 1970 para a de 1980, contrapondo-se à cultura *punk* e ao desgaste do Estado de bem-estar social, e rapidamente espalharam sua ideologia para outros países, inclusive o Brasil. Por aqui, esses grupos se caracterizam, em geral, pela retórica ultranacionalista, uma estética própria (que vai de usar tatuagens com suásticas, portar vestimentas em estilo militar e cultuar a forma física) e alguma forma de ódio, seja contra imigrantes, judeus, nordestinos, negros etc. São grupos ativos e violentos que se baseiam em elementos da ideologia e no simbolismo nazista para formar sua identidade, por vezes inclusive defendem ideias supremacistas brancas, mas nada disso garante uma ancestralidade alemã entre seus adeptos. Essa "ligação" é feita por uma imagem do senso comum que promove um enquadramento dos conceitos "nazismo-neonazismo-Alemanha-teuto-brasileiros" e é alimentada por uma imprensa despreparada e sensacionalista. Em regra, o que caracteriza esses grupos é o ódio – e ódio não depende de sobrenome para existir.

APROXIMAÇÕES E DISTANCIAMENTOS

Se a imigração de alemães para o Brasil ajudou a modelar e a construir nosso país, hoje são os brasileiros que partem para a Alemanha e começam a compor o cenário nacional por lá. Desde o final da década de 1980, verifica-se uma onda emigratória de brasileiros para as principais cidades alemãs e suas regiões metropolitanas.

São mais de 85 mil brasileiros que vivem na Alemanha (de acordo com o Ministério das Relações Exteriores brasileiro). Colônia, Berlim, Hamburgo, Munique e Frankfurt reúnem grandes comunidades. Para ajudar aos que se aventuram por lá a matar a saudade de casa, produtos brasileiros podem ser encontrados em algumas lojas de importados, e a caipirinha já foi adotada pelos alemães como *drink* costumeiro em festas e *happy hours*. No YouTube podemos encontrar relatos e diários desses brasileiros, que descrevem os lados bom e ruim de suas experiências na Alemanha. Essa coleção de vídeos, por sinal, é uma ótima fonte de informação para aqueles que têm alguma pretensão de um dia emigrar: o cotidiano para brasileiros na Alemanha não reserva uma vida necessariamente melhor nem pior, mas com certeza bem diferente.

Os motivos para a escolha da Alemanha são variados, mas um dos mais fortes é a conexão comercial que existe entre os dois países. Ela é atestada pela força da Câmara de Comércio e Indústria Brasil-Alemanha, que afirma, em seu website, que São Paulo é a cidade com o maior número de empresas alemãs do mundo, e que o capital alemão representa aproximadamente 10% do PIB industrial brasileiro (http://www.ahkbrasilien.

306 | Os alemães

com.br/pt/). São informações impressionantes, e justificam a procura de mão de obra brasileira na Alemanha por empresas que desejam promover e incrementar essa relação. Mas não é apenas nessas empresas que brasileiros costumam trabalhar. A realidade para muitos é aquela de muito trabalho braçal e pouco dinheiro no bolso. Alguns, contudo, conseguem criar suas próprias empresas, como restaurantes e churrascarias, que acabam empregando também brasileiros que chegam por lá. As dificuldades de adaptação à cultura local e à língua, entretanto, são barreiras reais, afugentando muitos dos buscaram um sonho e se frustraram com a realidade.

A relação entre os dois países, hoje bastante fortalecida, foi construída de forma descontínua ao longo da História. Durante as duas guerras mundiais, o Brasil cortou relações diplomáticas com a Alemanha, uma vez que em ambas lutou contra os alemães. O motivo oficial para a entrada nos dois conflitos foi o mesmo: navios brasileiros afundados pelos alemães. Na Primeira Guerra, o Brasil apoiou os esforços da Entente, em especial os Estados Unidos, fornecendo matérias-primas como borracha e produtos como café e açúcar. Já na Segunda Guerra, o Brasil chegou a enviar tropas para a Europa, em particular para lutar na Itália, onde entrou em confronto com o Exército alemão. A Força Expedicionária Brasileira (FEB) se destacou pela tomada de Montese e de Monte Castelo, além de conseguir a rendição de uma divisão alemã inteira, feito único na campanha aliada na Itália.

As relações oficiais entre o Brasil e a então Alemanha Ocidental foram retomadas apenas em 1951, quando ambos os países abriram embaixadas no território amigo, os alemães no Rio de Janeiro e os brasileiros em Bonn. A reaproximação logo aqueceu o comércio entre os dois e, em 1954, a Siderúrgica Mannesman, produtora de aço e de tubos, abriu uma fábrica no Brasil. A partir de então, o Brasil estava aberto às empresas alemãs. Nos anos seguintes, outras empresas vieram, com destaque especial para a Volkswagen.

O Brasil foi o primeiro país fora da Europa a receber uma fábrica da Volkswagen, um reflexo direto do crescimento da economia da Alemanha Ocidental, que possibilitava a expansão de seus negócios pelo globo, e do estreitamento das relações comerciais entre os dois países. No Brasil, a empresa produziu alguns dos maiores sucessos automotivos do mundo, tendo mantido o Fusca na liderança do mercado nacional por vários anos, produzido a Brasília como marco comemorativo do sucesso da empresa no país, além de ter fabricado o Gol, líder por décadas do mercado nacional e de outros países sul-americanos. Essa história de sucesso, entretanto, parece ter manchas

O ano do Brasil na Feira do Livro de Frankfurt, ocorrido em 2013, foi um evento importante para a aproximação cultural dos dois países. Uma série de autores, artistas e pensadores brasileiros viajaram à feira para participar de mesas, encontros e discussões.

308 | Os alemães

significativas. Em 2017, pesquisadores encontraram documentos que apontam para uma intensa cooperação entre a Volkswagen e a ditadura militar brasileira. Além da doação de veículos para o Exército e de outros "agrados" que visavam a um bom relacionamento com o regime autoritário, a empresa alemã teria auxiliado na espionagem e nas informações requeridas pela ditadura sobre seus funcionários, além de ter cedido galpões que teriam sido usados para interrogatórios e torturas. A direção da empresa e o próprio governo alemão teriam sido informados sobre a situação no Brasil, mas nada fizeram. Com a descoberta, o caso foi amplamente denunciado por redes de TV e jornais alemães e chocou a opinião pública. Como uma das principais empresas de um país que havia passado por uma das ditaduras mais sangrentas da História pôde colaborar dessa forma com outro regime repressivo e autoritário apenas duas décadas depois? Afinal, a política da memória alemã, principalmente desde a reunificação, tem-nos ensinado que uma boa maneira de lidar com o passado é assumir a responsabilidade por ele, comprometendo-se a aprender suas lições.

Para além dos laços econômicos e comerciais, Brasil e Alemanha mantêm profundos laços culturais e acadêmicos. Instituições que fomentam essa relação estão espalhadas pelo Brasil, desde os clubes tradicionais fundados pelos teuto-brasileiros até institutos de pesquisa e de documentação que fazem a ponte entre os dois países. Um dos principais promotores da cultura alemã no Brasil é o Instituto Goethe, entidade mantida pelo governo alemão como embaixada cultural para a disseminação do idioma e da cultura alemães. No Brasil, as cidades de Curitiba, Salvador, São Paulo, Porto Alegre e Rio de Janeiro abrigam sedes desse instituto, reconhecido mundialmente por sua excelência no ensino da língua alemã. No campo acadêmico, a principal base de interação é a rede estabelecida entre as agências de fomento brasileiras CNPq e Capes e a agência alemã Daad. O trabalho realizado através dos acordos firmados por essas três entidades tem se mostrado determinante para o desenvolvimento acadêmico e a troca de saberes entre os dois países. São pouquíssimos os países que realizam intercâmbios tão volumosos e frutíferos com o Brasil quanto a Alemanha. Esse tipo de investimento não é, obviamente, desprovido de interesses. Há uma grande expectativa com relação ao compromisso com os projetos e um trabalho de excelência que leve a bons resultados. Entretanto, mais do que o produto final, essas ações visam ao desenvolvimento de laços estreitos entre brasileiros e alemães. Mais do que o turismo, a pesquisa ou o ensino, é possível fazer parte da Alemanha e ser, cada um, a ponte entre os dois países.

FUTEBOL: CIRCULARIDADE E CONFRONTAÇÃO

Nenhuma ponte foi mais pavimentada entre brasileiros e alemães do que a do futebol. Nesse aspecto, a balança pende completamente para o lado do Brasil. Ou pendia, até 2014... Mas ainda são os jogadores brasileiros que povoam os campos alemães, e não o contrário. Na História, a vinda de alemães para o futebol brasileiro é fenômeno raro. Provavelmente, a curta passagem de Lothar Matthäus, campeão do mundo de 1990 pela Alemanha, como técnico do Clube Atlético Paranaense no ano de 2006 seja a mais conhecida. Isso sem falar de Arthur Friedenreich, o jogador brasileiro mais alemão da história, centroavante de destaque do início do século XX. No extracampo, aqueles que gostam de acompanhar a Bundesliga reconhecem de olhos fechados a voz de Gerd Wenzel, comentarista especializado no futebol alemão.

A via contrária, entretanto, é muito mais rica. Brasileiros desfilam pelos gramados alemães, não só como jogadores, mas até mesmo como mascotes. O mascote do Hertha Berlin, o Herthinho, é brasileiro, segundo a história contada pelo clube. Ele é o urso que agita as arquibancadas do Olympiastadion sempre que o Hertha joga em casa, faça chuva ou faça sol.

Mas além de Herthinho, após a reunificação alemã e a intensificação do mercado futebolístico mundial, os jogadores brasileiros passaram a ser dos mais cobiçados pelos clubes alemães. Isso só aumentou depois da passagem extremamente vitoriosa do atacante Elber pelo Bayern de Munique, que entre 1997 e 2003 foi tetracampeão alemão, venceu a Liga dos Campeões da Europa em 2001 e foi campeão mundial no mesmo ano. Marcelinho Paraíba, pelo Hertha Berlin, Zé Roberto, no Bayer Leverkusen, no Bayern de Munique e no Hamburgo, Diego no Werder Bremen e no Wolfsburg, e Grafite, também no Wolfsburg, são alguns dos principais brasileiros que marcaram história no futebol alemão. Isso sem contar os casos de brasileiros que defenderam a seleção alemã: Cacau, que iniciou sua carreira já na Alemanha, foi campeão nacional pelo Stuttgart em 2007 e chegou a disputar a Copa do Mundo de 2010; Paulo Rink, que fez sucesso no Atlético Paranaense, transferiu-se para o Bayer Leverkusen em 1997 e se naturalizou alemão, sendo convocado para a seleção já em 1998. Já Kevin Kurányi, nascido em Petrópolis, iniciou sua carreira nas categorias de base do Serrano, time local, mas como seu pai, alemão, e sua mãe, panamenha, retornaram para a Alemanha, ele acabou se profissionalizando lá. Três formas completamente diferentes de os jogadores se relacionarem com o país receptor e desenvolverem suas carreiras futebolísticas. As

310 | Os alemães

vivências de todos os três, tanto profissionais quanto pessoais e sociais na Alemanha, tomaram caminhos distintos. Nas três, entretanto, o resultado foi o mesmo: brasileiros na seleção nacional alemã.

Esse intercâmbio ajudou a promover certo desbravamento da Alemanha pelos brasileiros, que passaram a se interessar mais não apenas pela Bundesliga, mas pelo país em geral. Os anos 2000 trouxeram ainda novos ingredientes nessa relação: mesmo sendo duas das principais escolas de futebol do mundo, as duas seleções viriam a se enfrentar pela primeira vez em Copas do Mundo apenas em 2002, na final. Os dois gols de Ronaldo sobre a seleção de Ballack e Oliver Kahn garantiram uma vitória incontestável sobre os alemães e o pentacampeonato mundial aos brasileiros. Já em 2014, na semifinal disputada em Belo Horizonte, a vingança dos alemães veio certeira, em sete golpes que abalaram o Brasil. Para o "país do futebol", um castigo, uma humilhação. É verdade que nos Jogos Olímpicos do Rio de Janeiro em 2016 o Brasil venceu a Alemanha no Maracanã e sagrou-se campeão olímpico em futebol pela primeira vez, e em amistoso realizado em 2018, já com as seleções principais, o Brasil derrotou a Alemanha por 1 a 0, em Berlim, mas o gosto amargo da goleada de 7 a 1 ainda vai durar muito tempo.

Não há como fugir do passado, não há como alterá-lo ou apagá-lo. Mas há, sim, como juntar os cacos da história e transformar o presente e o futuro. Este livro mostra que essa é uma lição que a Alemanha vem tentando aprender dia a dia, por décadas, e continua a aprender.

CRONOLOGIA

- **4000 a.e.c.** – Migração indo-europeia para o norte da Europa.
- **2000 a.e.c.** – Assentamentos na Europa Central, região da atual Alemanha.
- **9** – Batalha de Teutoburgo.
- **56** – Nascimento de Tácito, historiador romano que escreverá *Germânia*.
- **410** – Saque de Roma pelos visigodos.
- **476** – Queda do último imperador romano do Ocidente.
- **800** – Ascensão de Carlos Magno ao trono franco/fundação do Império Carolíngio.
- **843** – Divisão do Império Carolíngio: de sua metade oriental surgiria a Alemanha, da ocidental, a França.
- **962** – Coroação de Oto I, fundação do Sacro Império Romano-Germânico. O Império seria mantido, ao menos formalmente, até 1806.
- **1190** – Morte de Frederico I, Barbarossa, durante a Terceira Cruzada.
- **1212-1250** – Reinado de Frederico II, neto de Barbarossa. Estremecimentos das relações do Império com o papado.
- **1273** – Início do reinado de Rudolf I, primeiro imperador da linhagem Habsburgo, que se tornaria hegemônica na Europa nos séculos posteriores.
- **1455** – Impressão da Bíblia de Gutenberg, marco da história da imprensa.
- **1517** – Lutero prega suas 95 teses na catedral de Wittenberg, dando início à Reforma.
- **1534** – Lutero termina sua tradução da Bíblia para o alemão.
- **1555** – Paz de Augsburgo: o imperador Carlos V perde sua luta contra os príncipes protestantes e aceita que os territórios alemães escolham suas religiões.
- **1618-1648** – Guerra dos Trinta Anos. Como resultado da guerra, o Sacro Império inicia sua decadência, ganhando um aspecto meramente formal.
- **1756-1763** – Guerra dos Sete Anos, na qual a Prússia se torna agente de primeira grandeza na Europa.

312 | Os alemães

- **1789** – Revolução Francesa, que teria desdobramentos em toda a Europa, inclusive sobre os Estados germânicos com a campanha napoleônica que se seguiu.
- **1806** – Com a derrota para Napoleão, o imperador Francisco II abdica da Coroa do Sacro Império, marcando seu fim.
- **1815** – Paz de Paris.
- **1822** – Enviado do Império Brasileiro para Viena e para os Estados alemães, o major Jorge Antonio Schäffer, com a missão de abrir caminhos para a imigração de colonos dos países alemães para o Brasil.
- **1824** – Chegada dos primeiros imigrantes alemães ao Brasil, no Rio de Janeiro e no Rio Grande do Sul.
- **1848** – Primavera dos Povos.
  – Karl Marx e Friedrich Engels escrevem o *Manifesto comunista*.
- **1861** – Guilherme I se torna imperador prussiano.
- **1862** – Indicação de Otto von Bismarck para a chancelaria prussiana.
- **1866** – Fim da Aliança alemã, guerra contra a Áustria vencida pela Prússia.
- **1870** – Início da Guerra Franco-Prussiana.
- **1871** – Fim da Guerra Franco-Prussiana; Proclamação do Império Alemão em Versalhes.
  – Bismarck é apontado chanceler e ficará no poder até 1890.
- **1884** – A Alemanha inicia seu projeto de exploração colonial na África alemã (hoje Namíbia).
- **1900** – Freud publica *A interpretação dos sonhos*.
- **1905** – Primeira Crise do Marrocos.
  – Einstein publica seus primeiros estudos sobre a Relatividade.
- **1914** – Início da Primeira Guerra Mundial.
- **1917** – Declaração de guerra à Alemanha pelo Brasil após navio brasileiro ser afundado pela Marinha imperial alemã.
- **1918** – Fim da Primeira Guerra Mundial.
  – Revolução de Novembro.
  – Declaração da República de Weimar.
- **1919** – Promulgada a Constituição de Weimar.
- **1924** – Plano Dawes de apoio à Alemanha e renegociação da dívida de Versalhes.
- **1929** – Formulação do Plano Young de socorro à economia alemã.
  – *Crash* da Bolsa de Nova York.

Cronologia | 313

- **1933** – Ascensão dos nazistas ao poder.
  – Incêndio do Reichstag.
- **1934** – Noite dos Longos Punhais.
- **1935** – Leis de Nuremberg.
- **1936** – Ocupação da Renânia pelas tropas alemãs, desafiando as determinações do Tratado de Versalhes.
  – Início da campanha da Legião Condor e do apoio alemão às tropas de Franco na Guerra Civil Espanhola.
  – Olimpíadas de Berlim.
- **1937** – Bombardeio de Guernica.
- **1938** – *Anschluss* ("anexação") da Áustria pela Alemanha.
  – Acordo de Munique.
- **1939** – Início da Segunda Guerra Mundial, com a invasão alemã da Polônia em 1º de setembro.
- **1940** – Capitulação francesa aos exércitos alemães e divisão do país em França ocupada e República de Vichy.
- **1941** – Invasão alemã da União Soviética, a Operação Barbarossa.
  – Declaração de guerra da Alemanha contra os Estados Unidos.
- **1942** – Declaração de guerra à Alemanha pelo Brasil.
- **1943** – Fuga de Sobibor.
- **1944** – Libertação de Auschwitz.
- **1945** – Fim da Guerra, suicídio de Hitler.
- **1946** – Fim do Julgamento de Nuremberg, iniciado no ano anterior.
- **1948** – Reforma do marco alemão.
- **1949** – Constituição da Alemanha Ocidental é promulgada.
  – Fundada a República Democrática da Alemanha, a Alemanha Oriental.
- **1951** – A Alemanha Ocidental abre sua embaixada no Rio de Janeiro, no mesmo ano em que o Brasil abre sua embaixada em Bonn.
- **1954** – Primeira companhia alemã a operar no país, a Siderúrgica Mannesmann, chega ao Brasil.
- **1959** – A Volkswagen abre sua fábrica em São Bernardo do Campo, a primeira da marca fora da Europa.
- **1961** – O muro de Berlim é erguido.

314 | Os alemães

- **1963** – Assinado o Tratado Franco-Alemão de Amizade, a porta de entrada para a criação política da União Europeia.
  – Visita de Kennedy a Berlim.

- **1970** – O embaixador da Alemanha no Brasil é sequestrado e sua soltura é trocada pela de 40 resistentes à ditadura. Os 40 são soltos na Argélia.
  – Fundação da Rote Armee Fraktion (RAF).

- **1972** – Acordo de reconhecimento mútuo entre RFA e RDA, fruto da *Ostpolitik* de Willy Brandt.
  – Jogos Olímpicos de Munique, marcados pelo atentado terrorista contra a delegação israelense.

- **1973** – Brasil reconhece a Alemanha Oriental e os dois países trocam embaixadas.

- **1989** – Queda do muro de Berlim.

- **1990** – Unificação alemã.

- **2002** – Final da Copa do Mundo: Brasil 2x0 Alemanha.
  – Introdução do euro no país.

- **2005** – Angela Merkel se torna a primeira mulher a ser escolhida chanceler do país.

- **2006** – A Alemanha sedia a Copa do Mundo de Futebol.

- **2014** – Semifinal da Copa do Mundo: Alemanha 7x1 Brasil. A Alemanha viria a ser campeã do torneio.

- **2016** – Atentado terrorista com 12 vítimas fatais em um mercado de Natal de Berlim coloca a Alemanha no mapa do terrorismo mundial.

- **2017** – Nas eleições gerais alemãs, o partido de extrema-direita Alternativ für Deutschland consegue 13% dos votos e chega ao *Bundestag*. Angela Merkel é reeleita chanceler.

BIBLIOGRAFIA

Livros e artigos

AGAMBEN, Giorgio. *O que resta de Auschwitz*. São Paulo: Boitempo, 2013.
APPLEBAUM, Anne. *Cortina de ferro*. São Paulo: Três Estrelas, 2017.
ARANHA, José Pereira da Graça. *Canaã*. São Paulo: Ática, 1998.
ARENDT, Hannah. *Origens do totalitarismo*. São Paulo: Cia. das Letras, 2000.
_____. *Eichmann em Jerusalém*. São Paulo: Cia. das Letras, 1998.
BANDEIRA, Luiz Alberto Moniz. *A reunificação da Alemanha*. São Paulo: Unesp, 2009.
BECK, Ulrich. *A Europa alemã*: a crise do euro e as novas perspectivas de poder. São Paulo: Paz e Terra, 2015.
BENJAMIN, Walter. *Origem do drama trágico alemão*. São Paulo: Autêntica, 2016.
BRUSSIG, Thomas. *O charuto apagado de Churchill*. Porto Alegre: L&PM, 2005.
CAMPOS, Cynthia Machado. *A política da língua na Era Vargas*. Campinas: Unicamp, 2006.
CANETTI, Elias. *Massa e poder*. São Paulo: Cia. das Letras, 1995.
CARPEAUX, Otto Maria. *História concisa da literatura alemã*. São Paulo: Faro, 2014.
DIEHL, Paula. *Propaganda e persuasão na Alemanha nazista*. São Paulo: Annablume, 1996.
DUPEUX, Louis. *História cultural da Alemanha*. Rio de Janeiro: Record, 1992.
EINSTEIN, Albert. *Como vejo o mundo*. Rio de Janeiro: Nova Fronteira, 2016.
ELIAS, Norbert. *Os alemães*. Rio de Janeiro: Zahar, 1997.
_____. *Mozart*: sociologia de um gênio. Rio de Janeiro: Zahar, 1995.
FEST, Joachim. *Hitler*. Rio de Janeiro: Nova Fronteira, 2017.
FIGUEIREDO, Milene. *A nacionalização do Ginásio Teuto-Brasileiro Farroupilha*: um complexo jogo de adesões e resistências. Porto Alegre, 2017. Dissertação (Mestrado em História) – PUC-RS.
FREITAG, Bárbara. *A teoria crítica*: ontem e hoje. São Paulo: Brasiliense, 1994.
FREUD, Sigmund. *Obras completas*. São Paulo: Cia. das Letras.
FRIEDLANDER, Saul. *A Alemanha nazista e os judeus*. São Paulo: Perspectiva, 2012.
FUNDER, Anna. *Stasilândia*: como funcionava a polícia secreta alemã. São Paulo: Cia. das Letras, 2008.
GAILMAN, Neil. *Mitologia nórdica*. Rio de Janeiro: Intrínseca, 2017.
GAY, Peter. *A cultura de Weimar*. São Paulo: Paz e Terra, 1978.
_____. *O século de Schnitzler*. São Paulo: Cia. das Letras, 2002.
_____. *Mozart*. Rio de Janeiro: Objetiva, 1999.
_____. *Freud*: uma vida para nosso tempo. São Paulo: Cia. das Letras, 2012.
GERTZ, René. *O perigo alemão*. Porto Alegre: Universidade, 1991.
_____. *O neonazismo no Rio Grande do Sul*. Porto Alegre: Edipucrs, 2012.
_____. *O aviador e o carroceiro*. Porto Alegre: Edipucrs, 2002.
GINSBERG, Benjamin. *Judeus contra Hitler*. São Paulo: Cultrix, 2014.
GOETHE, Johann Wolfgang von. *Fausto*. São Paulo: Editora 34, 2004. 2 v.
_____. *Os sofrimentos do jovem Werther*. São Paulo: Estação Liberdade, 1999.
GOODRICK-CLARKE. Nicholas. *Sol negro*. São Paulo: Madras, 2014.
GUTERMAN, Marcos. *Nazistas entre nós*: a trajetória dos oficiais de Hitler depois da guerra. São Paulo: Contexto, 2017.

316 | Os alemães

HEINE, Heinrich. *Alemanha*: um conto de inverno. Belo Horizonte: Crisálida, 2011.

HEUER, Wolfgang. "Recordar a Europa – herança histórica da resistência". In: *Revista Digital do Niej*. ano 5, n. 9, Rio de Janeiro, 2015, pp. 6-11.

HILBERG, Raul. *A destruição dos judeus europeus*. Amarilys, 2016.

HOBSBAWM, Eric. *A Era dos Extremos*: o breve século XX. São Paulo: Cia. Das Letras, 1999.

ISAACSON, Walter. *Einstein, sua vida, seu universo*. São Paulo: Cia. das Letras, 2007.

JASPERS, Karl. *A questão da culpa*. São Paulo: Todavia, 2018.

JUDT, Tony. *Pós-guerra*: uma história da Europa desde 1945. Rio de Janeiro: Objetiva, 2008.

KEMPE, Frederick. *Berlim 1961*: Kennedy, Khruschóv e o lugar mais perigoso do mundo. São Paulo: Cia. das Letras, 2013.

KERSHAW, Ian. *Hitler*. Rio de Janeiro: J. Zahar, 1993.

_____. *Dez decisões que mudaram o mundo*. São Paulo: Cia. das Letras, 2008.

_____. *De volta do inferno*: Europa. São Paulo: Cia. das Letras, 2016.

KRACAUER, Sigfried. *De Caligari a Hitler*: uma história psicológica do cinema alemão. Rio de Janeiro: Zahar, 1988.

LAFER, Celso. *Hannah Arendt*: pensamento, persuasão e poder. Rio de Janeiro: Paz e Terra, 2003.

LEBERT, Stephan; Norbert. *Tu carregas meu nome*. Rio de Janeiro: Record, 2004.

LEVI, Primo. *A trégua*. São Paulo: Cia. das Letras, 2016.

_____. *É isto um homem?* Rio de Janeiro: Rocco, 1988.

LIEBEL, Vinícius. "Uma facada pelas costas: paranoia e teoria da conspiração entre conservadores no refluxo das greves de 1917 na Alemanha". In: *Revista Brasileira de História*. São Paulo, V. 37, n. 76, 2017, pp. 45-71.

LOWER, Wendy. *As mulheres do nazismo*. Rio de Janeiro: Rocco, 2014.

MANN, Thomas. *Os Buddenbrooks*. São Paulo: Cia. das Letras, 2017.

MARX, Karl; ENGELS, Friedrich. *A luta de classes na Alemanha*. São Paulo: Boitempo, 2010.

MASSIE, Allan. *Carlos Magno*. Rio de Janeiro: Ediouro, 2009.

MAUCH, C.; VASCONCELOS, N. (Org.). *Os alemães no sul do Brasil*. Canos: Ulbra, 1994.

McDONOUGH, Frank. *Gestapo*. Rio de Janeiro: Leya, 2016.

McMEEKIN, Sean. *O expresso Berlim-Bagdá*. Rio de Janeiro: Globo, 2010.

MEYER, Michael. *1989*: o ano que mudou o mundo. Rio de Janeiro: Zahar, 2009.

MITCHELL, Greg. *Os túneis*: a História jamais contada das espetaculares fugas sob o muro de Berlim. Belo Horizonte: Vestígio, 2017.

MÜLLER, Estevão. *Peregrinos à procura da liberdade*: odisseia da imigração alemã no Paraná. Curitiba: Champagnat, 2005.

NAGORSKI, Andrew. *A Batalha de Moscou*. São Paulo: Contexto, 2013.

OELHAFEN, Ingrid von. *As crianças esquecidas de Hitler*: a verdadeira história do programa Lebensborn. São Paulo: Contexto, 2017.

PERAZZO, Priscila. *O perigo alemão e a repressão policial no Estado Novo*. São Paulo: Arquivo do Estado, 1999.

REICH, Wilhelm. *Psicologia de massas do fascismo*. Porto: Escorpião, 1974.

RIBEIRO, João Ubaldo. *Um brasileiro em Berlim*. São Paulo: Objetiva, 2011.

RICHARD, Lionel (Org). *Berlim 1919-1933*: a encarnação extrema da modernidade. Rio de Janeiro: Jorge Zahar, 1993.

ROLLEMBERG, Denise. *Resistência*. São Paulo: Alameda, 2016.

ROSENBAUM, Ron. *Para entender Hitler*: a busca das origens do mal. Rio de Janeiro: Record, 2002.

ROTH, Joseph. *Berlim*. São Paulo: Cia. das Letras, 2006.

RUSSAU, Christian. *Empresas alemãs no Brasil*: o 7x1 na Economia. São Paulo: Elefante, 2017.

SAFRANSKI, Rudiger. *Romantismo*: uma questão alemã. São Paulo: Estação Liberdade, 2012.

_____. *Schopenhauer e os anos mais selvagens da filosofia*. São Paulo: Geração, 2011.

_____. *Heidegger*: um mestre da Alemanha entre o Bem e o Mal. São Paulo: Geração, 2005.

SEBALD, W. G. *Os emigrantes*. São Paulo: Cia. das Letras, 2009.

_____. *Guerra aérea e literatura*. São Paulo: Cia. das Letras, 2011.

SERENY, Gita. *O trauma alemão*. Rio de Janeiro: Bertrand, 2007.

SEYFERTH, Giralda. *Nacionalismo e identidade étnica*. Florianópolis: Fund. Catarinense de Cultura, 1981.

_____. *A colonização alemã no Vale do Itajaí-Mirim*. Porto Alegre: Movimento, 1978.

SHIRER, William L. *Ascensão e queda do Terceiro Reich*. Rio de Janeiro: Nova Fronteira, 2017.

SILVA, Walkiria Oliveira. *Alemanha secreta*: biografia e história no círculo de Stefan George. Brasília, 2013. Dissertação (Mestrado em História) – Universidade de Brasília.

STADEN, Hans. *Meu cativeiro entre os selvagens do Brasil*. Curitiba: Fundação Cultural, 1995.

STAËL, Germaine de. *Da Alemanha*. São Paulo: Unesp, 2016.

SYPECK, Jeff. *Tornando-se Carlos Magno*. Rio de Janeiro: Record, 2012.

TCHUIKOV, Vassily. *A conquista de Berlim*. São Paulo: Contexto, 2017.

VISCONTI, Maria. *Não nos calaremos, somos a sua consciência pesada – a Rosa Branca não os deixará em paz*: A Rosa Branca e a Resistência ao Nazismo (1942-1943). Belo Horizonte, 2017. Dissertação (Mestrado em História) – Universidade Federal de Minas Gerais.

WEISS, Luisa. *Minha cozinha em Berlim*: uma história de amor com receitas. Rio de Janeiro: Zahar, 2013.

WELLER, Wivian. *Minha voz é tudo que tenho*: manifestações juvenis em Berlim e São Paulo. Belo Horizonte: UFMG, 2011.

WERTH, Alexander. *Stalingrado, 1942*: o início do fim da Alemanha nazista. São Paulo: Contexto, 2015.

WIESEL, Elie. *Uma vontade louca de dançar*. Rio de Janeiro: Bertrand, 2016.

WILLEMS, E. *A aculturação dos alemães no Brasil*: estudo antropológico dos imigrantes alemães e seus descendentes no Brasil. São Paulo: Nacional, 1980.

Filmes e séries

BECKER, Wolfgang (dir.). *Adeus, Lenin*. 2003.

DONNERSMARCK, Florian Henckel von (dir.). *A vida dos outros*. 2006.

EDEL, Uli (dir.). *O Grupo Baader-Meinhof*. 2008.

EVANS, David (dir.). *What our Fathers did*: a Nazi Legacy. 2015.

FASSBINDER, Rainer Werner (dir.). *O medo consome a alma*. 1974.

GANSEL, Dennis (dir.). *A onda*. 2008.

HERZOG, Werner (dir.) *O enigma de Kaspar Hauser*. 1974.

HIRSCHBIEGEL, Oliver (dir.). *A queda*. 2004.

LANG, Fritz (dir.). *Metrópolis*. 1927.

_____. *M., o vampiro de Dusseldorf*. 1931.

LEVINE, Anna (cria.). *Deutschland 83*. 2015.

MILESTONE, Lewis (dir.). *Nada de novo no front*. 1930.

MÜLLERSCHÖN, Nikolai (dir.). *O Barão Vermelho*. 2008.

MURNAU, F.W. (dir.). *Nosferatu*. 1922.

ODAR, Baran bo (cria.). *Dark*. 2017.

PETERSEN, Wolfgang (dir.). *O barco – inferno no mar*. 1981.

PIERSON, Frank (dir.). *Conspiração*. 2001.

RIEFENSTAHL, Leni (dir.). *O triunfo da vontade*. 1935.

ROSSELLINI, Roberto (dir.). *Alemanha, ano zero*. 1948.

SCHNITZLER, Gregor (dir.). *O que fazer em caso de incêndio*. 2001.

SPIELBERG, Steven (dir.) *A lista de Schindler*. 1993.

STERNBERG, Josef von (dir.). *O anjo azul*. 1930.

STÖLTZL, Philipp (dir.). *Goethe!* 2010.

TILL, Eric (dir.). *Lutero*. 2003.

TYKWER, Tom (dir.). *Corra, Lola, corra*. 1998.

VERHOVEN, Michael. *Uma cidade sem passado*. 1990.

WENDERS, Wim (dir.). *Asas do desejo*. 1987.

WIENE, Robert (dir.). *O gabinete do dr. Caligari*. 1920.

WORTMANN, Sönke (dir.). *O milagre de Berna*. 2003.

 O AUTOR

Vinícius Liebel é historiador e pesquisador da Europa contemporânea (séculos XIX e XX) e tem se dedicado especialmente à História política e cultural da Alemanha. Em livros e artigos publicados no Brasil e no exterior, seu foco tem sido a primeira metade do século XX, a ascensão do nazismo, do antissemitismo, do totalitarismo e os dois conflitos mundiais. Formou-se em História pela Universidade Federal do Paraná (UFPR) e possui doutorado em Ciência Política pela Universidade Livre de Berlim (FU-Berlin).

GRÁFICA PAYM
Tel. [11] 4392-3344
paym@graficapaym.com.br